墨香财经学术文库

# 管理层激励与公司现金持有

## Management Incentive and Corporate Cash Holdings

陈 飞 著

东北财经大学出版社
Dongbei University of Finance & Economics Press
大连

**图书在版编目（CIP）数据**

管理层激励与公司现金持有 / 陈飞著 . —大连 : 东北财经大学出版社，2023.10
（墨香财经学术文库）

ISBN 978-7-5654-4965-9

Ⅰ.管…　Ⅱ.陈…　Ⅲ.①企业－股权激励－研究－中国 ②公司－现金管理－研究－中国　Ⅳ.F279.246

中国国家版本馆 CIP 数据核字〔2023〕第 175495 号

东北财经大学出版社出版发行

大连市黑石礁尖山街 217 号　邮政编码　116025

网　　址：http：//www.dufep.cn

读者信箱：dufep @ dufe.edu.cn

大连永盛印业有限公司印刷

幅面尺寸：170mm×240mm　字数：219千字　印张：15.5　插页：1
2023 年 10 月第 1 版　　　　2023 年 10 月第 1 次印刷
责任编辑：石真珍　孟　鑫　　责任校对：吴　茜
封面设计：原　皓　　　　　　版式设计：原　皓
定价：78.00 元

石河子大学哲学社会科学优秀学术著作出版基金资助

# 前言

　　公司高管是公司财务决策的实际制定者和执行者,在现代公司经营权和所有权分离的情况下,高管与股东的利益目标可能不一致甚至存在重大分歧,从而诱发管理层做出逐利甚至败德的行为。因此,有效激励公司管理层,促使管理层恪尽职守,构建股东和高管间激励相容的薪酬契约体系成为我国上市公司治理的努力方向,也是上市公司董事会治理的核心环节。设计合理的管理层薪酬契约,可有效协调管理层行为,使之与股东目标日趋一致,依靠激励相容机制确保管理层实施的财务决策能够充分考虑最大化公司股东的权益 (Jensen 和 Meckling,1976;Jensen 和 Murphy,1990),客观上促使管理层薪酬与公司经营绩效保持显著正相关关系 (Hall,1998;Canarellag,2008)。管理层股权激励是以公司所发行的流通在外的股票为标的设计的,其设计初衷是通过促使管理层与公司及股东共享利润、共担风险进而缓解或者抑制管理层的私利机会主义动机,力争实现股东利益最大化。有鉴于此,管理层股权激励有利于抑制管理层的自利性短视行为,提高公司长期价值 (Morck等,1988;Hanlon 等,2003)。与此同时,由于高管对董事会成员的举荐具有较强的话语权，加之我国上市公司存在股权高度集中、一股独大及投资者保护机制亟待完善等特点，大股东与管理层极易构建内部人私利联盟，进而将董事会操纵成为其服务的"提线木偶"，弱化董事会治理有效性，致使管理层激励无效。因此，董事会治理有效性、管理层激励有效性一直备受质疑，瑕瑜互见。

现有研究从薪酬契约、盈余管理、风险承担、公司创新等多个角度探究了公司管理层激励的优化效应，但对公司的资金配置效率和现金管理行为鲜有关注。现金流的持续稳定对公司有着至关重要的影响，因此公司大都持有一部分现金以应对未来的不确定性抑或捕捉有效的投资机会。从实践角度而言，现金管理决策居于公司财务决策的中心环节，对公司投资决策、融资决策、运营决策和利润分配决策产生直接或间接影响。然而，由于现金极具流动性和易于操作管理，其往往成为管理层和大股东"掏空"公司以及侵占中小股东利益的工具。那么，当公司采用薪酬契约或股权激励来优化管理层时，管理层激励能否优化公司的现金持有及现金持有价值？管理层激励通过何种途径影响公司的现金持有？这些影响又会因哪些异质特征而有所不同？

针对以上问题，首先，本书对管理层激励和公司现金管理决策（现金持有）的相关文献分门别类地进行梳理、总结和综述，重点探讨管理层激励与现金持有以及现金持有价值之间的基本影响关系（正向影响、负向影响、无显著影响）；其次，本书探究了管理层激励通过何种途径或机制作用于现金持有；最后，基于内外部异质性治理特征，诸如产权性质、控股股东两权分离、管理层权力以及治理环境等，本书全面深入且系统地进行扩展分析，在丰富现金持有前置渠道影响因素研究的基础上，从公司治理异质特征分析视角纵深扩展管理层激励与现金持有的关联研究。

通过研究，本书认为管理层激励可以优化公司现金持有决策和现金持有价值，因此在推进我国上市公司治理改革的进程中应发挥董事会治理的核心作用，通过优化薪酬契约治理大力推进管理层激励；与此同时，管理层激励对公司现金持有决策的优化效应的发挥受到公司内外部环境的影响，因此应通过进一步优化营商环境、加快政府转型、健全公司内部治理和内部控制、强化产品市场竞争等途径助推管理层激励。

　　本书是在我的博士学位论文基础上修改而成的。本书的出版得到了石河子大学科研处、石河子大学经济与管理学院学科建设基金的资助。由于水平和时间有限，本研究仍有不足，书中错漏之处在所难免，恳请读者批评指正。

陈　飞

2023 年 7 月

# 目录

# 第1章　绪论

## 1.1　选题背景

改革开放以来，我国经济社会发展取得举世瞩目的卓越成就，国家综合实力不断提升，经济总量跃居世界第二。知微见著，微观公司的健康可持续发展成为推动我国经济社会发展的坚实力量和驱动引擎。在改革开放的伟大进程中，我国秉持"顶层设计+摸着石头过河"的实践探索方向，通过厘清产权、简政放权、政企分离、国企混合所有制改革、产业政策调整等一系列经济体制改革及探索，消除阻碍公司发展的枷锁、不断激发公司活力，与其一道共历风雨变迁和尽享制度改革及发展红利，助推我国上市公司迈向更高水平的高质量发展。纵览我国有关公司改革及发展的重大举措，我们可以发现一条主线贯穿其中：尊重人才，激发企业家精神，打造高质量管理团队，尽显其能。毋庸置疑，微观公司的财务决策诸如投资决策、研发创新决策、融资决策、运营决策、利润分配决策和现金持有决策等均由公司高层经理团队来筹划谋略和执行实操。经典的委托代理理论认为，由于现代公司的经营权和所有权相分离，公司管理层和股东之间会因各自利益目标不一致而诱发代理冲突，管理层由于掌握公司实际运营而占据信息优势，从而便于其基于私利动机实施"损公利己"的行为，以致严重损害股东和公司利益，从而降低公司价值（Berle 和 Means，1932；Jensen 和 Meckling，1976）。因此，作为公司最宝贵的人力资本，如何有效激励公司管理层、如何确保管理层高效运营必然成为现实公司健康有序发展的重大命题，也自然而然地为政府有效促进我国上市公司发展提供了主攻方向。尤其是随着知识经济时代的到来，新技术日新月异、新知识不断涌现、新商业模式层出不穷、不确定性愈发凸显的多重情境，促使公司愈加重视人才战略，公司核心竞争力日渐趋向人力资本竞争，因此，制定科学的激励相容机制来防止高层次人才流失、减少公司管理层与股东之间的利益差异性是现代公司制度的核心内容之一。

高效合理的激励体系能够在保证股东利益最大化的同时使管理层个人效应得到最大满足，其包含激发管理层良好行为、激励管理层实现公司预期目标、鼓励管理层实现更好自我、约束管理层机会主义四个维度。作为公司完善、健全及应对内部治理机制的关键一环，管理层激励补偿计划在解决经营权-所有权分离所导致的委托代理问题中一直发挥重要作用和关键优势。在欧美发达国家，给予公司管理层货币薪酬激励、股权激励以及激励组合等是最为常见的管理层激励途径。基于操作便利性的考虑，我国目前管理层激励补偿计划主要有管理层货币薪酬激励和管理层股权激励两种方式，两者采取不同形式的激励机制参与到公司的内部治理当中（Laux，2010；袁知柱等，2014）。设计合理的管理层薪酬契约，可有效协调管理层行为与股东目标，使二者日趋一致，激励相容机制在确保管理层实施财务决策的同时，能够最大化公司股东的权益（Jensen 和 Meckling，1976；Jensen 和 Murphy，1990），客观上促使管理层薪酬与公司经营绩效保持显著正相关关系（Hall，1998；Canarellag，2008）。管理层股权激励是以公司所发行的流通在外的股票为标的设计的，其设计初衷是通过促使管理层与公司及股东共享利润、共担风险进而缓解或者抑制管理层的败德行为等私利机会主义动机，从而力争实现股东利益最大化。有鉴于此，管理层股权激励有利于抑制管理层的自利性短视行为，提高公司价值（Morck 等，1988；Hanlon 等，2003）。现有研究亦从薪酬契约、盈余管理、风险承担、公司创新等多个角度探究公司管理层激励是否存在优化效应，但对微观公司资金配置效率的现金管理行为却鲜有关注。

作为微观公司运营的"血液"，现金管理决策直接决定公司投融资行为、研发创新活动、运营管理以及股利分配等相关财务及运营活动能否顺利展开，但公司现金持有决策又很容易受到信息不对称下管理层和大股东的委托代理问题的影响，因此公司现金持有决策与公司管理层私利行为密切关联。那么，当公司采用薪酬契约或股权激励来优化管理层时，管理层激励能否优化公司现金持有行为？能否优化现金持有价值？通过何种途径影响公司现金持有？又会因哪些异质性特征而有所不同？

对于上述问题的回答有着重要的理论及现实意义，可以从微观公司现金及资本配置效率层面，厘清管理层激励提升公司价值的微观机制，亦可以扩展管理层激励和现金持有决策的相关研究，厘清管理层激励乃至董事会治理有效性之争，同时也为政府、监管层、公司更有效地推动管理层激励、促使管理层高效运转、打造中国特色的高层管理团队提供经验证据的支撑和启示。

鉴于此，本书将对上述问题展开详细的纵深探索。

## 1.2 研究意义

### 1.2.1 理论贡献

本书可能的理论意义及学术价值在于：

第一，已有关于管理层激励的研究多关注于其经济后果，尤其是对公司投资决策（如过度投资、风险承担、公司创新等）、运营决策（如关联交易等）、利润分配决策（如股票股利、现金股利等）等微观公司财务决策行为进行深入研究，进而扩展至与公司业绩之间的关联研究，但是却忽略了公司财务决策中最微观的决策——现金管理决策。现金管理决策直接决定了公司其他财务决策能否有效实施，对公司业绩及健康可持续发展起着不容小觑的决定性作用。因此，本书敏锐地将"管理层激励"和"现金持有"两者关联起来，以管理层激励为切入点探究其对公司现金持有决策的影响，有利于探究管理层激励能否通过最微观的资金配置优化公司价值，探究管理层激励优化公司价值的微观机理，并且从现金持有及现金持有价值层面为管理层激励所寓意的公司内部治理优化提供新的经验证据支持。

第二，国内外已有关于公司现金管理决策的研究，多从政策不确定性、融资约束、公司内外部治理、管理层特征等前置影响因素展开，但对以管理层激励为核心的薪酬契约激励有效性层面关注较少。而管理层货币薪酬激励是否有效直接关系到公司治理尤其是董事会治理是否有效，亦直接攸关公司代理成本能否得到有效缓解，进而对公司价值产生重要影响。因此，本书探究管理层激励对现金持有的影响，且从渠道机制分析、内外部异质性治理特征（包括产权性质、控股股东两权分离、管理层权力以及治理环境等）角度全面、深入、系统地扩展分析，既丰富了现金持有的影响因素研究，又扩展了公司治理视角的现金持有影响因素的异质特征分析。

第三，已有研究关于管理层激励能否实现利益协同效应且优化代理问题的预期效果，相关结论瑕瑜互见，仍存争议。本书以公司现金持有行为为着力点，探究管理层激励能否起到薪酬契约治理优化作用进而优化公司现金管理决策，从而为相关学术争论提供新的经验证据的支持。

### 1.2.2 现实意义

本书成果可能具有以下现实意义：

第一，公司现金管理决策是公司财务决策的核心，对公司其他财务活动产生重要影响，而作为公司实际决策制定者和执行者的管理层，出于自利动机存在一定的有损于股东利益的机会主义行为，而流动性极强的现金自然而然地成为管理层利益攫取的工具。本书基于薪酬契约治理有效性角度，以管理层激励为切入点，全面、深入、系统地探究其对公司现金持有的影响，有利于评估我国上市公司薪酬契约治理有效性，尤其是管理层激励的实践效果，从而为科学合理地推进我国上市公司治理水平高质量提升给予了经验参照。

第二，董事会治理作为公司治理的核心，其能否发挥有效性监督，一直存在争论。更进一步地，管理层激励能否产生薪酬契约治理有效性，现有研究也存在诸多争论。本书聚焦于公司现金管理决策，探究管理层激励能否优化公司现金持有行为，既有利于回应董事会治理有效性、管理层货币薪酬激励有效性之争议，也可以为更好地推进我国上市公司治理进程提供理论指导。

第三，本书从渠道机制分析、内外部异质性治理特征等方面深入地剖析管理层激励对公司现金持有水平及现金持有价值的异质情境影响，有利于从不同视角给予推进管理层激励有效发挥薪酬契约治理的适优应对之策，为政府、监管层、公司乃至各方利益相关者提供综观视角和经验参照，从而有利于深入推进我国上市公司薪酬契约优化，提高契约治理有效性。

## 1.3  国内外研究综述

### 1.3.1  国内外文献回顾

#### （1）管理层激励的有关文献回顾

基于传统的委托代理理论，所有权和控制权的两权分离致使上市公司管理层与股东的利益目标并不完全一致且有冲突的可能，加之股东与管理层之间存在信息不对称，公司管理层未必能够尽心尽力履行受托责任，其可能出于牟取私利动机损害公司的利益，进而一定程度上给股东造成损失。尤其是随着我国经理人市场的不断发展，所有权与控制权的分离程度越来越大，与之相伴而生的委托代理问题也越来越凸显。因此，制定科学的激励相容机制来防止高层次人才流失、减少公司管理层与股东之间的利益差异性是现代公司制度的核心内容之一，高效合理的激励体系能够在保证股东利益最大化的同时，促使管理层个人效应得到最大满足。Hurwicz（1972）认为机制设计必须满足"激励相容"原则，高管薪酬激励是减少委托人与代理人矛盾冲突的有效手段之一。

管理层激励作为公司主要内部治理机制可以有效处理管理层与股东之间的委托代理问题，其主要包括货币薪酬激励和股权激励两种方式，其本质在于激发薪酬契约治理有效性。由最优契约理论可一窥管理层薪酬设定之缘由，公司业绩与高管薪酬高度关联，公司业绩或公司价值越高，管理层就理应获取更高的报酬，如工资薪酬、绩效津贴和股票分红等，即公司业绩直接决定了高管薪酬的高低（Conyon 和 He，2011）。合理的货币薪酬是促使管理层与股东利益趋于一致的主要途径之一（Jensen 和 Mecklin，1976；Jensen 和 Murphy，1990），此时管理层薪酬越高公司经营业绩也相对越高（Jensen 和 Mecklin，1976；Jensen 和 Murphy，1990）。股权激励则是通过管理层持股的方式，达到管理层与股东利益共享、风险共担的目的，降低其道德风险或减少逆向选择行为，使管理层以股东利益最大化为目标经营管理公司，提升公司长期价值（Morck 等，1988；Hanlon 等，2003）。通过薪酬契约，高管工作积极性受到一定程度的激发，管理层可能更倾向于努力为公司工作而非基于私利动机榨取侵占进而损害公司价值，从而实现了高管与股东之间的利益双赢（Frydman 和 Saks，2010；Lund 和 Polsky，2011）。

作为内部治理的重要机制之一，大量学者紧紧围绕管理层激励探究其对公司投资决策（如过度投资（杨兴全等，2012）、风险承担（李小荣和张瑞君，2014）、公司创新（赵世芳等，2020）等）、运营决策（如关联交易（彭韶兵等，2021）等）、利润分配决策（如股票股利（韩慧博等，2012）、现金股利（吕长江和张海平，2012；叶继英和张敦力，2014）等）等微观公司财务决策行为的影响。有学者研究发现，管理层激励可发挥有效契约治理效应进而抑制公司过度投资（杨兴全等，2012）、对公司风险承担具有先增后减的倒"U"形结构影响，能够有效增加研发投入进而促进公司长期创新产出（赵世芳等，2020）；管理层激励还可抑制大股东掏空行为，减少异常关联交易（彭韶兵等，2021）。也有学者研究发现，公司高管可以基于逐利动机、利用职权为自身尽可能设定有利于其自身的薪酬契约和财务行为，例如，韩慧博等（2012）发现管理层会利用自身权力在公司推出股权激励时，利用市场定价低效产生巨大的套利利差，更倾向于发放高额股票股利，满足自身利益诉求；吕长江和张海平（2012）进一步研究发现，股权激励会促使高管缩减现金分红，从而有可能损害中小投资者利益，但叶继英和张敦力（2014）却得出相反的结论，他们的研究结果显示，高管股权激励会促使公司发放现金股利，激励程度越高，分红力度越大。由此可见，管理层激励能否达到理论效果的现有研究结论不一，且管理层激励对公司业绩有何影响仍未达成一致结论。刘斌等（2003）研究发现，营业利润率是影响管理层薪酬的主要因素，这也说明管理层薪酬已成为我国上市公司内部激励制约机制的一种。张俊瑞等（2003）发现，我国上市公司治理机制中"薪酬—绩效"契约关系已初步成形，但相关激励约束机制还有待完善。周建波和孙菊生（2003）认为在高成长性的公司中，管理层持股比例的提高有助于公司经营业绩的提升。但魏刚（2000）、李增泉（2000）等学者却认为管理层薪酬的改变并不会引起公司经营业绩的变化，且高管股权激励也未能达到预期效果。

（2）现金持有的有关文献回顾

可持续的、稳定的现金流对公司发展至关重要，诚如格力电器董事长兼总裁董明珠在2021年6月召开的年度股东大会上回应中小股东的质疑时所言："今天是个好企业，明天就倒掉，资不抵债或者资金链断裂，在格力是永远不会发生的事情。"由此可见，公司高管对现金安全非常重视，对现金流稳定与否紧绷心弦，所以现金持有是公司至关重要的财务决策和经营战略，关系着公司的生死存亡和发展壮大，是公司各项活动（如公司经营、投资和融资等）有序开展的前提和保障。但是，作为一种流动性强且难以被有效监督的资源，现金极易被管理层和大股东挪作他用，异化为内部人谋取私利的工具（Myers和Rajan，1998）。由此，公司现金持有之谜拉开序幕，公司为何持有现金以及如何配置现金成为理论界与实务界热议的焦点话题。

已有研究基于交易性和预防性动机、代理动机对公司现金持有行为的前因后果展开全面细致的研究。一方面，交易性和预防性动机理论认为，公司根据日常交易与经营发展需求权衡持现收益与变现成本后选择储备一定的现金（Kraus和Litzenberger，1937；Mulligan，1997），在防止流动性危机（Opler 等，1999）、抑制不确定性风险（祝继高和陆正飞，2009）的同时，还有利于缓解投资不足、捕捉投资机会（杨兴全等，2016），从而帮助公司赢取市场竞争地位（Fresard，2010；张会丽和吴有红，2012）。另一方面，代理动机理论指出，所有权和经营权的分离、控制权与现金流权的不一致诱发了代理问题，导致公司既可能因为"柔性假说"下管理层和大股东职位防御与在职消费等自利的目的保有大量现金（Jensen，1986），又可能因"耗散假说"下内部人为构建帝国并进行过度投资、公司并购等低效甚或无效的投资活动而迅速消耗留存现金（Jensen 和 Meckling，1976）。无论公司出于何种动机提高或降低现金持有水平，其与现金持有价值都并非一一对应的关系（杨兴全和尹兴强，2018），但由代理问题产生的公司持现变动最终均损害了持现价值，而完善的治理机制能够降低公司代理问题对公司现金价值造成的负面影响，从而优化公司现金持有行为。

由于公司高管是公司财务决策的实际制定者和执行者，因此高管特征或者高管变更对公司现金持有也有重要影响。赖黎等（2016）基于公司高管的从军经历发现，有过从军经历的高管更容易做出激进的财务决策，其往往偏好于短期债务融资，从而降低公司现金持有。周博（2020）则基于高管金融背景，研究发现，与非高管金融联结的公司相比，高管金融联结通过降低代理成本和缓解融资约束双渠道使公司现金持有减少。杨兴全等（2020）从 CEO 变更的视角发现，CEO 变更能有效发挥治理效应，通过抑制过度投资和在职消费增加现金持有。

与此同时，公司内外部治理水平的优化改进势必会作用于高管，但由于高管持现诱因源于"柔性假说"和"耗散假说"的竞争动机，因此呈现公司治理与现金持有的因果关系悖论之谜。基于"柔性假说"代理动机，Dittmar 等（2003）发现弱投资者保护的国家，公司现金持有水平较高，即公司治理越弱，公司现金持有水平越高；Chen 等（2020）利用双重差分法分析全球董事会改革冲击事件后发现，董事会改革降低了公司现金持有；罗进辉等（2018）从媒体治理角度发现，媒体报道发挥治理效应降低了公司超额现金持有；Chen 等（2020）也发现高内部控制公司通过发放股利降低了超额现金持有。而根据"耗散假说"代理动机，Harford 等（2008）发现，公司治理越弱，公司现金持有越少，并将现金通过投资支出、并购、股票回购（而非现金股利，避免未来支付承诺）等途径迅速耗散；杨兴全和尹兴强（2018）以我国如火如荼的混合所有制改革为切入点发现国企混合所有制改革发挥治理效应增加了公司现金持有，验证了 Harford 等（2008）的观点。由此可见，公司治理与现金持有之间因果关系识别仍有待大量研究进行深入探究。

### 1.3.2　已有研究评述

综上所述，已有关于管理层激励的研究大多关注于其经济后果，尤其是对公司投资决策（如过度投资、风险承担、公司创新等）、运营决策（如关联交易）、利润分配决策（如股票股利、现金股利等）等微观公司财务决策行为进行深入研究，进而扩展至与公司业绩之间的关联研究。

然而梳理相关文献不难发现，管理层激励能否达到理论效果的现有研究结论不一，且管理层激励对公司业绩有何影响仍未达成一致结论。因此，有必要从新的视角探究管理层激励能否有效发挥薪酬契约治理效应。我们还发现，现有对管理层激励的研究竟然忽略了公司财务决策最微观的决策——现金管理决策，然而现金管理决策直接对公司其他财务决策能否有效实施产生影响，对公司业绩及健康可持续发展起着不容小觑的作用。

从现金持有决策的角度看，虽然已有大量学者从公司治理角度探究其对现金持有决策的影响，但公司高管持现动机深受"柔性假说"和"耗散假说"的竞争影响，从而使得公司治理与现金持有之间的因果关系难以识别。与此同时，已有研究也从管理层特征角度探究管理层对现金持有的影响，但从管理层激励角度的研究仍不多见。因此本书着眼于公司现金管理决策，将管理层激励和现金持有进行理论有效连接进而实施关联研究，不仅有利于全面科学、系统准确地评估我国董事会治理有效性，尤其是薪酬契约治理有效性，而且有利于从优化现金持有和现金持有价值角度，为在公司治理实践中有效推进管理层激励提供理论支撑和经验参照。

## 1.4 研究思路与内容框架

现金流的持续稳定对公司有着至关重要的影响，因此公司大都遵循"现金为王"法则持有一部分现金以应对未来可能的不确定性冲击抑或捕捉有效投资机会，从实践角度看，现金管理决策也居于公司财务决策的中心环节，对公司投资决策、融资决策、运营决策和利润分配决策产生直接或间接的影响。然而，由于现金极具流动性和易于操作管理，因此其往往成为管理层和大股东攫取公司利益以及侵占中小股东利益的工具。公司现金持有多寡又与公司治理息息相关，尤其是与管理层的代理冲突相关。而管理层激励作为董事会治理的途径之一，源于董事会对薪酬契约治理有效性的实践诉求，一定程度上能够实现管理层与股东之间的激励相容和利益协同效应，从而能够优化和提升公司治理，进一步降低或弱化代理冲突，从而作用于公司财务决策。因此，管理层激励势必会对公司现金持有行为产生一定的影响。

有鉴于此，首先，本书对管理层激励和公司现金管理决策（现金持有）的相关文献进行分门别类的系统梳理、总结和全面综述，重点探讨管理层激励与现金持有以及现金持有价值之间的基本影响关系（正向影响、负向影响抑或无显著影响）；其次，本书探究了管理层激励通过何种途径或机制作用于现金持有，即具体作用渠道为何；最后，基于内外部异质性治理特征，诸如产权性质、控股股东两权分离、管理层权力以及治理环境等，本书全面、深入、系统地进行扩展分析，在丰富现金持有前置驱动影响因素研究的基础上，又从公司治理异质特征分析视角全面、系统、深入地纵深扩展管理层激励与现金持有的关联研究。

鉴于上述理论分析和实践诉求，本书主要的研究思路与分析框架如图1-1所示。

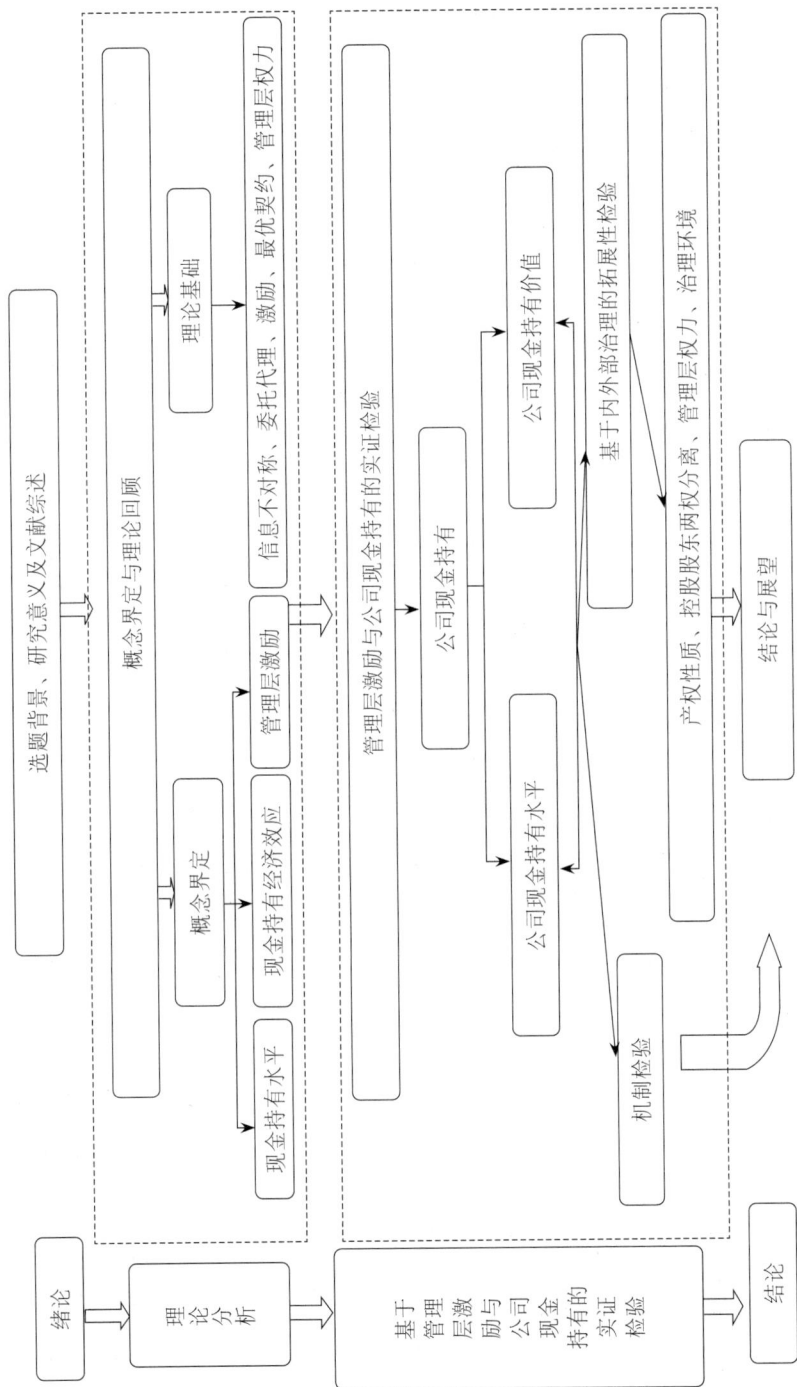

图 1-1 主要思路与研究框架

## 1.5 本书特色及创新之处

第一，以管理层激励为切入点，探究其与公司财务决策中最微观的决策——现金管理决策（现金持有决策）的关系，填补公司治理体系研究的空白，提升公司业绩，保障和推动我国上市公司健康可持续发展。

新冠肺炎疫情、中美贸易摩擦和社会经济发展过程中其他不确定因素等的影响，使公司在经营过程中对于现金持有的关注度越来越高，正如格力电器董事长兼总裁董明珠在2021年6月召开的年度股东大会上回应中小股东的质疑时所言："今天是个好企业，明天就倒掉，资不抵债或者资金链断裂，在格力是永远不会发生的事情。"由此可见，公司管理层对现金安全非常重视，对现金流稳定与否紧绷心弦，所以现金持有是公司至关重要的财务决策和经营战略，关系着公司的生死存亡和发展壮大，是公司各项活动（如公司经营、投资和融资等）有序开展的前提和保障。

本书研究发现，已有关于管理层激励的研究多关注于其经济后果，尤其是对公司投资决策（如过度投资、风险承担、公司创新等）、运营决策（如关联交易）、利润分配决策（如股票股利、现金股利等）等微观公司财务决策行为进行了深入研究，进而扩展至与公司业绩之间的关联研究，但是却忽略了公司财务决策中最微观的决策——现金管理决策。

有鉴于此，本书敏锐地将"管理层激励"和"现金持有"两者关联起来，以管理层激励为切入点，探究其对公司现金持有决策的影响，有利于探究管理层激励能否通过最微观的资金配置角度优化公司价值，探究管理层激励优化公司价值的微观机理，并且从现金持有及现金持有价值层面为管理层激励所寓意的公司内部治理优化提供新的经验证据支持。

第二，通过影响因素、渠道机制以及内外部异质性治理特征角度全面、深入地研究管理层激励对现金持有决策的影响。

本书依托信息不对称理论、委托代理理论、激励理论、最优契约理论以及管理层权力理论等经典理论，通过严谨的理论逻辑分析和翔实的实证分析，探究管理层激励对公司现金持有决策的影响，且对于产权性质、控股股东两权分离、管理层权力及治理环境等内外部异质治理情境因素进行纵深系统全面的拓展研究，有助于探究我国上市公司的公司治理、董事会治理、管理层激励乃至薪酬契约治理有效性发挥的适优治理特征或环境，从而为推进我国上市公司治理水平高质量提升提供实践探索方向。

第三，厘清管理层薪酬契约激励有效性之争，提供可供参考的理论指导和经验借鉴。

关于管理层激励能否发挥契约治理有效性从而约束公司管理层私利行为、优化公司价值，相关研究仍存在争论。与其他财务决策相比，现金管理决策能直接或间接对其他微观决策或行为产生影响，进而影响公司价值。但由于现金独有的极强流动性，管理层可将现金及其等价物异化为掏空公司的媒介。

那么管理层激励能否抑制高管代理冲突，减少其资金侵占的私利行为，从而优化公司现金持有及现金持有价值呢？本书将管理层激励与现金持有进行关联研究，通过系统详细且深入地探索两者关系、作用机理、内外部异质调节特征等问题，深化和扩展现有研究，同时从公司现金持有决策能否得到管理层激励的优化治理角度，对管理层激励有效性、薪酬契约治理有效性的相关争论，提供新的经验证据支持和新角度的注解。

本书的系列探究有利于发现我国上市公司相对优化的治理结构，为完善我国的公司治理机制尤其是管理层激励、薪酬契约治理提供理论参考和经验借鉴，既可透过公司现金持有决策来反观我国公司管理层激励和薪酬契约治理中的现有问题与所获成效，揭示推进高管激励与薪酬治理过程中可能的制约因素与关键症结，亦可理顺管理层激励过程中最优的薪酬激励方式及薪酬契约治理逻辑，进而提炼有效推行管理层激励、薪酬契约治理的整体思路与实施方案，为推进我国上市公司提高治理水平和实现高质量发展提供可供参考的理论指导和经验借鉴。

第四，本书能够有效厘清董事会治理争议。公司治理的核心在于董事会治理，因此公司治理质量取决于董事会治理的有效性。由于我国上市公司"股权高度集中，一股独大"、投资者法律保护意识薄弱、大股东掏空等转型经济背景，关于董事会能否有效发挥公司治理效应一直存在争议。

本书通过探究管理层激励与公司现金持有的关系，有助于从公司现金管理和资金配置策略的角度研判管理层激励有效性问题；而董事会治理的核心环节便是关于如何设定薪酬契约体系来优化管理层激励。进一步地，董事会的健康运转亦离不开公司所面临的内外部治理特质或环境，因此本书基于产权性质、控股股东两权分离、管理层权力及治理环境等内外部异质治理情境因素，进行纵深系统全面的扩展研究，有助于探究我国上市公司的公司治理、董事会治理、管理层激励乃至薪酬契约治理有效性发挥的适优治理特征或环境，从而为推进我国上市公司治理水平提升和高质量发展提供实践探索方向。

# 第2章 概念界定与理论基础

## 2.1 相关概念界定

### 2.1.1 现金持有的概念

（1）现金持有水平

现金作为公司赖以生存的根基，既可以从较为宽泛的广义层面进行阐述，囊括所有表现为货币形态的现金及现金等价物；也可以从更为具象化的狭义方面对其理解，仅指库存现金和银行存款。在概念上，本书选择广义角度对现金持有进行分析阐述，认为现金持有是指公司根据自身的经营状况和发展规划，选择拥有和控制的交换媒介，包括留存现金、银行存款及交易性金融资产等，其具有流动性强、转换成本低、价值变动风险小的特点。现金持有是公司至关重要的财务决策和经营战略，关系着公司的生死存亡和发展壮大，是公司各项活动（譬如公司经营、投资和融资等）有序开展的前提和保障。Bates等（2009）在梳理前人研究的基础上将公司现金持有动机归纳为四个方面：交易动机、预防动机、避税动机和代理动机，表明公司现金持有既可能受持现的成本收益权衡（Baumol，1952）、融资约束（祝继高和陆正飞，2009）、投资机会捕捉（Opler等，1999；杨兴全等，2016）和税收逃逸（Hanlon等，2017）等因素影响，又可能受与代理冲突和所持现金配置相关的"柔性假说"（Flexibility Hypothesis）和"耗散假说"（Spending Hypothesis）所引致的正面或者负面影响（Harford等，2008）。在取值上，虽然现金持有可分为一定时期内的平均时期值和特定某个时点的瞬时值，但数据选取大部分取于上市公司的年末值，故遵循已有研究的惯例，现金持有水平使用年末时点值进行衡量。关于现金持有的衡量主要有如下三种方式：①现金及现金等价物与非现金资产的比值（Haushalter等，2007）；②现金及现金等价物与总资产的比值（陆正飞和韩非池，2013）；③经行业调整的现金及现金等价物与总资产的比值（Harford等，2008）。本书在主回归中选用第一种方法，并利用其他方法进行稳健性检验。

（2）现金持有的经济效应

现金持有的经济效应主要集中在现金持有价值效应和现金持有竞争效应两个方面。公司持有现金既可以帮助公司开展正常的生产经营活动，又能满足其进行投资创新、利润分红及慈善捐赠等有利于公司持续发展壮大的活动的需求。因此，公司所持有的现金水平能够对公司价值造成直接或间接的影响，但关于现金持有究竟是提高公司价值还是损害公司价值还存在争议。现金持有价值促进论认为，由于信息不对称的存在，投资者、银行及债权人等主体没有优良的环境和充分的渠道了解公司，以至于他们因面临较高的风险而不愿积极主动地给予公司融资帮助，进而使得公司处于较高的融资约束水平，此时公司持有现金的收益大于成本，留有充裕的现金能够防止资金断裂所引发的财务困境以及错失优良投资机会，进而达到提高公司价值的效用（Myers和Majluf，1984）。现金持有毁损论认为，代理成本的存在致使内部人容易产生机会主义行为，而现金作为灵活性最强的资产更是会被公司管理层和大股东滥用甚至窃取以达到自身利益最大化，造成现金持有不当进而降低公司价值（Kalcheva和Lins，2007）。由于市场价值能够较为及时全面地反映公司的经营发展情况，故借鉴 Fama 和 French（1998）、杨兴全和尹兴强（2018）的研究设计，本书定义现金持有价值效应为公司每增加一单位现金对其市场价值的边际贡献。

针对现金持有价值"高与低"的争论，学术界又试图从产业组织理论和掠夺理论出发，基于产品市场角度来考察公司现金持有对其实际运营与投资的可能影响。公司较高的现金持有水平能够帮助其抢先采取策略来争取市场上的竞争力，还有利于其对市场上其他竞争对手产生较强的震慑和制衡，有效预防和抵御来自市场上其他竞争对手虎视眈眈的掠夺风险，最终通过争夺竞争力以及压制竞争对手来稳固并提升自己的市场地位，从而发挥现金持有竞争效应（Frésard，2010）。因需刻画公司现金持有水平相对于其竞争对手的情况，承袭 Frésard（2010）、陆正飞和韩非池（2013）的实证设计，本书使用经年度行业中值调整后的公司现金持有余额除以行业现金持有的标准差来反映现金持有竞争效应。

### 2.1.2 管理层激励的概念

管理层是指由董事会选拔任命并受股东委托来负责制定和执行公司日常生产经营决策的管理人员，其主要是根据受托职责履行活动来获得相应的酬劳。国外学者将管理者团队定义为公司首席执行官及受其管理的高级经理人员一起组成的团队，包括首席执行官、总经理、副总经理、各职能部门的最高负责人（Boeker，1997；Glover，1999）。国内研究多基于 Glover 的界定，认为管理层是指由公司总经理、总裁、副总经理、副总裁及各部门最高领导组成的公司管理团队（魏立群和王智慧，2002；王姣，2016）。《中华人民共和国公司法》等法律法规亦对高层管理团队进行了阐述，认为其包括公司正副总经理、财务总监、董事会秘书及有权制定公司发展策略的相关人员。因此，本书认为"管理层"是指总经理、副经理、财务总监等公司章程规定的高级管理人员。

知识经济时代的到来将公司间的核心竞争力转变为人才竞争，如何制定科学的激励机制来防止人才流失、减少管理层与股东之间利益差异是现代公司制度的核心内容之一。高效合理的激励体系能够在保证股东利益最大化的同时促使管理层个人效应实现最大化，其包含激发管理层良好行为、激励管理层实现公司预期目标、鼓励管理层实现更好自我、约束管理层机会主义四个维度。结合我国上市公司管理层激励的实际情况，基于 Laux（2010）、袁知柱等（2014）的研究，本书将管理层激励分为货币薪酬激励、股权激励及激励组合三个部分。管理层货币薪酬激励是指管理层所能获取的物质回报，包括基本薪酬、绩效奖金等。其中，基本薪酬是股东根据管理层对公司的努力和贡献所给予的基础性报酬，一般不与公司业绩挂钩，取决于公司所在地区和行业的发展水平、公司自身规模等因素；绩效奖金则是股东根据管理层在工作中的突出表现而支付的额外报酬，直接与公司的经营目标和业绩规模挂钩，统一了管理层与股东的目标，也提高了管理层工作的积极性。货币薪酬激励因其固有的短期性，其激励效果上存在一定的局限性。基于此，我国在激励实践中又引入管理层股权激励。股权激励20世纪50年代起源于美国，是指管理层通过持有公司股票（期权）来参与公司剩余价值的分配。这种激励方式很好地将管理层与股东的利益联系起来，并具有一定的不确定性。因此，管理层为在未来获取报酬，必须以公司价值为目标，为公司长期发展而努力工作，减少其可能存在的机会主义行为。随着管理层激励的不断发展，管理层激励组合应运而生。股东开始结合实际情况对多样的管理层激励形式进行选择，最终形成激励组合来均衡风险和收益（翰威特，2008），在反映管理层激励方式的同时也体现了管理层激励结构。一方面，管理层激励组合属于一种激励方式，股东既可以只选择货币薪酬激励或股权激励，也可以将货币薪酬激励和股权激励结合使用。另一方面，管理层激励组合其实是一种激励结构，当股东仅采用单一的激励方式时，管理层激励结构为全部的货币薪酬或股权收益；若股东对管理层采取混合激励，管理层激励结构则指货币薪酬或股权收益占总报酬中的比例。基于此，参考洪正等（2014）的标准化方式以及王生年和尤明渊（2015）的经验做法，本书不仅选取"薪酬最高的前三位董事、监事、高管的薪酬"和"薪酬最高的前三位高管薪酬"作为管理层货币薪酬激励的代理变量、用管理层持股比例和高管持股比例作为管理层股权激励的衡量指标；还以董监高薪酬总额度量管理层货币薪酬激励，用管理层持股数量与年末收盘价的乘积衡量管理层股权激励，以期做到全面刻画管理层激励。

## 2.2 理论基础

### 2.2.1 信息不对称理论

传统经济学假定资本市场上各主体之间均具有完备的信息，不存在信息不对称的问题。而这一假设条件在现实生活中并不存在。因不确定因素的存在，交易双方对交易过程中所涉及的信息理解和认识的程度也有所不同，对信息获取多寡的差异造成双方信息的不对称，根据信息的多寡可以将交易双方分为信息优势方和信息劣势方。

Joseph 最先提出了信息不对称理论。该理论认为，优势方会通过将内部消息传达给劣势方来赚取收益，满足自身的利益需求，而劣势方有动机也有意愿了解更多的内部消息。信息不对称理论在强调信息重要性的同时，还详细阐述了在交易市场中任意交易方因信息量的大小、信息获取渠道的不同而取得的收益也具有差异性，与此同时还具有不同程度的风险。传统经济学以"经济人具有完备的信息"为前提假设，而在现实生活中任何交易主体都不可能拥有完备的信息。尽管施蒂格勒等学者在处理信息不对称所导致的问题方面具有重大贡献，但其研究缺乏对信息不对称问题的系统性探究。直到1970年Akerlof的《柠檬市场：质量不确定和市场机制》一文在哈佛大学的经济学期刊上发表才标志着进入信息不对称问题系统性探究的时代。

信息不对称问题的普遍性，使得信息优势方有动机为自身谋利而做出有违道德标准的行为。根据信息不对称产生时间的不同，其所导致的现象也有所差异，在交易活动之前会造成逆向选择，在交易活动之后会导致道德风险。无论哪种现象产生，都会扭曲市场机制，造成信息误导甚至导致市场失灵现象的产生。那么具体什么是逆向选择和道德风险呢？逆向选择是指当存在信息不对称、市场运行效率相对较低时，信息优势方基于自身利益最大化的目的，利用其所掌握的信息诱导信息劣势方，进而扭曲交易价格、损害劣势方的利益，造成"劣币驱逐良币"的经济现象。譬如，在产品交易时，卖方相对于买方对产品信息更加了解，因此在卖方的诱导下，使得买方以高价购买低质量的产品，而高质量的产品却无人问津，最终退出市场。道德风险是指信息不对称所导致的契约不完备性使得信息优势方基于自身利益进行经济决策而无须承担相应的经济后果，信息劣势方无法根据现有信息进行有效监督。譬如在公司中，股东与管理层之间的信息不对称以及股东与债权人之间的信息不对称均可导致道德风险问题，这主要是因为管理层相对于股东作为信息优势方会有自利动机，有损股东利益，而股东很难实施有效的监督；股东相比债权人作为信息优势方会利用借款资金投资于风险较高的项目，此时债权人将承担较高的风险，获取较低的利益。

正是因为信息不对称的存在，使得公司存在严重的融资约束问题。这主要是因为公司经营管理者对投资项目拥有相对全面的信息，能够准确了解投资项目的获利能力及收益水平，而外部投资者因信息不对称的存在很难对投资项目做出准确的评估，因此外部投资者为维护自己的利益，防止自身利益受损会要求较高的回报率，即以较高的利率出借资金，获取较高的利息维护自身的合法权益，此时公司即便拥有较好的投资项目也很难获取同等风险收益的融资资金，即面临融资难的困境。Myer和Majluf（1984）也通过模型分析了融资决策中所存在的逆向选择问题，并基于此模型来分析信息不对称对现金持有的影响，其认为信息不对称的存在使得公司面临较高的外部融资成本，且融资成本随着信息不对称程度的提高而增加，为避免高昂外部融资成本的产生，公司更倾向于留存部分现金于公司内部来应对生产经营的不确定性，或者用于抓住投资机会避免投资不足的产生，这也将有利于公司价值及现金持有价值的提升。

### 2.2.2 委托代理理论

Berle和Means最早对"公司治理"这一问题进行了系统的分析和研究，并于1932年出版了《现代公司和私人产权》一书。在这本书中，Berle和Means（1932）认为控制权与所有权应该相分离，并鼓励公司将其所有权与控制权分离开来，所有权与控制权一定程度的分离会为公司股东创造巨大的财富。基于此，大量学者开始探究公司治理的相关内容，并逐步形成了公司治理理论。Jensen和Meckling（1976）的深入研究表明，股东并非直接负责公司内部的生产经营管理，管理层虽直接参与生产经营管理但不一定拥有公司股份。在经济人假设下，股东与管理层之间具有较大的信息不对称且其公司责任与权益获取并非完全一致，从而使得股东与管理层的利益不完全一致，这种现象易造成代理冲突。因此，委托代理关系是一种可明确又可模糊不定的合同约定。该契约规定，一些个体服务于一个或多个个体，并在服务后获取相应的劳动报酬，服务的数量和质量决定了劳动报酬的高低。因契约的不完备性，公司各利益主体之间具有不同的利益需求，其中任何利益主体在寻求自身利益时都可能造成其他利益主体的利益受损，有时还会出现利益主体间利益的相互冲突。对于委托代理关系具有多种阐述方式：委托人和代理人的定义最早由Ross（1973）提出，他提及"对于当事人双方来说，代理人代表委托人的利益来实施相关决策，这样委托代理关系就随之形成"。代理关系的明晰有助于增加当事人双方的总体利益。Wilson（1963）的研究表明代理问题产生于某行为主体对另一个或另一些行为主体产生依赖的过程中，代理人是实际行动方，委托人为受影响方。Bernheim（1986）的研究表明，委托代理关系是基于一种明晰或暗含的契约关系，一些个体服务于一个或多个个体并拥有一定的决策权，并在服务后获取相应的劳动报酬，服务的数量和质量决定了劳动报酬的高低。在现代的公司治理结构中，股东是委托人，管理层是股东的受托人，由此形成股东与管理层之间的代理冲突。

此后，Jensen（1986）又提出了"自由现金流假说"，此为委托代理理论的延伸。该假说认为，自由现金流是指投资项目在按资本成本折现后，所有净现值大于零的项目均已完成投资之后的剩余资金流。作为委托人的股东和作为受托人的管理层之间存在严重的信息不对称问题，管理层基于帝国构建、在职消费、公款旅游的动机倾向于持有较多现金来牟取私利。基于管理层的视角，公司持有一定的现金可以提高管理者的控制力，同时现金作为流动性极强的资产也极易成为管理层无效耗散的目标。此外，持有一定量的资金也有助于公司规避财务危机，防止出现因经营不善而更换管理层的现象，此时管理层现金持有偏好严重偏离现金持有最佳水平。大量现金流的存在也进一步加剧了股东与管理层之间的代理冲突，其主要原因是股东倾向于公司经营过程中所产生的留存收益尽可能以股利形式发放，而管理层则偏好于将留存收益以现金流形式留存于公司内部以应对外界不确定性和满足自身私利动机。当公司内部治理机制不完善、代理问题严重时，管理层的私利动机则更加明显，也更便于将资金用于帝国建造、公款旅游等行为上，进而造成资金的无效耗散、公司价值受损。

大量持现行为对公司价值的负面效应主要表现为两个方面：其一，管理层扩张战略的实施必然需要融入大量资金，当外部融资成本较高时，公司持有一定的现金可以起到缓冲的作用，满足管理层的扩张需求，即便扩张行为有损公司价值也很难被市场有效识别，公司因有充足的现金流也很难陷入财务困境。其二，管理层业绩及市场声誉与公司规模密不可分，因此管理层具有强烈的帝国构建的动机，即使公司已达最优规模，管理层也会基于自利动机继续扩张，甚至投资于回报率为负的项目，这将严重损害公司的价值。

因此，委托代理以及自由现金流问题的存在使得股东与管理层的利益很难趋于一致，如何设置有效的治理机制来统一两者的利益是现有研究重点探究的问题。已有研究发现，科学的管理层激励可以缓解股东与管理层的矛盾冲突（Jensen 和 Murphy，1990；张丽平和杨兴全，2012），而这种激励机制对于公司现金持有行为是否有效的问题，现有研究鲜有涉及。

### 2.2.3 激励理论

拥有资金优势的股东（即委托人）将其资金托付给具有专业知识及管理才能的管理层（即代理人），由管理层利用专长进行运营管理以获取剩余收益，并以薪酬等形式回馈管理层的努力，在达成资源最优配置的同时亦提升了公司效率。

不可忽视的是，信息不对称的普遍存在以及契约的非完备性，使得两权分离下的股东与管理者之间极易因双方目标或利益诉求不一致而触发对抗性的利益冲突，而高管掌握公司实际运营权和私有信息，这会诱发高管趋利避害的道德风险行为以致产生严重的委托代理冲突（Jensen和Meckling，1976），既可能有损于股东利益亦会使公司经营恶化。解决委托代理问题的重要一环就是有效激励高管。因此，如何优化委托代理成本从而最大化提升委托代理制度所带来的公司增值效应就成为了激励机制设置的初衷和根本落脚点。

我们梳理相关文献发现，有关"激励"问题之研究由来已久，业已形成诸多丰硕成果。激励理论大体上基于两个维度展开：管理激励和经济激励，分别对应管理激励理论和经济激励理论。管理激励理论包括需求层次理论、双因素理论、期望理论等。按照需求层次理论的观点，人的需求包括生理、安全、社交、尊重和自我实现五个不同等级的需求（Maslow，1943）。不同的人因所在层次、所处阶段、所在岗位之不同，其相应自身需求自然亦不尽相同。于高管而言，仅获取职位薪酬并不能满足其诸多需求，但不可否认的是，高层次的需求必须建立在物质丰富的基础之上。双因素理论解释的是保健和激励问题，Herzberg（1959）根据对员工满意度的影响程度不同区分了保健因素和激励因素。双因素理论中的保健因素主要涵括工作环境、人际关系等影响员工满意度的外界因素。对这些因素进行修正可以降低员工的不满意程度，但很难把其满意度提高至更高层次。双因素理论中的激励因素主要包括那些影响员工心理的因素，如工作价值、自我提高等。不同于保健因素，有关激励因素的适当修正对员工满意度起到有效促进作用。特别地，对公司高管而言，他们关注的重点可能并非工作环境、薪资等保健因素，而是工作价值、自我提高等激励因素。因此，公司亟待构建一套行之有效的激励机制以有效缓解代理问题并促使高管为实现自我价值而努力工作，最终实现委托人-代理人协同利益最大化。Vroom（1964）的期望理论认为，预期目标设定和目标达成价值，这两个因素对员工激励程度影响最大并且提出著名的期望公式：激励力量=效价×期望值，激励力量是员工内心被激发（即员工激励）的程度，效价是目标实现之后员工所获的实际收益，期望值是员工评估所设目标能否如期实现之可能性。期望理论具有很强的实操性，在员工实现预期目标过程中，运用期望理论可对员工激励程度进行较为恰当的评估。

基于经济激励理论的厂商行为理论和经理厂商理论颇具代表性，两者都建立在理性人假设基础之上且皆以最大化公司价值为目标，逐步发展完善一套能够有效解决委托代理问题的显性及隐性激励理论和因应之策，从而实现委托人利益与代理人利益的共同最大化。委托代理关系会因委托人与代理人之间目标利益分歧而存在冲突，因此必须设计一种科学有效的制度来解决或缓解代理问题。Hurwicz（1972）认为，机制设计必须满足"激励相容"原则，若制度设计能同时满足以下三点即为有效合理制度：①激励代理人为获取自身利益最大化而必须先尽自身最大努力实现委托人效益最大化。②代理人认可并自愿接纳这一制度安排所获的收益报酬必须大于拒绝该制度所得之回报。③在制度设定范围内，即便委托人有可能会损失部分个人私利，最终也会获取优厚报酬。

源于经济激励理论的高管激励理论近些年得到长足发展且对我国的高管激励问题具有重要的指导及借鉴意义。高管激励理论就是在两权分离的现代公司制度下，就如何缓解股东和管理层利益分歧、有效消除或降低代理成本而发展起来的一整套有关激励契约设计、激励方式选择、激励内容确定、约束机制构建等的理论体系。Berle 和 Means（1932）、Jensen 和 Meckling（1976）等研究认为两权分离下股东与经理人利益冲突问题的有效解决之道就是高管激励。自 20 世纪 90 年代起，对高管激励的研究主要基于薪酬业绩敏感性，Sloan（1993）与 Core 等（1999）发现业绩型薪酬可使公司管理者和股东利益趋于一致，增强利益协同效应，使得薪酬业绩敏感性较强。Berle 和 Means（1991）研究表明，管理层高额薪酬未能有效缓解代理冲突，反而加剧了代理矛盾、提高了代理成本，导致薪酬与业绩敏感性不强。进入 21 世纪，对高管激励问题的研究向更广泛的层面扩展，如管理层权力问题。Bebchuke 和 Fried（2003）提出了管理层可滥用手中权力且随意设定薪酬进而有损社会公正，因此他们提出应该完善公司治理和强化股东监督作用，以便起到约束管理层的目的。我国学者对高管激励的关注也由来已久，但我国对高管激励理论研究及演进与国外相比存在区别，其原因是我国经济制度、法律监管及执行制度等并不完善，因此很多在国外适用的理论和研究成果并不适用于我国，遭遇"水土不服"之困境。国外发达的资本主义国家，有一整套相对完善的经济环境和制度环境，且现代公司制度经历了几百年的发展和规范，形成了相对成熟的理论体系。我国现代公司制度的发展内生于我国经济建设实践进程中，历经计划经济转轨至市场经济、如火如荼的国企改革等几十年栉风沐雨之旅，立足于我国本土的、极具中国特色的现代公司制度及高管激励理论依旧处于摸索阶段，就目前我国上市公司治理的现状而言完善高管激励理论体系前路漫漫（孙多娇，2019）。

### 2.2.4 最优契约理论

高管薪酬激励是减少委托人以及代理人矛盾冲突的有效手段之一。基于此结论，如何设计与建立有效的薪酬激励制度成为了最优契约理论最关注的话题。最优契约理论强调将公司业绩与高管薪酬相关联，公司业绩越高，高管理应获得更高的报酬，即公司业绩直接决定了高管薪酬的高低（Conyon和He，2011）。通过与高管建立此类契约，高管工作积极性受到一定程度激发，高管可能更倾向于努力为公司工作而非基于代理问题牟取私利从而损害公司价值，因此实现了高管与股东之间的利益双赢（Frydman和Saks，2010；Lund和Polsky，2011）。该理论突出了薪酬相容约束与参与约束之重要性，最优薪酬激励在促进股东利益最大化之同时，亦使得管理层利益有所提升，且股东与管理层自身责任、风险得以明确，一定程度上缓解了过度激励以及激励不足导致的激励效用损失困境，最终意在实现股东与高管双赢之目的（Jensen和Murphy，1990；Jackson等，2008）。

要想实现股东与管理层利益最大化，充分发挥最优契约对高管的激励效用，需要满足一定的条件。已有文献研究对其需要满足的条件进行了总结（Leone等，2006；方军雄，2009；陈修德等，2014）：

首先，董事会与管理层应该具有独立性。高管聘用、关注公司经营绩效等事项是董事会职责所在，为股东利益最大化服务，因此，董事会与管理层彼此间的独立性就显得尤为重要（王跃堂等，2006）。然而在现实经济活动中，董事会与高管层之间的联系千丝万缕，作为股东利益代表，董事会存在自身利益诉求（Zahac和Westphal，1996），因此董事会亦可能出于自身利益考虑致使股东利益受到损害，类似于与高管"同流合污"，与管理层之间实施利益交换，从而通过制定让高管满意的薪酬契约满足私人利益（Barnhart和Rosenstein，2010）。即便董事会不考虑自身利益诉求，高昂的管理层监督成本以及信息不对称的存在，亦使得董事会不能制定较为完美的高管薪酬制度从而使得最优契约效用难以发挥（Tian和Lau，2001）。

其次，最优契约效用的发挥一定程度上依赖于有效的外部市场监督。资本市场相关理论指出，股票价格浮动能够对高管行为的激励与约束产生一定影响（Hutton等，2008；Robinson等，2011）。然而事实上，当股价下跌时，公司所面临的被收购风险通常不会导致股东解聘管理层，与之相反，股东可能更倾向于和高管一同应对被收购危机。此种情况下，高管个人利益非但没有受到损失，反而在反收购过程之中获得更为可观的收益（熊家财和苏冬蔚，2016）。同样地，市场监督机制引致的较为激烈的市场竞争亦可能难以发挥效用（何玉润等，2015）。其原因在于，产品市场竞争往往与公司利润直接关联，而非作用于高管薪酬，公司经营产生的利润先分配给股东，再由股东分配到管理层手中，公司经营活动受到的影响微乎其微（Bebchuk和Fried，2004），可见，在遏制高管谋求个人私利、缓解潜在代理冲突层面，产品市场竞争所发挥的作用十分有限。

最后，最优契约效用发挥亦依靠股东权利的充分实施（季娅倩，2000）。股东可以通过起诉董事会成员抑或通过投票形式否决股票期权计划从而对高管薪酬加以约束，缓解代理问题，抑制管理层个人利益输送行为（侯东德，2008）。然而，现实中，这两项权利的行使过程可能不尽如人意，股东可能面临各种各样的问题。一方面，即使股东发现董事会建立的高管薪酬激励制度存在违规迹象，也可能因缺乏必要证据而无法起诉，且由于对于违规行为的判断标准不一，董事会某些潜在违规行为可能难以被识别与监督，因此可操作性较差。另一方面，股东实施的投票否决股票期权计划针对的是管理层全体而非部分牟取个人私利的少数高管。因此，股东所拥有的该权利可能并不能对抑制管理层牟利动机、缓解潜在代理问题发挥很好的效用（Vafeas，1999；Ang，2000）。

### 2.2.5 管理层权力理论

前述最优契约理论基于股东和管理者利益最大化指出了薪酬激励契约签订的重要性，其虽然能够一定程度上减轻股东与管理层之间的代理冲突，但由于最优契约理论效用的发挥要具备一定的前提条件，因此其在处理应对管理层自利动机层面存在些许缺陷。由此，Bebchuk 和 Fried（2003）通过研究进一步提出了管理层权力理论。在公司治理结构中，高管薪酬制度一定程度上受到董事会影响，然而，管理层可能由于拥有过大的权力而对自身薪酬产生影响，出于自利动机，管理层往往会倾向于为自身制定较高的薪酬从而导致大量潜在代理问题的产生（吕长江和赵宇恒，2008；陈震和丁忠明，2011）。在经营过程之中，管理层权力可能迫使公司并非完全依据业绩确定高管薪酬水平的高低，管理层更可能借助自身权力实施寻租从而导致高管薪酬激励制度并不能很好地实现委托代理问题的缓解效用，相反地，其可能导致更严重的委托代理问题（Bebchuk 和 Fried，2003）。

可见，管理层权力理论视角之下，公司代理问题更多地表现为管理层利用自身权力满足个人私利，通过寻租实现不公平交易下的利益输送，此类情形之下，董事会在监督与约束高管滥用职权行为方面可能发挥一定的治理效用（Boyd，1994）。

缓解委托代理问题、提高公司治理水平是董事会建立之总体目标所在，督促高管依照委托人利益行事、遏制其私利动机是董事会应尽的职责。然而，虽然董事会是个独立的部门，但是否能够有效发挥治理效用受到诸多因素的影响（Hermalin 和 Weisbach，1991；Hillman，2001）。其中，关乎董事会治理功能的一个重要因素就是公司是否具有较为完善的内部治理机制。若公司内部存在一定的治理结构缺陷，董事会就难以完全代表公司股东利益，最终导致董事会与股东即委托人的代理问题的加剧。此时，董事会与股东对高管薪酬加以制约的目的发生偏离，董事会不能对高管起到很好的约束作用，董事会与高管之间更可能存在潜在的利益关系，出于自身利益考虑，董事会可能更倾向于放任高管攫取个人的私利行为（Donaldson 和 Davis，2010）。尤其当高管权力较大时，董事会对高管的约束难度会进一步加大，这将直接导致管理者在实际经营活动中实施自定薪酬，极大地损害公司长远价值。因此，过大的管理层权力使得董事会更加难以监督与治理高管自利行为，一定程度上削弱了董事会的治理效用（吕长江和赵宇恒，2008；陈震和丁忠明，2011）。

　　总的来说，上述董事会治理存在诸多问题，其具体原因表现在：第一，公司所有者和高管之间存在较为严重的信息不对称；第二，对于公司制定的高管薪酬而言，经理人对公司的经营业绩更为关注，而公司的经营业绩"噪声"的存在，使得高管的能力与努力工作的程度难以得到准确的反映，在制定恰当的管理层激励制度方面进一步加大了董事会实施管理层薪酬治理的难度（Murphy 和 Zabojnik，2007）。由此可见，在高管激励问题的研究方面，管理层权力理论存在一定的解释力，是研究者在进行高管激励相关领域研究时所需要关注的重点理论之一（Morse 等，2011）。

# 第3章 管理层激励影响了公司现金持有吗

## 3.1 引言

作为公司重要的流动资产，流动性、预防性等特征使得现金成为关乎公司发展的重要战略资源及强有力的保障（罗进辉等，2018），但其又极易受到管理层或大股东影响，沦为高管牟取个人私利的工具（Myers 和 Rajan，1998）。基于公司现金持有水平在财务决策中不可小觑之地位，相关学者从公司持现影响因素抑或其产生的经济后果出发，进行了大量的实证研究，意图揭开"现金持有之谜"（Bates 等，2009）。基于已有公司现金持有影响因素文献研究，国内外学者将持现动机分为预防性动机和代理动机两个主要方面：一方面，公司持有现金可以抵御环境不确定性给公司带来的潜在经营风险，尤其是对融资约束较高的公司来说，储备更多现金能使其更富有财务弹性，从而规避可能的财务危机（Opler 等，1999；Han 和 Qiu，2007）。另一方面，公司两权分离引致潜在代理问题，此时，基于"柔性假说"与"耗散假说"，公司所持现金配置水平又有可能受代理冲突影响从而上升抑或下降（Harford 等，2008）。基于"柔性假说"，公司持现使得现金流更具灵活性（Jensen，1986），不仅便利了内部人利益攫取（Dittmar 等，2003），亦通过减少再融资需求，一定程度上回避了资本市场监管（Blanchard 等，1994），因此，管理层可能因自利行为而储备更多现金。再者，基于"耗散假说"，管理层可能通过实施在职消费、关联交易及公司并购等无效率投资行为迅速消耗公司资金，致使留存现金水平较低（杨兴全和尹兴强，2018）。

除对现金持有动机加以探究之外，部分文献从微观、中观以及宏观视角，针对公司现金持有影响因素进行了研究。在微观层面上，融资约束（王彦超，2009）、内部控制（张会丽和吴有红，2014）、股权结构（张人骥和刘春江，2005）、高管特征（张亮亮和黄国良，2014）以及经营战略（王福胜和宋海旭，2012）等因素对公司现金持有水平产生显著影响。在中观行业特征层面上，公司现金持有水平受到产品市场竞争状况（周婷婷和韩忠雪，2010）、行业成长性（杨兴全等，2016）等因素影响。而在宏观层面上，公司现金持有水平受到政策不确定性（余靖雯和郭凯明，2019）、货币政策冲击（祝继高和陆正飞，2009）的影响亦不容忽视。还有部分学者从现金持有的价值效应（Pinkowitz 等，2006；杨兴全和张照南，2008）以及竞争效应（杨兴全等，2015）角度探讨其潜在的经济后果。随着学者们对公司现金持有问题研究的深入，相关文献从不同研究视角揭示了"现金持有之谜"，但现有文献针对管理层激励与现金持有水平关系的研究尚不多见。

管理层直接负责制定和执行公司投融资、研发以及现金持有等财务决策，因此管理层行为可能对公司持有现金水平产生直接或间接的影响。在保证公司日常经营与投资、抵御潜在财务风险需求之同时，如何有效降低代理成本，促进所有者与经营者利益合一，使公司现金持有水平趋于合理，就成为一个值得关注的话题。在传统委托代理模式下，最优契约理论强调通过公平缔约使股东与经理之间利益相协调。部分研究表明，实施货币薪酬激励能够提高公司治理水平，弱化高管自利动机，进而提升公司绩效（曲亮和任国良，2010）。与此同时，公司可利用股票激励实现股东与高管之间的利益捆绑，以达到风险共担与利益共享，亦能一定程度上协调管理层与股东之间的潜在利益冲突，有助于实现公司长远价值（盛明泉等，2016）。那么，以货币薪酬激励与股权激励方式为代表的管理层激励究竟会对公司现金持有水平产生何种影响？进一步地，管理层激励会对公司现金持有竞争效应以及现金持有价值产生何种影响？

本章以2007—2019年A股上市公司为初始样本，从货币薪酬激励及股权激励两个视角出发，考察我国上市公司管理层激励对公司现金持有水平、现金持有竞争效用及现金持有价值的影响。研究表明，管理层激励能显著提高公司现金持有水平，该影响不仅表现在货币薪酬激励方面，亦表现在股权激励方面，且该结论经滞后变量回归、替换被解释变量以及替换样本区间等一系列稳健性检验之后依然成立；进一步分析表明，管理层激励不仅能够显著提升公司现金持有竞争效应，亦能够显著提高公司现金持有价值。

本章可能的研究贡献在于：第一，本章提出管理层激励影响公司现金持有水平的"竞争性假说"，既为以货币薪酬激励及股权激励为代表的管理层激励研究提供了新的研究视角，又丰富了公司现金持有在微观层面上的公司治理影响因素研究。第二，本章研究结论亦丰富了现金持有竞争效应及现金持有价值相关文献研究，为公司通过强化管理层激励提升现金持有水平及提高现金持有价值提供有力的经验证据。第三，在微观层面上，本章研究结论为上市公司提高现金持有水平、强化现金持有竞争效应以及提高现金持有价值提供可能的有效路径；在宏观层面上，对政府制定管理层激励相关政策措施，强化高管监督，维护金融市场稳定发展具有一定的指导意义。

## 3.2 理论分析与假设提出

基于委托代理理论，上市公司两权分离致使股东与管理层利益并不完全一致，加之股东与管理层之间的信息不对称性，公司管理层未必能够尽心尽力履行受托责任，其可能出于牟取私利动机损害公司价值，进而一定程度上给股东造成损失。而基于"柔性假说"和"耗散假说"，现金作为一种流动性极强且极易被掏空的资源，其持有水平极易受到公司内部人代理行为影响而上升或下降（Harford 等，2008），不利于公司实现价值最大化。管理层或利用现金灵活性便利自身利益攫取（Dittmar 等，2003）、降低融资约束规避市场监管从而提高现金持有水平（Blanchard 等，1994），或实施在职消费、无效率投资等消耗公司存储现金，诱发代理成本，导致现金持有水平降低（Harford，1999；杨兴全和尹兴强，2018）。

无论是基于"柔性假说"还是基于"耗散假说"，上市公司现金持有量的增减均在一定程度上损害公司价值，故一系列有效的公司内外部治理机制在缓解公司持现所面临的代理问题、遏制管理层自利动机以及优化公司现金持有价值方面就显得尤其关键（侯青川等，2016）。

作为公司治理的重要手段，管理层激励能够一定程度上约束高管自利动机，防止其侵吞所有者资产，最大限度地降低错误决策所带来的经营及财务风险（赵世芳等，2020）。管理层激励方式有很多种，既包含以短期经济补偿为代表的货币薪酬激励制度，又包括以分配股利、使管理层与股东长期利益趋同的股权激励制度。已有文献研究表明，货币薪酬激励（曲亮和任国良，2010）与股权激励（盛明泉等，2016）均能发挥较好治理作用，显著抑制了管理层的自利行为。本章主要从货币薪酬激励与股权激励两种管理层激励方式出发，基于"柔性假说"与"耗散假说"分析管理层激励对公司现金持有水平的可能影响。

一方面，基于"柔性假说"，以及我国上市公司普遍存在的因所有者缺失导致的监管失效、投资者法律保护尚不完善之制度背景，管理层倾向于储备现金并利用职务之便攫取私利（Dittmar 等，2003），或是降低再融资需求削弱资本市场监管（Blanchard 等，1994）。然而，合理的货币薪酬激励可以缓解管理层和股东之间的委托代理矛盾，一定程度上驱使管理层更加尽心尽力地工作，从而促使其针对公司持有现金水平作出更为有效的决策，一定程度上遏制管理层利用留存现金牟取私利的动机。而就股权激励方面来说，作为一种和战略周期一致的长期激励手段，其会使管理者更加关注公司的整体表现与长期发展，此时管理层也不倾向于作出攫取私利损害公司长远利益之行为，故管理层激励可通过降低代理成本使得公司现金流水平下降。

另一方面，基于"耗散假说"，出于在职消费、帝国建造等满足个人私利之目的，上市公司高管快速耗散存储资金用于在职消费，或是更偏好于将更多现金投资于净现金流为负的项目，以实现生产经营规模扩大化，诱发公司过度投资的非效率行为，引致更多代理成本，严重损害公司价值（冯志华，2017）。此时，货币薪酬激励制度可能对管理层在职消费、过度投资等行为起到一定抑制效用。由于该制度往往将管理层的绩效奖金与公司的整体业绩相挂钩，因此高管不倾向于实施在职消费、过度投资等损害公司整体利益之行为。同样地，股权激励制度将管理层自身利益与公司整体相关联，管理层在职消费耗散公司资源的行为可能因此得以一定程度的收敛，再者，管理层进行投资决策时亦会更加谨慎，而非一味扩大公司规模，造成非效率投资行为。因此，管理层激励可能通过降低代理成本使得公司现金持有水平上升。那么，管理层激励对公司现金持有水平究竟有正向影响还是负向影响？本章基于上述理论分析，提出如下竞争性假设，并意图对此展开深入研究以厘清二者关系：

H1：管理层激励显著提升现金持有水平。

H2：管理层激励显著抑制现金持有水平。

## 3.3 变量设计与数据来源

### 3.3.1 管理层激励的度量

参考刘绍娓和万大艳（2013）、陈修德等（2015）的研究设计，本章主要从货币薪酬激励和股权激励两个维度对管理层激励进行度量。货币薪酬激励维度以高管货币报酬（*Pay1*）与董监高货币报酬（*Pay2*）衡量，以上市公司披露的货币薪酬金额最高的前三名高管（董监高）薪酬总额经总资产标准化后的数值表示。股权激励维度以高管持股比例（*Equity1*）和董监高持股比例（*Equity2*）衡量，以上市公司披露的持股数量最多的前三名高管（董监高）持股总数占公司发行的总股数的比例表示。

### 3.3.2　现金持有水平（价值）指标的选取

参考杨兴全和尹兴强（2018）的研究方法，用货币资金与交易性金融资产之和除以总资产与现金及现金等价物之差的比值来衡量公司持有现金水平（*Cash*）。而现金持有价值（*Mv*）的衡量参考 Pinkowitz 等（2006）、Dittmar 和 MahrtSmith（2007）做法，以 Fama 和 French（1998）的经典公司价值回归模型为基础，通过构建回归模型以检验管理层激励是否提升了现金持有的边际价值，具体模型见"3.4.1 现金持有价值的模型选择及构建"。

### 3.3.3　样本选择与数据来源

鉴于 2007 年起，我国实行新的企业会计准则，新、旧会计准则差异较大，为保持数据的可比性，本章以 2007—2019 年所有 A 股上市公司作为初始样本，并对数据进行如下筛选：①剔除净资产为负的样本；②依照中国证监会 2012 年发布的上市公司行业分类剔除金融行业样本；③剔除 ST、PT 公司样本及主要变量缺失样本。另外，本章对高管（董监高）货币薪酬激励指标进行 Min-Max 标准化，转换为 [0，1] 区间数值，使得回归系数更为直观。本章实证研究的公司财务数据来源于 CSMAR（国泰安）和 Wind（万得）数据库，产权性质数据来源于 CCER（色诺芬）数据库，数据处理与实证检验均采用 Stata16.0 版本软件进行操作，为避免极端值影响，本章对所有连续变量进行上下 1% 的 Winsorize 处理。

## 3.4 模型建立

### 3.4.1 现金持有影响因素的模型选择及构建

参考刘绍娓和万大艳（2013）、陈修德等（2015）、彭韶兵等（2021）的研究设计，本章构建如下主效应回归模型以从货币薪酬激励以及股权激励两个维度检验管理层激励对公司现金持有水平的可能影响：

$$Cash_{i,t} = \alpha0 + \alpha1Pay1_{i,t}/Pay2_{i,t}/Equity1_{i,t}/Equity2 + \alpha2Size_{i,t} + \alpha3Lev_{i,t} + \alpha4Roa_{i,t} + \alpha5Grow_{i,t} + \alpha6Top_{i,t} + \alpha7Dual_{i,t} + \alpha8Board_{i,t} + \sum Industry + \sum year + \varepsilon_{i,t} \qquad (3-1)$$

其中，$Cash_{i,t}$ 表示公司 $i$ 第 $t$ 年现金持有水平，而 $Pay1_{i,}/Pay2_{i,}/Equity1_{i,}/Equity2_{i,}$ 表示从货币薪酬激励及股权激励两个维度衡量公司 $i$ 第 $t$ 年的管理层激励指标。

该模型中还加入若干公司特征控制变量，具体分别为公司规模（$Size$）、资产负债率（$Lev$）、资产收益率（$Roa$）、成长性（$Grow$）、第一大股东持股比例（$Top$）、董事长与总经理是否两职合一（$Dual$）以及董事会规模（$Board$），其具体定义见表3-1。

除此之外，模型（3-1）亦对行业及年度固定效应加以控制，以降低行业及年度固定效应对回归结果带来的潜在影响。

表3-1 变量定义表

| 变量类型 | 变量名称 | 变量符号 | 变量定义 |
|---|---|---|---|
| 被解释变量 | 现金持有水平 | $Cash$ | （交易性金融资产+货币资金）/（资产-现金及现金等价物） |
| 解释变量 | 高管货币薪酬激励 | $Pay1$ | 薪酬最高的前三名高管薪酬总额的总资产标准化 |
| | 董监高货币薪酬激励 | $Pay2$ | 薪酬最高的前三名董监高薪酬总额的总资产标准化 |

| 变量类型 | 变量名称 | 变量符号 | 变量定义 |
|---|---|---|---|
| 解释变量 | 高管股权激励 | $Equity1$ | 持股数最高前三名高管持股总数/总股数 |
| | 董监高股权激励 | $Equity2$ | 持股数最高前三名董监高持股总数/总股数 |
| 控制变量 | 公司规模 | $Size$ | 公司资产总额取自然对数 |
| | 资产负债率 | $Lev$ | 负债总和/年末资产总额 |
| | 资产收益率 | $Roa$ | 净利润/总资产平均余额 |
| | 成长性 | $Grow$ | 营业收入增长率 |
| | 第一大股东持股比例 | $Top$ | 第一大股东持股数/总股数 |
| | 两职合一 | $Dual$ | 董事长兼任总经理取值为1；否则为0 |
| | 董事会规模 | $Board$ | 董事会人数取自然对数 |

### 3.4.2 基本回归模型描述性统计

本章基于模型（3-1）对基本回归各变量进行描述性统计分析，结果见表3-2。从表3-2可以看出，现金持有水平（$Cash$）均值为0.2965，而标准差为0.3516，说明不同样本间现金持有水平具有一定差异，而高管货币薪酬激励（$Pay1$）与董监高货币薪酬激励（$Pay2$）均值分别为0.1524、0.1538，标准差分别为0.1653、0.1657；高管股权激励（$Equity1$）与董监高股权激励（$Equity2$）均值分别为0.0590、0.1141，标准差分别为0.1303、0.1951，说明不同样本间管理层激励程度亦存在一定差异。

表3-3为模型（3-1）中公司现金持有水平（$Cash$）、管理层激励各指标（$Pay1/Pay2/Equity1/Equity2$）以及各控制变量的相关性分析。值得注意的是，管理层货币薪酬激励指标（$Pay1/Pay2$）以及管理层股权激励指标（$Equity1/Equity2$）与公司现金持有水平（$Cash$）的相关系数均在1%水平上显著为正，初步可以推测，以货币薪酬激励与股权激励为代表的管理层激励均可能与公司现金持有水平呈显著的正相关关系。

表3-2　　　　　　　　　　变量描述性统计分析结果

| 变量名 | 变量符号 | 样本量 | 均值 | 标准差 | 最小值 | 最大值 | 中值 |
|---|---|---|---|---|---|---|---|
| 现金持有水平 | *Cash* | 17 556 | 0.2965 | 0.3516 | 0.0131 | 2.4628 | 0.1834 |
| 高管货币薪酬激励 | *Pay1* | 17 556 | 0.1524 | 0.1653 | 0 | 1 | 0.1012 |
| 董监高货币薪酬激励 | *Pay2* | 17 556 | 0.1538 | 0.1657 | 0 | 1 | 0.1028 |
| 高管股权激励 | *Equity1* | 17 556 | 0.0590 | 0.1303 | 0 | 0.6156 | 0.0001 |
| 董监高股权激励 | *Equity2* | 17 556 | 0.1141 | 0.1951 | 0 | 0.6952 | 0.0004 |
| 公司规模 | *Size* | 17 556 | 22.0003 | 1.2991 | 19.5571 | 26.0599 | 21.8108 |
| 资产负债率 | *Lev* | 17 556 | 0.4392 | 0.214 | 0.0488 | 0.9284 | 0.4368 |
| 资产收益率 | *Roa* | 17 556 | 0.0466 | 0.0571 | −0.1885 | 0.2262 | 0.0420 |
| 成长性 | *Grow* | 17 556 | 0.4340 | 1.3173 | −0.6815 | 9.7333 | 0.1212 |
| 第一股东持股比例 | *Top* | 17 556 | 0.3566 | 0.1503 | 0.0877 | 0.7505 | 0.3385 |
| 两职合一 | *Dual* | 17 556 | 0.2330 | 0.4228 | 0.0000 | 1.0000 | 0.0000 |
| 董事会规模 | *Board* | 17 556 | 2.1567 | 0.1975 | 1.6094 | 2.7081 | 2.1972 |

表3-3　　　　　　　　　　变量相关性分析

| | *Cash* | *Pay1* | *Pay2* | *Equity1* | *Equity2* | *Size* | *Lev* |
|---|---|---|---|---|---|---|---|
| *Cash* | 1 | | | | | | |
| *Pay1* | 0.300\*\*\* | 1 | | | | | |
| *Pay2* | 0.290\*\*\* | 0.984\*\*\* | 1 | | | | |
| *Equity1* | 0.241\*\*\* | 0.226\*\*\* | 0.203\*\*\* | 1 | | | |
| *Equity2* | 0.268\*\*\* | 0.251\*\*\* | 0.250\*\*\* | 0.788\*\*\* | 1 | | |
| *Size* | −0.246\*\*\* | −0.601\*\*\* | −0.601\*\*\* | −0.251\*\*\* | −0.297\*\*\* | 1 | |
| *Lev* | −0.430\*\*\* | −0.389\*\*\* | −0.386\*\*\* | −0.310\*\*\* | −0.373\*\*\* | 0.460\*\*\* | 1 |
| *Roa* | 0.270\*\*\* | 0.150\*\*\* | 0.152\*\*\* | 0.159\*\*\* | 0.184\*\*\* | −0.024\*\*\* | −0.395\*\*\* |
| *Grow* | 0.008 | −0.013\* | −0.013\* | −0.034\*\*\* | −0.037\*\*\* | 0.008 | 0.092\*\*\* |
| *Top* | −0.006 | −0.169\*\*\* | −0.173\*\*\* | −0.058\*\*\* | −0.115\*\*\* | 0.213\*\*\* | 0.058\*\*\* |

续表

| | Cash | Pay1 | Pay2 | Equity1 | Equity2 | Size | Lev |
|---|---|---|---|---|---|---|---|
| Dual | 0.131*** | 0.172*** | 0.138*** | 0.466*** | 0.257*** | −0.155*** | −0.160*** |
| Board | −0.069*** | −0.168*** | −0.167*** | −0.163*** | −0.200*** | 0.227*** | 0.158*** |
| | Roa | Grow | Top | Dual | Board | | |
| Roa | 1 | | | | | | |
| Grow | 0.008 | 1 | | | | | |
| Top | 0.087*** | 0.020*** | 1 | | | | |
| Dual | 0.064*** | −0.016** | −0.051*** | 1 | | | |
| Board | −0.011 | −0.044*** | 0.007 | −0.173*** | 1 | | |

注：***、**、*分别表示 0.01、0.05、0.1 水平上显著。

再者，核心被解释变量及解释变量与其余控制变量的相关系数绝大部分在不同水平显著，且相关系数较小，说明本章构建的检验管理层激励与公司现金持有水平潜在关联的模型（3-1）中各控制变量选取较为合理，不存在严重的共线性。

进一步地，本章对管理层激励指标（Pay1/Pay2/Equity1/ Equity2）与公司现金持有水平（Cash）关系进行了单变量检验，检验结果见表3-4。

表3-4　　　　　　　　　　　　单变量差异检验

| 被解释变量：现金持有水平（Cash） | | | | | |
|---|---|---|---|---|---|
| 解释变量 | | 高 | 低 | Different | Chi值 |
| 高管货币薪酬激励（Pay1） | 均值 | 0.355 | 0.240 | 0.115*** | [313.05]*** |
| 董监高货币薪酬激励（Pay2） | 均值 | 0.352 | 0.243 | 0.109*** | [282.84]*** |
| 高管股权激励（Equity1） | 均值 | 0.338 | 0.258 | 0.080*** | [101.48]*** |
| 董监高股权激励（Equity2） | 均值 | 0.340 | 0.254 | 0.086*** | [119.47]*** |

注：***、**、*分别表示在 0.01、0.05、0.1 水平上显著；[ ] 中为中值检验卡方值。

本章以管理层激励四个指标（*Pay1/Pay2/Equity1/ Equity2*）的行业
年度中位数进行分组，比较不同管理层激励程度下组间公司现金持有水
平（*Cash*）的均值差异。

从表 3-4 可知，管理层激励指标（*Pay1/Pay2/Equity1/ Equity2*）水
平较高组公司现金持有水平（*Cash*）均值均大于较低组，且该组间均值
的差异在 1% 水平上显著，一定程度上亦能说明管理层激励可能与公司
现金持有水平呈显著正相关关系。

### 3.4.3　现金持有价值的模型选择及构建

本章对现金持有价值的衡量参考 Pinkowitz 等（2006），Dittmar 和
MahrtSmith（2007）的做法，以 Fama 和 French（1998）的经典公司价值
回归模型为基础，构建的具体模型如下：

$$Mv_{i,t} = \gamma_{i,t} + \theta_{i,t} + \beta_1 Cash_{i,t} + \beta_2 Pay1_{i,t}/Pay2_{i,t}/Equity1_{i,t}/Equity2_{i,t}$$
$$+\beta_3 Cash_{i,t} \times Pay1_{i,t}/Pay2_{i,t}/Equity1_{i,t}/Equity2_{i,t} + \beta_4 Cf_{i,t} + \beta_5 \Delta Cf_{i,t}$$
$$+\beta_6 \Delta Cf_{i,t+1} + \beta_7 Na_{i,t} + \beta_8 \Delta Na_{i,t} + \beta_9 \Delta Na_{i,t+1} + \beta_{10} Int_{i,t} + \beta_{11} \Delta Int_{i,t} + \quad (3\text{-}2)$$
$$\beta_{12} \Delta Int_{i,t+1} + \beta_{13} Div_{i,t} + \beta_{14} \Delta Div_{i,t} + \beta_{15} \Delta Div_{i,t+1} + \beta_{16} Capex_{i,t} +$$
$$\beta_{17} \Delta Capex_{i,t} + \beta_{18} \Delta Capex_{i,t+1} + \beta_{19} \Delta Mv_{i,t} + \varepsilon_{i,t}$$

其中，被解释变量（*Mv*）为现金持有价值，即流通股市值、非流
通股市值以及负债市值之和。非流通股市值用非流通股股数与每股净资
产之积表示，负债市值用账面价值表示。

主要解释变量为现金持有水平（*Cash*）、管理层激励（*Pay1i. /
Pay2i. /Equity1i. /Equity2i. *）及其交乘项。现金持有水平为（交易性金
融资产+货币资金）/（资产－现金及现金等价物）。管理层激励
（*Pay1i. /Pay2i. /Equity1i. /Equity2i. *）表示从货币薪酬激励及股权激励两
个维度衡量的管理层激励指标，分别为货币薪酬金额最高的前三名高管
（董监高）薪酬总额的总资产标准化以及持股数最高前三名高管（董监
高）持股总数/总股数。

为了更为准确地估计管理层激励对现金持有市场价值的影响，模型
（3-2）中还控制了公司的投资、融资以及获利能力。其中，*Cf* 为经营
活动现金流，*Na* 为非现金资产，*Int* 为利息费用，*Div* 为现金股利，
*Capex* 为资本性支出。

此外，为了控制变量的异方差性，本章将所有变量除以总资产。利

用该回归模型探讨管理层激励对公司持有现金价值影响的关键就在于现金持有水平（$Cash$）与管理层激励（$Pay1_{i,}$ $/Pay2_{i,}$ $/Equity1_{i,}$ $/Equity2_{i,t}$）交乘项的系数，若该系数显著为正则表示管理层激励显著提高了公司现金持有价值，若该系数显著为负则说明管理层激励显著降低了公司现金持有价值。

## 3.5 检验结果与分析

### 3.5.1 管理层激励与公司现金持有水平的检验结果与分析

本章基于模型（3-1），在控制公司规模（$Size$）、资产负债率（$Lev$）、资产收益率（$Roa$）、成长性（$Grow$）、第一股东持股比例（$Top$）、董事长与总经理是否两职合一（$Dual$）、董事会规模（$Board$）以及行业、年度固定效应基础之上，从货币薪酬激励以及股权激励两个维度探讨管理层激励对公司现金持有水平的可能影响，具体回归结果如表3-5所示。

表3-5　　管理层激励与公司现金持有水平多元回归分析结果

| 变量 | （1） | （2） | （3） | （4） |
|---|---|---|---|---|
| | $Cash$ | $Cash$ | $Cash$ | $Cash$ |
| $Pay1$ | 0.2958*** | | | |
| | (6.81) | | | |
| $Pay2$ | | 0.2716*** | | |
| | | (6.35) | | |
| $Equity1$ | | | 0.2247*** | |
| | | | (4.78) | |
| $Equity2$ | | | | 0.1771*** |
| | | | | (6.15) |

续表

| 变量 | （1）Cash | （2）Cash | （3）Cash | （4）Cash |
|---|---|---|---|---|
| Size | 0.0170*** | 0.0153*** | −0.0035 | −0.0019 |
| | (3.60) | (3.21) | (−0.81) | (−0.45) |
| Lev | −0.5826*** | −0.5834*** | −0.5738*** | −0.5622*** |
| | (−18.99) | (−18.98) | (−18.61) | (−18.35) |
| Roa | 0.5218*** | 0.5259*** | 0.5840*** | 0.5618*** |
| | (7.24) | (7.29) | (7.72) | (7.47) |
| Grow | 0.0063** | 0.0062** | 0.0059** | 0.0060** |
| | (2.33) | (2.30) | (2.22) | (2.25) |
| Top | 0.0870*** | 0.0880*** | 0.0738** | 0.0866*** |
| | (3.02) | (3.05) | (2.50) | (2.98) |
| Dual | 0.0403*** | 0.0445*** | 0.0183 | 0.0336*** |
| | (3.83) | (4.24) | (1.53) | (3.09) |
| Board | 0.0222 | 0.0237 | 0.0289 | 0.0375* |
| | (1.08) | (1.15) | (1.40) | (1.83) |
| Constant | −0.0583 | −0.0232 | 0.3918*** | 0.3294*** |
| | (−0.60) | (−0.24) | (4.40) | (3.65) |
| Ind/Year | Yes | Yes | Yes | Yes |
| Observations | 17 556 | 17 556 | 17 556 | 17 556 |
| Adjusted R_squared | 0.3022 | 0.3007 | 0.2962 | 0.2984 |

注：***、**、*分别表示在0.01、0.05、0.1水平上显著；（）中为t值。

表3-5的列（1）和列（2）显示高管货币薪酬激励（Pay1）及董监高货币薪酬激励（Pay2）均与公司现金持有水平（Cash）在1%水平上显著正相关，而列（3）和列（4）显示高管持股比例（Equity1）及董

监高持股比例（*Equity2*）亦与公司现金持有水平（*Cash*）在1%水平上显著正相关，这说明管理层激励在货币薪酬激励与股权激励两个维度上均显著提升了公司的持有现金水平，验证了本章假设H1。

出于稳健性考虑，本章利用VIF检验考察管理层激励各指标（*Pay1/Pay2/Equity1/ Equity2*）与公司现金持有水平（*Cash*）基本回归分析可能存在的共线性问题，检验结果显示，以*Pay1/Pay2/Equity1/ Equity2*作为解释变量与被解释变量*Cash*进行回归分析时，VIF值分别为2.37、2.37、2.35、2.35，均远小于10，故各基本回归不存在显著的共线性问题。

### 3.5.2 稳健性检验

公司金融领域的相关研究表明，管理层货币薪酬激励对公司绩效的影响可能存在滞后效应。本章参考陈修德等（2015）的研究设计，基于稳健性的考量，分别将各管理层激励指标（*Pay1/Pay2/Equity1/ Equity2*）滞后一期和两期以使回归结果更为稳健，具体检验结果如表3-6所示。

表3-6　　　　　　　　　稳健性检验：滞后变量回归结果

| 变量 | 滞后一期 | | | | 变量 | 滞后两期 | | | |
|---|---|---|---|---|---|---|---|---|---|
| | (1) | (2) | (3) | (4) | | (5) | (6) | (7) | (8) |
| | *Cash* | *Cash* | *Cash* | *Cash* | | *Cash* | *Cash* | *Cash* | *Cash* |
| *Pay1$_{t-1}$* | 0.2261*** | | | | *Pay1$_{t-2}$* | 0.1680*** | | | |
| | (12.99) | | | | | (10.27) | | | |
| *Pay2$_{t-1}$* | | 0.2055*** | | | *Pay2$_{t-2}$* | | 0.1463*** | | |
| | | (11.89) | | | | | (9.01) | | |
| *Equity1$_{t-1}$* | | | 0.1501*** | | *Equity1$_{t-2}$* | | | 0.0628*** | |
| | | | (7.68) | | | | | (3.38) | |
| *Equity2$_{t-1}$* | | | | 0.1115*** | *Equity2$_{t-2}$* | | | | 0.0266** |
| | | | | (8.69) | | | | | (2.16) |
| *Size* | 0.0118*** | 0.0105*** | -0.0031 | -0.0023 | *Size* | 0.0038 | 0.0024 | -0.0071*** | -0.0073*** |
| | (4.43) | (3.92) | (-1.31) | (-0.97) | | (1.53) | (0.95) | (-3.15) | (-3.23) |

续表

| 变量 | 滞后一期 | | | | 变量 | 滞后两期 | | | |
| --- | --- | --- | --- | --- | --- | --- | --- | --- | --- |
| | (1) | (2) | (3) | (4) | | (5) | (6) | (7) | (8) |
| | Cash | Cash | Cash | Cash | | Cash | Cash | Cash | Cash |
| Lev | -0.5207*** | -0.5214*** | -0.5127*** | -0.5065*** | Lev | -0.3953*** | -0.3957*** | -0.3937*** | -0.3944*** |
| | (-36.37) | (-36.39) | (-35.48) | (-34.91) | | (-28.10) | (-28.11) | (-27.76) | (-27.71) |
| Roa | 0.3688*** | 0.3746*** | 0.4522*** | 0.4406*** | Roa | 0.4245*** | 0.4345*** | 0.4974*** | 0.4990*** |
| | (8.05) | (8.16) | (9.97) | (9.70) | | (9.50) | (9.71) | (11.25) | (11.26) |
| Grow | 0.0057*** | 0.0059*** | 0.0067*** | 0.0067*** | Grow | 0.0061*** | 0.0062*** | 0.0067*** | 0.0066*** |
| | (3.12) | (3.19) | (3.62) | (3.63) | | (3.53) | (3.61) | (3.88) | (3.84) |
| Top | 0.0958*** | 0.0966*** | 0.0862*** | 0.0949*** | Top | 0.0882*** | 0.0884*** | 0.0819*** | 0.0838*** |
| | (6.10) | (6.14) | (5.48) | (6.02) | | (5.75) | (5.76) | (5.33) | (5.43) |
| Dual | 0.0317*** | 0.0347*** | 0.0193*** | 0.0287*** | Dual | 0.0158*** | 0.0177*** | 0.0128** | 0.0172*** |
| | (5.81) | (6.37) | (3.28) | (5.20) | | (2.97) | (3.32) | (2.28) | (3.17) |
| Board | 0.0243** | 0.0254** | 0.0288** | 0.0345*** | Board | 0.0252** | 0.0257** | 0.0274** | 0.0281** |
| | (2.01) | (2.10) | (2.37) | (2.83) | | (2.15) | (2.20) | (2.34) | (2.39) |
| Constant | -0.0167 | 0.0129 | 0.3231*** | 0.2839*** | Constant | 0.1357** | 0.1689*** | 0.3909*** | 0.3942*** |
| | (-0.27) | (0.21) | (5.85) | (5.09) | | (2.27) | (2.82) | (7.25) | (7.25) |
| Ind/Year | Yes | Yes | Yes | Yes | Ind/Year | Yes | Yes | Yes | Yes |
| Observations | 15 082 | 15 082 | 15 082 | 15 082 | Observations | 12 878 | 12 878 | 12 878 | 12 878 |
| Adjusted R_squared | 0.2722 | 0.2709 | 0.2669 | 0.2677 | Adjusted R_squared | 0.2346 | 0.2332 | 0.2290 | 0.2286 |

注：***、**、*分别表示在 0.01、0.05、0.1 水平上显著；（）中为 t 值。

表 3-6 的列（1）至列（4）为滞后一期的管理层激励指标（$Pay1_{t-1}$/$Pay2_{t-1}$/$Equity1_{t-1}$/$Equity2_{t-1}$）与公司现金持有水平（$Cash$）的回归结果，高管货币薪酬激励（$Pay1$）及董监高货币薪酬激励（$Pay2$）均与公司现金持有水平（$Cash$）在 1% 水平上显著正相关，而高管持股比例（$Equity1$）及董监高持股比例（$Equity2$）亦与公司现金持有水平（$Cash$）在 1% 水平上显著正相关，与基本回归结果保持一致。列（5）至列（8）表示滞后两期的管理层激励指标（$Pay1_{t-2}$/$Pay2_{t-2}$/$Equity1_{t-2}$/

$Equity2_{t-2}$）与公司现金持有水平（$Cash$）的回归结果，与前述基本回归无实质性差别，故说明本章所得结论具有稳健性。

此外，本章参考刘嫦和赵锐（2021），考虑到行业因素对该回归结果产生的可能影响，故以行业年度中值调整之后的公司现金持有水平（$Cash1$）替代现金持有（$Cash$）变量重新进行回归分析，检验结果见表3-7列（1）至列（4）。

表3-7 　　　　　　　　　稳健性检验：替换核心变量与样本区间

| 变量 | 替换核心变量 | | | | 替换样本区间 | | | |
|---|---|---|---|---|---|---|---|---|
| | （1） | （2） | （3） | （4） | （5） | （6） | （7） | （8） |
| | $Cash1$ | $Cash1$ | $Cash1$ | $Cash1$ | $Cash$ | $Cash$ | $Cash$ | $Cash$ |
| $Pay1$ | 1.2037*** | | | | 0.2958*** | | | |
| | (14.78) | | | | (15.08) | | | |
| $Pay2$ | | 1.0839*** | | | | 0.2733*** | | |
| | | (13.40) | | | | (14.02) | | |
| $Equity1$ | | | 0.7093*** | | | | 0.2197*** | |
| | | | (7.54) | | | | (10.04) | |
| $Equity2$ | | | | 0.4867*** | | | | 0.1763*** |
| | | | | (7.99) | | | | (12.40) |
| $Size$ | 0.0242* | 0.0155 | −0.0619*** | −0.0589*** | 0.0193*** | 0.0176*** | −0.0015 | 0.0001 |
| | (1.95) | (1.25) | (−5.79) | (−5.49) | (6.44) | (5.89) | (−0.58) | (0.02) |
| $Lev$ | −2.3122*** | −2.3160*** | −2.2915*** | −2.2661*** | −0.6158*** | −0.6167*** | −0.6053*** | −0.5921*** |
| | (−35.71) | (−35.73) | (−35.05) | (−34.49) | (−39.18) | (−39.19) | (−38.14) | (−37.14) |
| $Roa$ | 2.7033*** | 2.7275*** | 2.9953*** | 2.9517*** | 0.5096*** | 0.5131*** | 0.5750*** | 0.5530*** |
| | (13.20) | (13.29) | (14.65) | (14.41) | (10.09) | (10.14) | (11.41) | (10.97) |
| $Grow$ | 0.0384*** | 0.0381*** | 0.0367*** | 0.0368*** | 0.0067*** | 0.0067*** | 0.0064*** | 0.0065*** |
| | (4.72) | (4.68) | (4.48) | (4.50) | (3.38) | (3.38) | (3.23) | (3.29) |

续表

| | 替换核心变量 | | | | 替换样本区间 | | | |
|---|---|---|---|---|---|---|---|---|
| Top | 0.2529*** | 0.2559*** | 0.1992*** | 0.2348*** | 0.0925*** | 0.0937*** | 0.0783*** | 0.0918*** |
| | (3.54) | (3.57) | (2.78) | (3.27) | (5.36) | (5.42) | (4.52) | (5.30) |
| Dual | 0.1588*** | 0.1759*** | 0.0940*** | 0.1471*** | 0.0409*** | 0.0451*** | 0.0177*** | 0.0334*** |
| | (6.40) | (7.09) | (3.44) | (5.83) | (6.95) | (7.66) | (2.71) | (5.59) |
| Board | 0.1720*** | 0.1782*** | 0.1976*** | 0.2203*** | 0.0199 | 0.0211 | 0.0260* | 0.0354*** |
| | (3.12) | (3.23) | (3.57) | (3.97) | (1.49) | (1.58) | (1.94) | (2.63) |
| Constant | 1.1491*** | 1.3299*** | 3.0465*** | 2.9045*** | −0.1627** | −0.1271* | 0.3200*** | 0.2477*** |
| | (4.15) | (4.79) | (12.71) | (11.99) | (−2.29) | (−1.79) | (5.23) | (4.01) |
| Ind/Year | Yes | Yes | Yes | Yes | Yes | Yes | Yes | Yes |
| Observations | 17 556 | 17 556 | 17 556 | 17 556 | 15 494 | 15 494 | 15 494 | 15 494 |
| Adjusted R_squared | 0.1750 | 0.1732 | 0.1674 | 0.1678 | 0.3043 | 0.3030 | 0.2987 | 0.3011 |

注：***、**、*分别表示在 0.01、0.05、0.1 水平上显著；（）中为t值。

表 3-7 的列（1）至列（4）显示，高管货币薪酬激励（*Pay1*）及董监高货币薪酬激励（*Pay2*）均与经行业年度中值调整之后的公司现金持有水平（*Cash1*）在 1% 水平上显著正相关，而高管持股比例（*Equity1*）及董监高持股比例（*Equity2*）亦与经行业年度中值调整之后的公司现金持有水平（*Cash1*）在 1% 水平上显著正相关，与基本回归结果保持一致。

另外，2007 年会计准则发生变化以及 2008 年金融危机均会对公司财务行为产生一定的影响，进而作用于公司现金持有水平。因此，本章在基本分析中剔除了这两个年度数据之后重新进行回归分析，具体检验结果如表 3-7 列（5）至列（8）所示，各管理层激励指标（*Pay1/Pay2/ Equity1/ Equity2*）仍与公司持有现金水平（*Cash*）在 1% 水平上显著正相关，与前述基本回归无实质性差别，进一步说明基本回归所得出结论具有一定稳健性。

## 3.6 管理层激励与公司现金持有竞争效应的检验结果与分析

前文经基本回归分析及稳健性检验证实，以货币薪酬激励以及股权激励为代表的管理层激励能够显著提升公司现金持有水平，本章基于该结论进一步探讨管理层激励与公司现金持有竞争效应的潜在关联。

现金作为公司关键流动资产，其存在为公司规避财务风险、把握投资机遇提供了重要财务保障。特别地，大量现金有利于公司实施更具掠夺性的产品竞争战略，从而对竞争对手产生有力威慑，即表现出公司现金持有的"竞争效应"（杨兴全和尹兴强，2015）。一方面，由于持有更为充裕的现金，公司可以借助资本性投资，进行竞争性产品研发巩固自身行业地位，并通过更多广告营销抢占市场份额，对竞争对手施加压力；另一方面，现金持有具有信号作用，公司较高现金持有水平实质形成类似竞争性策略的可信承诺，即针对竞争对手掠夺行为采取的产能扩张、加大研发投资甚至降低产品售价等报复性策略，该承诺不仅能够制约已有竞争对手扩张行为，而且一定程度上对市场进入者形成威慑，进而在整个市场竞争中占据有利地位，掠夺有限市场份额（杨兴全等，2015）。

而现金持有水平决策受公司管理层影响较大，公司通过薪酬激励以及股权激励等手段抑制管理层过度"耗散"资金等机会主义行为，督促其更积极地为公司价值提升服务，从而提高了公司现金持有水平。同时，受高额薪酬、股份激励等利益驱使，管理层有可能实施更具掠夺性的经营决策，通过推进公司新产品研发、协助公司把握投资机遇、抢占产品市场份额等赢取丰厚利润，进而为自身获得更高收益提供支持。因此，本章猜测：公司现金持有存在竞争效应，且货币薪酬激励、股权激励等管理层激励路径均能够进一步强化公司现金持有竞争效应，即管理层激励对公司现金持有水平存在正向调节效应。

为验证以上猜想，本章借鉴杨兴全和尹兴强（2015）的研究设计，首先通过构建以下模型验证现金持有竞争效应：

$$Sale_{i,t} = \alpha 0 + \alpha 1 Cash_{i,t-1} + \alpha 2 Size_{i,t-1} + \alpha 3 Lev_{i,t-1} + \alpha 4 Roa_{i,t-1} +$$
$$\alpha 5 Grow_{i,t-1} + \alpha 6 Top_{i,t-1} + \alpha 7 Dual_{i,t-1} + \alpha 8 Board_{i,t-1} +$$
$$\sum Industry + \sum year + \varepsilon_{i,t}$$

其中，被解释变量（$Sale$）为经总资产标准化后的营业收入，解释变量（$Cash$）为经资产标准化后的公司现金持有水平。同时，为进一步控制潜在内生性对回归结果产生的影响，本书借鉴杨兴全和尹兴强（2015）思路，通过滞后一期解释变量及控制变量以更真实地反映研究结论。

再者，本章基于模型（3-3）以货币薪酬维度的高管货币薪酬激励（$Pay1$）、董监高货币薪酬激励（$Pay2$）指标以及股权激励维度的高管持股比例（$Equity1$）、董监高持股比例（$Equity2$）指标的行业年度中值实施分组回归，意在探究不同管理层激励强度下现金持有竞争效应强弱，具体回归结果如表3-8及表3-9所示。

表3-8　管理层激励与公司现金持有水平竞争效应——回归结果1

| 变量 | | Pay1 | | Pay2 | |
|---|---|---|---|---|---|
| | | 高 | 低 | 高 | 低 |
| | （1） | （2） | （3） | （4） | （5） |
| | Sale | Sale | Sale | Sale | Sale |
| Cash | 0.0710*** | 0.0778*** | −0.0001 | 0.0778*** | −0.0001 |
| | (12.38) | (11.73) | (−0.13) | (11.75) | (−0.06) |
| Size | −0.0667*** | −0.1414*** | −0.0297*** | −0.1414*** | −0.0294*** |
| | (−12.13) | (−10.78) | (−23.87) | (−10.68) | (−23.06) |
| Lev | 0.1224*** | 0.2889*** | −0.0191*** | 0.2920*** | −0.0184*** |
| | (3.37) | (3.85) | (−3.77) | (3.85) | (−3.58) |
| Roa | −0.0958 | −0.0978 | −0.1138*** | −0.1044 | −0.1166*** |
| | (−0.73) | (−0.51) | (−7.67) | (−0.54) | (−8.02) |
| Grow | −0.0017 | −0.0051 | −0.0001 | −0.0051 | −0.0000 |
| | (−1.31) | (−1.57) | (−0.20) | (−1.54) | (−0.02) |
| Top | −0.0106 | −0.0336 | 0.0072 | −0.0367 | 0.0072 |
| | (−0.50) | (−0.85) | (1.38) | (−0.93) | (1.38) |

续表

| 变量 | Pay1 | | | Pay2 | |
|---|---|---|---|---|---|
| | 高 | 低 | | 高 | 低 |
| | （1） | （2） | （3） | （4） | （5） |
| | Sale | Sale | Sale | Sale | Sale |
| Dual | 0.0053 | 0.0051 | 0.0011 | 0.0056 | 0.0022 |
| | （0.89） | （0.50） | （0.63） | （0.54） | （1.24） |
| Board | −0.0310** | −0.0466** | −0.0095*** | −0.0492** | −0.0081** |
| | （−2.35） | （−2.00） | （−2.66） | （−2.15） | （−2.37） |
| Constant | 1.5951*** | 3.1879*** | 0.7566*** | 3.1937*** | 0.7490*** |
| | （13.80） | （11.96） | （27.32） | （11.83） | （26.02） |
| Ind/Year | Yes | Yes | Yes | Yes | Yes |
| Observations | 15 408 | 7 085 | 8 323 | 7 090 | 8 318 |
| Adjusted R_squared | 0.6218 | 0.7037 | 0.5947 | 0.7039 | 0.5917 |
| Difference | | | [1322.34]*** | | [1336.21]*** |

注：***、**、*分别表示在 0.01、0.05、0.1 水平上显著；（）中为t值，[ ]表示组间差异检验卡方。

表3-9 管理层激励与公司现金持有水平竞争效应——回归结果2

| 变量 | Equity1 | | Equity2 | |
|---|---|---|---|---|
| | 高 | 低 | 高 | 低 |
| | （1） | （2） | （3） | （4） |
| | Sale | Sale | Sale | Sale |
| Cash | 0.0714*** | 0.0691** | 0.2348*** | 0.0681*** |
| | （323.10） | （2.57） | （3.44） | （12.15） |
| Size | −0.0465*** | −0.0779*** | −0.0460*** | −0.0665*** |
| | （−21.29） | （−7.81） | （−5.09） | （−9.96） |

续表

| 变量 | Equity1 | | Equity2 | |
|---|---|---|---|---|
| | 高 | 低 | 高 | 低 |
| | （1） | （2） | （3） | （4） |
| | Sale | Sale | Sale | Sale |
| Lev | 0.0200** | 0.1762*** | 0.2363*** | 0.0973** |
| | （2.31） | （2.84） | （3.07） | （2.17） |
| Roa | −0.1564*** | −0.0218 | −0.2494 | 0.0243 |
| | （−5.94） | （−0.09） | （−1.40） | （0.15） |
| Grow | −0.0016** | −0.0028 | −0.0039*** | 0.0004 |
| | （−2.41） | （−1.32） | （−3.04） | （0.26） |
| Top | 0.0158** | −0.0442 | 0.0325 | −0.0679*** |
| | （2.10） | （−1.14） | （0.74） | （−3.01） |
| Dual | −0.0036 | 0.0266* | −0.0125* | 0.0120 |
| | （−1.63） | （1.95） | （−1.94） | （1.14） |
| Board | −0.0139* | −0.0470** | −0.0132 | −0.0348* |
| | （−1.86） | （−2.08） | （−0.87） | （−1.80） |
| Constant | 1.1234*** | 1.8876*** | 1.0197*** | 1.6495*** |
| | （20.91） | （8.55） | （4.65） | （11.72） |
| Ind/Year | Yes | Yes | Yes | Yes |
| Observations | 7 159 | 8 249 | 7 196 | 8 212 |
| Adjusted R_squared | 0.9720 | 0.3348 | 0.4693 | 0.7487 |
| Difference | | ［279.77］*** | | ［214.60］*** |

注：***、**、*分别表示在 0.01、0.05、0.1 水平上显著；（）中为 $t$ 值，［ ］表示组间差异检验卡方。

表 3-8 列（1）中，Cash 与 Sale 在 1% 水平上显著正相关，说明公司现金持有存在显著竞争效应。而列（2）至列（5）用于检验货币薪酬激

励维度下，管理层激励程度对公司现金持有竞争效应影响，在 *Pay1* 与 *Pay2* 较高组，*Cash* 与 *Sale* 在 1% 水平上显著正相关；而在 *Pay1* 与 *Pay2* 较低组中，*Cash* 与 *Sale* 未呈现显著关联。且 SUEST 组间差异检验表明组间系数均在 1% 水平上存在显著差异，说明货币薪酬激励维度下管理层激励能够显著提升公司现金持有竞争效应。

表 3-9 列（1）至列列（4）表示的是股权激励维度下，管理层激励强度对公司现金持有竞争效应产生的可能影响，在 *Pay1* 与 *Pay2* 较高组中，*Cash* 与 *Sale* 在 1% 水平上显著正相关；而在 *Pay1* 与 *Pay2* 较低组中，*Cash* 与 *Sale* 在 1% 或 5% 水平上显著正相关；*Equity1* 与 *Equity2* 较高组的 *Cash* 与 *Sale* 正相关系数均大于 *Equity1* 与 *Equity2* 较低组，且 SUEST 组间差异检验表明组间系数均在 1% 水平上存在显著差异，说明股权激励维度下，管理层激励亦能够显著提升公司现金持有竞争效应。

## 3.7 管理层激励与公司现金持有价值的检验结果与分析

公司将管理层激励所带来的增长的持有现金用于研发投资或进行现金股利分配。进一步地，本章探讨管理层激励引致的公司存储现金是否能够实质性提升公司价值。由于管理层激励发挥的治理效用，在职消费、过度投资等加速资金耗散、损害公司整体利益的无效率行为被削弱。由此留存的公司现金在能够更好支持其日常经营耗费的同时，亦能够缓解公司融资约束，进而为公司抓住良好投资机会提供资金支持，因此，本章猜测：在管理层激励作用下，公司现金持有边际效益可能得以一定程度提升，最终提高了公司价值。

为验证以上猜测，本章借鉴 Pinkowitz 等（2006），Dittmar 和 Mahrt-Smith（2007）的做法，以 Fama 和 French（1998）的经典公司价值回归模型为基础，构建了的基本模型如前文模型（3-2）所示。

若管理层激励（*Pay1/Pay2/Equity1/ Equity2*）能够显著提升公司现金持有价值，则管理层激励指标与公司现金持有水平指标的交乘项（*Pay1×Cash/Pay2×Cash/Equity1×Cash/Equity2×Cash*）应当显著为正。基于模型（3-2）的具体检验结果如表3-10所示，管理层激励指标与公司现金持有水平指标的交乘项（$Pay1 \times Cash/Pay2 \times Cash/Equity1 \times Cash/Equity2 \times Cash$）与现金持有价值（Mv）的系数均在1%水平上显著为正，说明管理层激励能够显著提升公司的现金持有价值。

表3-10 管理层激励、现金持有与现金持有价值多元回归分析结果

| 变量 | （1） | （2） | （3） | （4） |
|---|---|---|---|---|
| | $Mv_t$ | $Mv_t$ | $Mv_t$ | $Mv_t$ |
| $Pay1_t$ | −0.7005*** | | | |
| | （−48.48） | | | |
| $Pay2_t$ | | −0.6776*** | | |
| | | （−47.09） | | |
| $Equity1_t$ | | | −0.1780*** | |
| | | | （−8.21） | |
| $Equity2_t$ | | | | −0.1072*** |
| | | | | （−7.64） |
| $Pay1_t \times Cash_t$ | 0.3414*** | | | |
| | （13.92） | | | |
| $Pay2_t \times Cash_t$ | | 0.3225*** | | |
| | | （12.93） | | |
| $Equity1_t \times Cash_t$ | | | 0.3550*** | |
| | | | （8.79） | |
| $Equity2_t \times Cash_t$ | | | | 0.2810*** |
| | | | | （10.23） |
| $Cash_t$ | −0.0997*** | −0.0995*** | −0.1224*** | −0.1410*** |
| | （−11.05） | （−10.99） | （−15.25） | （−16.30） |
| $Cf_t$ | −0.2346*** | −0.2266*** | −0.3098*** | −0.3099*** |
| | （−9.18） | （−8.83） | （−10.96） | （−10.97） |

续表

| 变量 | （1） | （2） | （3） | （4） |
|---|---|---|---|---|
| | $Mv_t$ | $Mv_t$ | $Mv_t$ | $Mv_t$ |
| $\Delta Cf_t$ | 0.2553*** | 0.2482*** | 0.3065*** | 0.3039*** |
| | （8.67） | （8.39） | （9.41） | （9.33） |
| $\Delta Cf_{t+1}$ | −0.0529*** | −0.0519*** | −0.0622*** | −0.0620*** |
| | （−4.34） | （−4.24） | （−4.61） | （−4.59） |
| $\Delta Na_t$ | 0.1005*** | 0.0928*** | −0.1467*** | −0.1671*** |
| | （3.37） | （3.10） | （−4.41） | （−4.95） |
| $\Delta Na_{t+1}$ | −0.0337* | −0.0304 | 0.0740*** | 0.0826*** |
| | （−1.77） | （−1.59） | （3.48） | （3.85） |
| $Int_t$ | 0.3906*** | 0.4004*** | 0.1275 | 0.1189 |
| | （3.81） | （3.89） | （1.13） | （1.05） |
| $\Delta Int_t$ | −1.2857*** | −1.3569*** | −0.7101** | −0.6954** |
| | （−4.28） | （−4.50） | （−2.14） | （−2.09） |
| $\Delta Int_{t+1}$ | 0.8757*** | 0.9167*** | 0.7203*** | 0.7116*** |
| | （4.71） | （4.91） | （3.50） | （3.46） |
| $Div_t$ | 0.0128 | 0.0116 | 0.0618*** | 0.0618*** |
| | （1.06） | （0.96） | （4.66） | （4.66） |
| $\Delta Div_t$ | −0.0772*** | −0.0798*** | −0.1056*** | −0.1027*** |
| | （−3.07） | （−3.16） | （−3.79） | （−3.68） |
| $\Delta Div_{t+1}$ | 0.0384*** | 0.0400*** | 0.0551*** | 0.0533*** |
| | （2.73） | （2.83） | （3.53） | （3.41） |
| $Capex_t$ | −0.0076 | −0.0113 | 0.0611 | 0.0572 |
| | （−0.21） | （−0.31） | （1.52） | （1.42） |
| $\Delta Capex_t$ | −0.1386*** | −0.1411*** | −0.1993*** | −0.1987*** |
| | （−3.70） | （−3.75） | （−4.80） | （−4.78） |

续表

| 变量 | （1） | （2） | （3） | （4） |
|------|------|------|------|------|
|  | $Mv_t$ | $Mv_t$ | $Mv_t$ | $Mv_t$ |
| $\Delta Capex_{t+1}$ | 0.0000 | 0.0000 | 0.0000 | 0.0000 |
|  | (0.00) | (0.00) | (0.00) | (0.00) |
| $\Delta Mv_t$ | 0.4936*** | 0.4953*** | 0.5466*** | 0.5477*** |
|  | (47.15) | (47.10) | (47.31) | (47.44) |
| Constant | 0.7258*** | 0.7214*** | 0.6536*** | 0.6573*** |
|  | (44.65) | (44.18) | (36.50) | (36.69) |
| Ind/Year | Yes | Yes | Yes | Yes |
| Observations | 11 895 | 11 895 | 11 895 | 11 895 |
| Adjusted R_squared | 0.5762 | 0.5727 | 0.4798 | 0.4807 |

注：***、**、*分别表示在 0.01、0.05、0.1 水平上显著；（）中为 t 值。

## 3.8  本章小结

现金持有水平决策在公司财务管理中尤为重要，管理层激励作为公司治理的手段之一，以货币薪酬激励、股权激励等多样化激励模式缓解了公司代理问题，从而对公司持有现金水平产生影响。本章基于"柔性假说"与"耗散假说"提出管理层激励与公司现金持有水平可能关联的竞争性假设，以 2007—2019 年 A 股上市公司为初始样本，从货币薪酬激励及股权激励两个视角出发，考察我国上市公司管理层激励对公司现金持有水平影响，并进一步考察了管理层激励对公司现金持有竞争效应及现金持有价值的影响。

研究表明：管理层激励能显著提高公司的现金持有水平，该影响不仅表现在货币薪酬激励方面，亦表现在股权激励方面，且该结论经滞后变量回归、替换被解释变量以及替换样本区间等一系列稳健性检验之后依然成立；进一步分析表明，管理层激励不仅能够显著提升公司现金持有竞争效应，亦能够显著提高公司现金持有价值。

　　本章的研究结论具有重要的政策含义：首先，基于管理层激励的重要治理作用，政府应当制定相关政策督促公司构建、完善管理层货币薪酬激励及股权激励制度，有效遏制管理层过度"耗散"资金牟取私利之动机，提高公司现金持有水平以更好把握市场机遇、抵御潜在经营风险。其次，由于管理层激励能够显著提升公司现金持有竞争效应、提高公司现金持有价值，政府亦应引导公司做好管理层激励制度建设，以使因管理层激励节约的现金得以在强化公司竞争优势、巩固市场地位以及提高公司价值等方面发挥较好效用，从而为我国上市公司健康可持续发展、维护市场良好秩序提供一定保证。

# 第 4 章　管理层激励与公司现金持有水平的影响机理

## 4.1　管理层激励与公司现金持有水平的机制分析

在前述章节中，基本回归已经证实了管理层激励与公司现金持有水平的显著正相关关系，但该影响的内在机理仍需进一步检验。基于"耗散假说"下的理论分析，委托代理关系使得管理层可能违背股东意愿进行在职消费、过度投资等"耗散"公司资金，而管理层激励能够通过缓解此类代理问题，使得公司持有现金水平上升。

因此，本章猜测，当公司过度投资水平越高抑或在职消费水平越高时，管理层激励发挥的治理效用越显著，对现金持有水平的影响会愈加明显。

为验证以上猜测，本章借鉴钟覃琳、陆正飞（2018）的做法，以分组回归法检验管理层激励对现金持有水平影响的内在机制。

### 4.1.1 管理层激励、过度投资与公司现金持有

本章对于投资效率的计量借鉴 Richardson 模型，构建以下模型：

$$Inv_{i,t} = \eta0 + \eta1Grow_{i,t-1} + \eta2Lev_{i,t-1} + \eta3Cfo_{i,t-1} + \eta4Age_{i,t-1} + \eta5Size_{i,t-1} + \eta6Ret_{i,t-1} + \eta7Inv_{i,t-1} + \sum Industry + \sum year + \varepsilon i,t \tag{4-1}$$

其中，$Inv_{i,t}$ 为 $i$ 公司第 $t$ 年度的新增投资额，用固定资产、无形资产及其他长期支出的和与总资产的比值衡量；$Grow_{i,t-1}$、$Lev_{i,t-1}$、$Cfo_{i,t-1}$、$Age_{i,t-1}$、$Size_{i,t-1}$、$Ret_{i,t-1}$ 和 $Inv_{i,t-1}$ 分别代表 $i$ 公司第 $t-1$ 年度的成长性、资产负债率、现金流量、上市时间长度、公司规模、股票收益和上年的资本投资，同时控制了年度和行业效应，该回归模型所得残差取大于 0 的样本来衡量过度投资水平（$Over\_Inv$）高低。

本章按照过度投资指标（$Over\_Inv$）的行业年度均值进行分组回归，回归结果如表 4-1 所示。低过度投资组中 $Equity1$ 与 $Cash$ 的相关关系不显著，其余指标分别在 1%、1%、5% 水平与 $Cash$ 显著正相关。再者，高过度投资组中 $Pay1/Pay2/Equity1/Equity2$ 均与 $Cash$ 在 1% 水平上显著正相关，且高过度投资组中 $Pay1/Pay2/Equity1/Equity2$ 与 $Cash$ 的相关系数均大于低过度投资组，且 SUEST 组间差异检验表明组间系数均在 1% 水平上存在显著差异，故"过度投资"机制得以验证，即当公司过度投资水平越高时，管理层激励对公司现金持有作用效果越显著。

表4-1 按照过度投资指标分组的管理层激励与公司现金持有回归分析结果

| 变量 | 低过度投资组 | | | | 高过度投资组 | | | |
|---|---|---|---|---|---|---|---|---|
| | (1) | (2) | (3) | (4) | (5) | (6) | (7) | (8) |
| | Cash | Cash | Cash | Cash | Cash | Cash | Cash | Cash |
| Pay1 | 0.1538*** | | | | 0.3912*** | | | |
| | (3.46) | | | | (5.86) | | | |
| Pay2 | | 0.1238*** | | | | 0.3696*** | | |
| | | (2.89) | | | | (5.66) | | |
| Equity1 | | | 0.0817 | | | | 0.1785*** | |
| | | | (1.50) | | | | (3.14) | |

续表

| 变量 | 低过度投资组 | | | | 高过度投资组 | | | |
|---|---|---|---|---|---|---|---|---|
| | (1) | (2) | (3) | (4) | (5) | (6) | (7) | (8) |
| | Cash | Cash | Cash | Cash | Cash | Cash | Cash | Cash |
| Equity2 | | | | 0.0747** | | | | 0.1633*** |
| | | | | (2.26) | | | | (4.51) |
| Size | 0.0049 | 0.0029 | -0.0046 | -0.0040 | 0.0454*** | 0.0439*** | 0.0166** | 0.0193*** |
| | (1.09) | (0.65) | (-1.20) | (-1.05) | (5.95) | (5.72) | (2.28) | (2.62) |
| Lev | -0.3215*** | -0.3217*** | -0.3217*** | -0.3164*** | -0.9239*** | -0.9273*** | -0.9325*** | -0.9187*** |
| | (-10.69) | (-10.65) | (-10.71) | (-10.52) | (-18.83) | (-18.88) | (-18.91) | (-18.81) |
| Roa | 0.3250*** | 0.3357*** | 0.3640*** | 0.3571*** | 0.0400 | 0.0350 | 0.1766 | 0.1448 |
| | (4.17) | (4.30) | (4.60) | (4.53) | (0.30) | (0.26) | (1.26) | (1.03) |
| Grow | 0.0063** | 0.0061** | 0.0056* | 0.0057** | 0.0023 | 0.0022 | 0.0013 | 0.0014 |
| | (2.19) | (2.15) | (1.98) | (2.02) | (0.61) | (0.58) | (0.34) | (0.37) |
| Top | 0.0584** | 0.0585** | 0.0531* | 0.0574** | 0.0564 | 0.0582 | 0.0383 | 0.0561 |
| | (2.03) | (2.03) | (1.82) | (1.99) | (1.25) | (1.29) | (0.84) | (1.22) |
| Dual | 0.0105 | 0.0126 | 0.0061 | 0.0093 | 0.0468*** | 0.0538*** | 0.0247 | 0.0419*** |
| | (1.07) | (1.27) | (0.54) | (0.90) | (2.99) | (3.45) | (1.48) | (2.64) |
| Board | 0.0164 | 0.0178 | 0.0226 | 0.0244 | -0.0488 | -0.0435 | -0.0368 | -0.0210 |
| | (0.94) | (1.02) | (1.30) | (1.42) | (-1.32) | (-1.18) | (-0.97) | (-0.55) |
| Constant | 0.1500 | 0.1927** | 0.3586*** | 0.3358*** | -0.5741*** | -0.5524*** | 0.0816 | -0.0382 |
| | (1.56) | (2.02) | (4.56) | (4.20) | (-3.51) | (-3.37) | (0.52) | (-0.23) |
| Ind/Year | Yes | Yes | Yes | Yes | Yes | Yes | Yes | Yes |
| Observations | 4 317 | 4 317 | 4 317 | 4 317 | 2 984 | 2 984 | 2 984 | 2 984 |
| Adjusted R_squared | 0.2309 | 0.2289 | 0.2264 | 0.2275 | 0.3943 | 0.3930 | 0.3821 | 0.3847 |
| Difference | | | | | [387.36]*** | [388.26]*** | [394.13]*** | [398.07]*** |

注：***、**、*分别表示在 0.01、0.05、0.1 水平上显著；（）中为 t 值；[ ] 表示组间差异检验卡方。

### 4.1.2 管理层激励、在职消费与公司现金持有

本章参考陈冬华等（2005）的研究，以与公司高管人员在职消费有关的八类费用项目（办公费、差旅费、业务招待费、通信费、出国培训费、董事会费、小车费和会议费）总额的自然对数衡量管理层在职消费水平，按照行业年度均值将样本分为低在职消费组和高在职消费组进行机制检验分析，回归结果见表4-2。

如表4-2所示，两组中各管理层激励指标 $Pay1/Pay2/Equity1/Equity2$ 均与 $Cash$ 在1%水平上显著正相关，说明管理层激励在在职消费水平较高的公司和在职消费水平较低的公司均能发挥效用，但两组中管理层激励发挥效用程度有显著区别，可以看出，高在职消费组中各管理层激励指标系数均远大于低在职消费组。为此，本章亦进行SUEST组间差异检验，检验结果表明，低在职消费组与高在职消费组间管理层激励与公司现金持有水平相关系数在1%水平上存在显著差异，进一步证实了"在职消费"机制，即在职消费水平越高的公司，管理层激励对公司现金持有作用效果越显著。

表4-2　按照在职消费水平分组的管理层激励与公司现金持有回归分析结果

| 变量 | 低在职消费组 | | | | 高在职消费组 | | | |
|---|---|---|---|---|---|---|---|---|
| | (1) | (2) | (3) | (4) | (5) | (6) | (7) | (8) |
| | Cash | Cash | Cash | Cash | Cash | Cash | Cash | Cash |
| Pay1 | 0.2299*** | | | | 0.4310*** | | | |
| | (4.11) | | | | (4.33) | | | |
| Pay2 | | 0.2061*** | | | | 0.3934*** | | |
| | | (3.70) | | | | (3.99) | | |
| Equity1 | | | 0.1726*** | | | | 0.2042*** | |
| | | | (2.74) | | | | (3.06) | |
| Equity2 | | | | 0.1503*** | | | | 0.1715*** |
| | | | | (3.94) | | | | (3.89) |

续表

| 变量 | 低在职消费组 | | | | 高在职消费组 | | | |
|---|---|---|---|---|---|---|---|---|
| | (1) | (2) | (3) | (4) | (5) | (6) | (7) | (8) |
| | Cash | Cash | Cash | Cash | Cash | Cash | Cash | Cash |
| Size | 0.0166 | 0.0134 | -0.0115 | -0.0104 | 0.0250*** | 0.0233*** | 0.0026 | 0.0047 |
| | (1.58) | (1.27) | (-1.30) | (-1.17) | (3.10) | (2.88) | (0.39) | (0.71) |
| Lev | -0.7244*** | -0.7246*** | -0.7114*** | -0.6955*** | -0.5189*** | -0.5209*** | -0.5173*** | -0.5079*** |
| | (-15.63) | (-15.61) | (-15.30) | (-15.01) | (-9.32) | (-9.36) | (-9.31) | (-9.26) |
| Roa | 0.6282*** | 0.6335*** | 0.6781*** | 0.6526*** | 0.4336*** | 0.4390*** | 0.5037*** | 0.4800*** |
| | (5.76) | (5.82) | (6.00) | (5.82) | (3.20) | (3.21) | (3.53) | (3.41) |
| Grow | 0.0118** | 0.0118** | 0.0119** | 0.0120** | 0.0023 | 0.0021 | 0.0013 | 0.0012 |
| | (2.45) | (2.45) | (2.50) | (2.51) | (0.67) | (0.63) | (0.37) | (0.35) |
| Top | 0.1041** | 0.1047** | 0.0861* | 0.0985* | 0.1047*** | 0.1052*** | 0.0978** | 0.1102*** |
| | (2.04) | (2.05) | (1.65) | (1.91) | (2.75) | (2.76) | (2.58) | (2.87) |
| Dual | 0.0641*** | 0.0679*** | 0.0422** | 0.0572*** | 0.0030 | 0.0079 | -0.0168 | -0.0057 |
| | (3.94) | (4.19) | (2.22) | (3.41) | (0.22) | (0.60) | (-1.33) | (-0.43) |
| Board | 0.0461 | 0.0480 | 0.0538 | 0.0635* | 0.0126 | 0.0135 | 0.0167 | 0.0248 |
| | (1.34) | (1.39) | (1.57) | (1.87) | (0.41) | (0.44) | (0.53) | (0.78) |
| Constant | -0.1114 | -0.0495 | 0.4977*** | 0.4367** | -0.2186 | -0.1914 | 0.2833** | 0.2110 |
| | (-0.52) | (-0.23) | (2.70) | (2.36) | (-1.41) | (-1.23) | (2.03) | (1.51) |
| Ind/Year | Yes | Yes | Yes | Yes | Yes | Yes | Yes | Yes |
| Observations | 6 898 | 6 898 | 6 898 | 6 898 | 6 250 | 6 250 | 6 250 | 6 250 |
| Adjusted R_squared | 0.3217 | 0.3206 | 0.3185 | 0.3205 | 0.2995 | 0.2973 | 0.2879 | 0.2911 |
| Difference | | | | | [100.99]*** | [100.29]*** | [103.42]*** | [104.23]*** |

注：***、**、*分别表示在 0.01、0.05、0.1 水平上显著；（）中为 t 值；［ ］表示组间差异检验卡方值。

## 4.2 管理层激励与公司现金持有水平的资金再配置

基于前述对管理层激励与公司现金持有水平关系及其内在机理的分析，本章进一步探讨管理层激励所带来的现金持有水平上升对公司经济后果的影响。具体而言，管理层激励是否能够对公司资金配置起到一定优化作用？该关联会给公司带来何种经济后果？本章为探讨该关联是否最终能够有助于公司良好发展，对基本回归所产生的潜在经济后果加以探究，具体包括对公司创新水平、股利分配政策以及现金持有价值所带来的可能影响进行分析与实证检验。

### 4.2.1 管理层激励、公司现金持有水平与公司创新

近年来，较高融资约束的现象在我国上市公司中普遍存在，融资成本较高导致公司愈发狭窄的融资渠道，由于长期处在资金链终端，大部分公司资本结构调整速度较为缓慢，其受资本市场冲击较为显著。此时，公司现金持有水平在降低资金不确定性、促进技术创新等方面所发挥的作用尤其重要。另外，基于公司创新周期长、风险高等特点的考虑，在公司技术创新过程之中，较高的现金持有水平能够保证公司创新的连续投入、有效降低了公司的经营风险，从而保障技术创新绩效的实现与提高（张艳辉等，2012）。余宜珂等（2020）的研究亦指出，较高的现金持有水平更有利于公司技术创新绩效的提升。基于本章研究结论，以货币薪酬激励与股权激励为代表的管理层激励能够显著提升公司持有现金水平，那么，管理层激励是否能够最终带来公司创新水平的提升？

为回答这一问题，本章借鉴徐炜锋等（2021）的研究设计，引入变量公司创新投入（$Inn$）度量公司创新水平高低。公司创新投入（$Inn$）包括技术创新投入和产品创新投入，本章以公司创新投入成本总额除以公司营业收入额表示公司创新投入相对强度，使公司间创新投入更具有横向可比性。本章构建了模型（4-2）和模型（4-3）：

$$Inn_{i,t} = \lambda 0 + \lambda 1 Pay1_{i,t}/Pay2_{i,t}/Equity1_{i,t}/Equity2_{i,t} + \lambda 2 Size_{i,t} + \\ \lambda 3 Lev_{i,t} + \lambda 4 Roa_{i,t} + \lambda 5 Grow_{i,t} + \lambda 6 Top_{i,t} + \lambda 7 Dual_{i,t} + \\ \lambda 8 Board_{i,t} + \sum Industry + \sum year + \varepsilon_{i,t} \quad\quad (4-2)$$

$$Inn_{i,t} = \delta 0 + \delta 1 Cash_{i,t} + \delta 2 Pay1_{i,t}/Pay2_{i,t}/Equity1_{i,t}/Equity2_{i,t} + \\ \delta 3 Pay1_{i,t}/Pay2_{i,t}/Equity1_{i,t}/Equity2_{i,t} \times Cash_{i,t} + \delta 4 Size_{i,t} + \\ \delta 5 Lev_{i,t} + \delta 6 Roa_{i,t} + \delta 7 Grow_{i,t} + \delta 8 Top_{i,t} + \delta 9 Dual_{i,t} + \\ \delta 10 Board_{i,t} + \sum Industry + \sum year + \varepsilon_{i,t} \quad\quad (4-3)$$

模型（4-2）用于检验管理层激励（$Pay1_{i,t}$/$Pay2_{i,t}$/$Equity1_{i,t}$/$Equity2_{i,t}$）与公司创新水平（$Inn$）的直接关联，而模型（4-3）用于检验管理层激励（$Pay1_{i,t}$/$Pay2_{i,t}$/$Equity1_{i,t}$/$Equity2_{i,t}$）是否通过提高公司现金持有水平（$Cash$）进而提升了公司创新水平（$Inn$）。

模型（4-2）回归结果见表4-3。如表4-3所示，管理层激励各指标（$Pay1$/$Pay2$/$Equity1$/$Equity2$）与公司创新水平（$Inn$）均在1%水平上显著正相关，说明管理层激励能够显著提升公司的创新水平。

表4-3　　管理层激励与公司创新水平多元回归分析结果

| 变量 | （1） | （2） | （3） | （4） |
|---|---|---|---|---|
|  | Inn | Inn | Inn | Inn |
| Pay1 | 2.0303*** |  |  |  |
|  | (9.31) |  |  |  |
| Pay2 |  | 1.8064*** |  |  |
|  |  | (8.31) |  |  |
| Equity1 |  |  | 1.3340*** |  |
|  |  |  | (6.72) |  |
| Equity2 |  |  |  | 0.9485*** |
|  |  |  |  | (7.38) |
| Size | 0.0377 | 0.0204 | −0.0991*** | −0.0884*** |
|  | (1.33) | (0.72) | (−3.86) | (−3.43) |
| Lev | −3.8656*** | −3.8745*** | −3.8385*** | −3.7767*** |
|  | (−23.56) | (−23.59) | (−23.38) | (−22.92) |

续表

| 变量 | （1） | （2） | （3） | （4） |
|---|---|---|---|---|
| | *Inn* | *Inn* | *Inn* | *Inn* |
| *Roa* | −2.0942*** | −2.0240*** | −1.5744*** | −1.6599*** |
| | （−3.77） | （−3.64） | （−2.90） | （−3.06） |
| *Grow* | 0.2419*** | 0.2420*** | 0.2324*** | 0.2323*** |
| | （7.27） | （7.26） | （7.00） | （7.01） |
| *Top* | −1.2673*** | −1.2568*** | −1.3285*** | −1.2284*** |
| | （−7.56） | （−7.48） | （−7.93） | （−7.29） |
| *Dual* | 0.3098*** | 0.3421*** | 0.1421** | 0.2748*** |
| | （5.67） | （6.26） | （2.40） | （5.02） |
| *Board* | −0.1879 | −0.1788 | −0.1412 | −0.0708 |
| | （−1.40） | （−1.33） | （−1.05） | （−0.52） |
| *Constant* | 1.3668** | 1.7318*** | 4.4120*** | 3.9432*** |
| | （2.06） | （2.61） | （7.32） | （6.40） |
| *Ind/Year* | Yes | Yes | Yes | Yes |
| *Observations* | 10 697 | 10 697 | 10 697 | 10 697 |
| *Adjusted R_squared* | 0.4528 | 0.4515 | 0.4490 | 0.4494 |

注：***、**、*分别表示在 0.01、0.05、0.1 水平上显著；（）中为t值。

进一步地，基于模型（4-3），表4-4中回归分析的目的在于检验管理层激励各指标（*Pay1/Pay2/Equity1/Equity2*）是否通过提升公司持有现金水平（*Cash*）进而提升了公司创新水平（*Inn*），如表4-4所示，管理层激励指标与公司现金持有水平指标的交乘项（*Pay1×Cash/Pay2×Cash/Equity1×Cash/Equity2×Cash*）的回归系数均在1%水平上显著为正，说明管理层激励通过提高公司现金持有水平，进而强化了公司创新，一定程度上优化了公司资金配置。

表4-4　管理层激励、现金持有与公司创新水平多元回归分析结果

| 变量 | （1） | （2） | （3） | （4） |
|------|------|------|------|------|
| | *Inn* | *Inn* | *Inn* | *Inn* |
| *Pay1* | 0.6670$^{**}$ | | | |
| | （2.50） | | | |
| *Pay2* | | 0.4833$^{*}$ | | |
| | | （1.85） | | |
| *Equity1* | | | 0.5273$^{*}$ | |
| | | | （1.75） | |
| *Equity2* | | | | 0.1865 |
| | | | | （0.98） |
| *Pay1×Cash* | 4.1937$^{***}$ | | | |
| | （5.94） | | | |
| *Pay2×Cash* | | 4.2383$^{***}$ | | |
| | | （6.02） | | |
| *Equity1×Cash* | | | 2.3752$^{***}$ | |
| | | | （2.91） | |
| *Equity2×Cash* | | | | 2.1481$^{***}$ |
| | | | | （4.64） |
| *Cash* | 0.0443 | 0.0572 | 0.5548$^{***}$ | 0.4131$^{***}$ |
| | （0.35） | （0.46） | （6.19） | （4.33） |
| *Size* | 0.0099 | −0.0040 | −0.1113$^{***}$ | −0.1040$^{***}$ |
| | （0.34） | （−0.14） | （−4.32） | （−4.01） |
| *Lev* | −3.3540$^{***}$ | −3.3495$^{***}$ | −3.3022$^{***}$ | −3.2427$^{***}$ |
| | （−20.08） | （−20.04） | （−19.67） | （−19.28） |
| *Roa* | −2.3544$^{***}$ | −2.2982$^{***}$ | −1.9235$^{***}$ | −1.9760$^{***}$ |
| | （−4.98） | （−4.85） | （−4.08） | （−4.19） |

| 变量 | (1) | (2) | (3) | (4) |
|---|---|---|---|---|
| | *Inn* | *Inn* | *Inn* | *Inn* |
| *Grow* | 0.2341*** | 0.2343*** | 0.2260*** | 0.2250*** |
| | (9.27) | (9.26) | (8.92) | (8.89) |
| *Top* | −1.3383*** | −1.3288*** | −1.3332*** | −1.2545*** |
| | (−8.10) | (−8.03) | (−8.03) | (−7.54) |
| *Dual* | 0.2874*** | 0.3154*** | 0.1383** | 0.2536*** |
| | (5.50) | (6.04) | (2.35) | (4.79) |
| *Board* | −0.1941 | −0.1880 | −0.1459 | −0.0840 |
| | (−1.53) | (−1.48) | (−1.15) | (−0.66) |
| *Constant* | 1.8034*** | 2.0893*** | 4.3278*** | 4.0021*** |
| | (2.61) | (3.02) | (7.04) | (6.41) |
| *Ind/Year* | Yes | Yes | Yes | Yes |
| *Observations* | 10 697 | 10 697 | 10 697 | 10 697 |
| *Adjusted R_squared* | 0.4585 | 0.4574 | 0.4541 | 0.4551 |

注：***、**、*分别表示在 0.01、0.05、0.1 水平上显著；（）中为 t 值。

### 4.2.2 管理层激励、公司现金持有水平与现金股利政策

作为公司财务管理决策不可分割的一部分，股利政策通过调整股利支付率直接决定了公司留存收益的数额。投资者未来从公司投资中获得的现金流量多少依股利政策而异，因此，股利政策的选择一定程度上直接关乎市场对公司价值评价的好坏（杨汉明，2008）。然而，我国资本市场相较于西方发达国家起步较晚，相关制度与市场环境尚不完善，信息不对称引致的高管代理问题削弱了其回报股东意识，上市公司分红主动性明显不足，整体股利支付水平偏低。

上市公司长期存在的"重融资，轻回报"等问题一直困扰着市场监管者和政策制定者（彭胜志和马小红，2020），为此，我国证监会自2001年开始出台了一系列制度文件，督促公司建立持续、透明的分红

政策，将其再融资与股利分配相挂钩，加强针对管理层的监督，给投资者提供了一定的制度保障（王国俊等，2017）。那么，以货币薪酬激励与股权激励为代表的管理层激励能否发挥其监督效用，通过降低代理成本提高公司现金持有水平，进而支持公司实施更为积极的现金股利政策？

为回答这一问题，本章借鉴王会娟等（2014）的研究设计，引入变量股利支付率（$Eps$）衡量公司现金股利分配力度，以分配现金股利金额除以净利润求得。考虑到有一部分公司未支付现金股利，一定数量现金股利支付率（$Eps$）为0的样本对回归结果产生的可能影响，本章构建Tobit模型（4-4）和模型（4-5）：

$$Tobit(Eps_{i,t}) = \lambda 0 + \lambda 1 Pay1_{i,t}/Pay2_{i,t}/Equity1_{i,t}/Equity2 + \lambda 2 Size_{i,t} +$$
$$\lambda 3 Lev_{i,t} + \lambda 4 Roa_{i,t} + \lambda 5 Grow_{i,t} + \lambda 6 Top_{i,t} + \lambda 7 Dual_{i,t} + \qquad (4-4)$$
$$\lambda 8 Board_{i,t} + \sum Industry + \sum Year + \varepsilon_{i,t}$$

$$Tobit(Eps_{i,t}) = \delta 0 + \delta 1 Cash_{i,t} + \delta 2 Pay1_{i,t}/Pay2_{i,t}/Equity1_{i,t}/Equity2_{i,t} +$$
$$\delta 3 Pay1_{i,t}/Pay2_{i,t}/Equity1_{i,t}/Equity2_{i,t} \times Cash_{i,t} + \delta 4 Size_{i,t} +$$
$$\delta 5 Lev_{i,t} + \delta 6 Roa_{i,t} + \delta 7 Grow_{i,t} + \delta 8 Top_{i,t} + \delta 9 Dual_{i,t} + \qquad (4-5)$$
$$\delta 10 Board_{i,t} + \sum Industry + \sum Year + \varepsilon_{i,t}$$

模型（4-4）用于检验管理层激励（$Pay1_{i,}/Pay2_{i,}/Equity1_{i,}/Equity2_{i,t}$）与股利支付率（$Eps$）的直接关联，而模型（4-5）用于检验管理层激励（$Pay1_{i,}/Pay2_{i,}/Equity1_{i,}/Equity2_{i,t}$）是否通过提高公司现金持有水平（$Cash$）进而提升了股利支付率（$Eps$）。

模型（4-4）回归结果见表4-5。如表4-5所示，管理层激励各指标（$Pay1/Pay2/Equity1/Equity2$）与现金股利支付率（$Eps$）正相关，且相关系数分别在5%、5%、1%、1%水平上显著，这说明管理层激励能够促使公司实施更为积极的现金股利政策，显著提升了公司现金股利分配水平。

进一步地，基于模型（4-5），表4-6中回归分析目的在于检验管理层激励各指标（$Pay1/Pay2/Equity1/Equity2$）是否通过提升公司持有现金水平（$Cash$）进而提升了公司现金股利支付率（$Eps$）。如表4-6所示，管理层激励指标与公司现金持有水平指标的交乘项（$Pay1 \times Cash/Pay2 \times Cash/Equity1 \times Cash/Equity2 \times Cash$）的回归系数均在1%水平上显著

表4-5　　　管理层激励与现金股利政策多元回归分析结果

| 变量 | （1）EPS | （2）EPS | （3）EPS | （4）EPS |
|---|---|---|---|---|
| Pay1 | 0.1708** | | | |
| | (2.07) | | | |
| Pay2 | | 0.1699** | | |
| | | (2.07) | | |
| Equity1 | | | 0.3592*** | |
| | | | (4.00) | |
| Equity2 | | | | 0.3883*** |
| | | | | (6.64) |
| Size | 0.1303*** | 0.1303*** | 0.1228*** | 0.1288*** |
| | (10.40) | (10.40) | (11.21) | (11.70) |
| Lev | −1.1018*** | −1.1020*** | −1.0810*** | −1.0442*** |
| | (−15.95) | (−15.96) | (−15.58) | (−14.98) |
| Roa | −0.1858 | −0.1890 | −0.1717 | −0.2492 |
| | (−0.73) | (−0.74) | (−0.68) | (−0.98) |
| Grow | −0.0297*** | −0.0297*** | −0.0298*** | −0.0298*** |
| | (−3.43) | (−3.43) | (−3.43) | (−3.43) |
| Top | 0.3314*** | 0.3328*** | 0.3264*** | 0.3584*** |
| | (4.70) | (4.71) | (4.63) | (5.07) |
| Dual | 0.0621** | 0.0646*** | 0.0187 | 0.0382 |
| | (2.55) | (2.66) | (0.69) | (1.55) |
| Board | 0.2063*** | 0.2069*** | 0.2139*** | 0.2369*** |
| | (3.74) | (3.76) | (3.88) | (4.29) |
| Constant | −3.0650*** | −3.0673*** | −2.9125*** | −3.1158*** |
| | (−10.89) | (−10.88) | (−11.79) | (−12.45) |
| Ind/Year | Yes | Yes | Yes | Yes |
| Observations | 16 126 | 16 126 | 16 126 | 16 126 |
| Adjusted R_squared | 0.0161 | 0.0161 | 0.0163 | 0.0170 |

注：***、**、*分别表示在 0.01、0.05、0.1 水平上显著；（ ）中为t值。

为正，说明管理层激励通过提高公司现金持有水平，进而显著提升了公司现金股利支付水平，一定程度上优化了公司资金配置效率。

表4-6 管理层激励、现金持有与现金股利政策多元回归分析结果

| 变量 | （1） Eps | （2） Eps | （3） Eps | （4） Eps |
|---|---|---|---|---|
| Pay1 | −0.0121 | | | |
| | （−0.61） | | | |
| Pay2 | | −0.0145 | | |
| | | （−0.73） | | |
| Equity1 | | | −0.0257 | |
| | | | （−0.87） | |
| Equity2 | | | | 0.0790*** |
| | | | | （3.75） |
| Pay1×Cash | 0.7318*** | | | |
| | （8.30） | | | |
| Pay2×Cash | | 0.7489*** | | |
| | | （8.54） | | |
| Equity1×Cash | | | 1.2585*** | |
| | | | （6.51） | |
| Equity2×Cash | | | | 0.2825*** |
| | | | | （2.90） |
| Cash | 0.0263*** | 0.0248*** | 0.0586*** | 0.0617*** |
| | （3.17） | （2.98） | （8.95） | （9.17） |
| Size | 0.0486*** | 0.0488*** | 0.0418*** | 0.0433*** |
| | （20.53） | （20.61） | （20.39） | （21.06） |

| 变量 | （1） | （2） | （3） | （4） |
|---|---|---|---|---|
| | *Eps* | *Eps* | *Eps* | *Eps* |
| *Lev* | −0.3642*** | −0.3637*** | −0.3665*** | −0.3612*** |
| | （−26.68） | （−26.65） | （−26.97） | （−26.53） |
| *Roa* | −0.0328 | −0.0354 | −0.0121 | −0.0229 |
| | （−0.68） | （−0.73） | （−0.25） | （−0.48） |
| *Grow* | −0.0118*** | −0.0118*** | −0.0121*** | −0.0120*** |
| | （−7.35） | （−7.33） | （−7.48） | （−7.44） |
| *Top* | 0.1386*** | 0.1395*** | 0.1554*** | 0.1546*** |
| | （10.45） | （10.52） | （11.57） | （11.61） |
| *Dual* | 0.0100** | 0.0115** | −0.0040 | 0.0029 |
| | （2.17） | （2.51） | （−0.80） | （0.62） |
| *Board* | 0.0912*** | 0.0913*** | 0.0971*** | 0.1038*** |
| | （8.83） | （8.84） | （9.40） | （10.03） |
| *Constant* | −0.9957*** | −1.0015*** | −0.8621*** | −0.9132*** |
| | （−18.84） | （−18.90） | （−18.66） | （−19.57） |
| *Ind/Year* | Yes | Yes | Yes | Yes |
| *Observations* | 16 126 | 16 126 | 16 126 | 16 126 |
| *Adjusted R_squared* | 0.3456 | 0.3461 | 0.3456 | 0.3510 |

注：***、**、*分别表示在 0.01、0.05、0.1 水平上显著；（）中为 t 值。

## 4.3　本章小结

本章基于前述章节分析，进一步探讨了管理层激励对公司现金持有水平的内在影响机制以及可能产生的经济后果，以 2007—2019 年 A 股上市公司为初始样本，从货币薪酬激励及股权激励两个视角出发，机制检验表明：管理层激励显著提高公司的现金持有水平不仅表现在对管理层过度投资水平"耗散"资金的抑制效应，亦表现在对代理成本之一的管理层在职消费水平的削弱。经济后果检验表明：管理层激励带来的公司现金持有水平的提升显著提升了公司创新水平，同时亦促进公司实施更为积极的现金股利政策，一定程度上优化了公司现金配置效率。

本章可能的研究贡献在于：

第一，本章在前述回归印证管理层激励对公司现金持有具有显著正向影响基础之上探讨其内在影响机理，并为管理层激励提升公司现金持有水平所带来经济后果研究提供新的证据支持，丰富了管理层激励及公司现金持有的研究结果。

第二，本章研究结论为上市公司利用以货币薪酬激励及股权激励为代表的多元化管理层激励方式遏制高管过度投资、在职消费等牟取私利行为，缓解管理层与股东委托代理冲突，提高公司的治理水平，使得公司持有现金水平趋于理想状态提供了可能的路径。

第三，在微观层面上，本章研究结论为上市公司依靠管理层激励提升创新水平、提高公司股利支付水平以优化资源配置、提高现金持有价值提供了一定的证据支持；在宏观层面上，为政府激发我国上市公司创新热情，优化上市公司股利分配政策，以加强管理层监督、实现金融市场稳定有序发展提供了一定借鉴。

党的二十大报告指出："高质量发展是全面建设社会主义现代化国家的首要任务。"在此背景下，本章的研究具有重要的政策含义：

首先，本章认为政府应当引导上市公司设计更加科学合理的管理层激励制度，将货币薪酬激励与股权激励进行有机结合，在考虑货币薪酬激励这一短时经济补偿带来的治理效用之同时，亦考虑长期股权激励的重要作用，引导公司根据实际情况把握好高管持股比例上限，通过捆绑管理层与股东利益最大限度地激发高管创新热情，降低其过度投资、在职消费等机会主义行为，为我国公司创新提供一定资金支持，进而有助于推动我国经济实现高质量发展。

其次，本章认为，为规范公司现金股利发放行为，维持我国资本市场的正常秩序，政府可以通过强化微观公司整体管理层机制及制度，为不完全资本市场提供一个有力的补充，从而一定程度上净化金融市场，为广大投资者提供有力保障，最终为我国公司群体实现最大化的发展营造一个良好的环境。

# 第 5 章  产权性质、管理层激励与现金持有

## 5.1  引言

    不同产权性质的公司薪酬制度背景截然不同，激励契约设计所需遵循的规则和要求随之存在差异，而这必然影响到管理层激励的效果。对于国有公司来说，"所有者缺位"和"内部人控制"并存的现象导致其代理问题突出、管理层权力过大，致使管理层更具有追求私人利益的倾向（张丽平和杨兴全，2012）。并且，政府还通过行政手段和政治力量对国有公司进行干预，使得国企往往承担某些非营利性的社会化目标，管理层的升迁与薪酬水平也受制于政府调控和管制（安磊等，2018），国企的管理层激励机制由此异化。与此相反，非国有公司缺少与政府的"血缘关系"，所受行政干预少、政策性负担轻，旨在追求公司价值最大化。此外，非国有公司产权较为清晰，股东具有强烈的动机对管理层进行激励监督，经理人选拔和薪酬激励更为市场化，管理层主要为家族成

员或职业经理人等，这使得非国有公司的管理层薪酬与业绩联系更为紧密。那么，国有公司和非国有公司之间的这种差异，是否会导致管理层激励在现金持有决策中产生不同的作用呢？已有文献对上述问题尚未有明确的结论。因此，本章进一步探索和验证不同产权性质主导下，管理层激励如何影响现金持有水平和价值，这将有助于更清晰地认识异质性产权属性的公司在激励治理机制方面存在的差别，并依据这种差异对完善国有公司与非国有公司的公司治理机制提出相对应的措施和建议。

本章以 2007—2019 年全部 A 股上市公司为样本，基于产权性质检验管理层激励对公司现金持有行为的影响，研究发现：管理层激励能够显著提高公司的现金持有水平和现金持有价值；与国有公司相比，管理层激励对现金持有水平和现金持有价值的促进效应在非国有公司中更为显著。进一步地，本章比较了产权性质主导下不同政治关联对管理层激励与现金持有之间关系影响的差异，从公司角度考虑的政治关联会削弱管理层激励对现金持有水平和现金持有价值的促进效应，这种削弱作用在国有公司中表现得更为突出；而政府补助却能增强管理层激励对现金持有水平和现金持有价值的促进效应，这种强化作用在非国有公司中表现得尤为明显。

本章的贡献主要体现在：

第一，结合中国特色的产权性质这一现实背景，深入分析了在国有公司和非国有公司之间管理层激励与现金持有水平和现金持有价值的关系，不仅为产权性质如何影响公司现金持有的研究提供了新的思路，还丰富了有关管理层激励的公司治理研究和现金持有影响因素研究的已有文献。

第二，基于公司至关重要的财务决策——现金持有，探讨不同产权性质公司中管理层激励对代理效率产生的异质性影响，不仅有助于政府评价国企薪酬管制政策的合理性、发现国企现存治理模式的短板和缺陷，还能够帮助相关部门从管理层激励角度提出提高公司治理水平的对策和建议。

第三，转型期的中国最为基本的特征便是政府主导，即我国上市公司管理层货币薪酬激励既可能是市场的产物，也可能是政治力量干预的结果。

基于此，区分不同角度的政治关联，研究公司高管政治关联和政府财政补助对不同产权性质公司管理层激励影响现金持有的差别，将产权性质、政治关联、管理层激励整合到同一个研究框架中，是对产权性质研究领域的扩充和发展。

## 5.2 理论分析与假设提出

在我国投资者法律保护制度不健全、公司治理机制有待提升、股权高度集中且"一股独大"等现实经济背景下，公司持现极易遭受"柔性假说"和"耗散假说"下公司管理层代理行为的正向或负向影响（Harford 等，2008），这客观上加剧了公司代理问题。但"柔性假说"和"耗散假说"均是代理冲突下的产物，其所引发的公司现金持有增减变化均会损害公司价值。

作为公司重要的人力资源，管理层负责制定和执行公司的各项财务决策，因此对公司现金管理有着举足轻重的话语权。完美的管理层激励不仅将管理层与股东的利益紧密联系在一起，还对管理层努力和贡献给予相当程度的肯定和回馈，鞭策管理层积极提高资金配置效率以达到提升公司业绩的目的。为获得尽可能多的激励补偿，管理层更加关注自身经营与决策的正确性，注重公司的长期发展和价值，从而减少了损害公司绩效的现金无效耗散行为；但是，如果管理层付出的劳动与其获得的回报并不成正比，管理层会选择推卸责任，通过肆意挥霍现金来满足个人利益。

然而，公司管理层的地位与报酬激励在很大程度上受制于公司的产权属性。我国新兴加转轨的制度环境导致国有公司管理层激励的作用不同于非国有公司，相比非国有公司，国有公司所拥有的特殊产权、多元化职能以及受到的政府干预，削弱了管理层激励的有效性，其主要表现为如下方面：

第一，所有者和管理层权力存在差异。在国有公司扭曲的委托代理关系中，非人格化的全体人民（或国家）作为委托人和所有者，只享有剩余索取权而没有实际控制权，造成了事实上的"所有者缺位"（马草原等，2017），加上国有公司所实行的逐步放权政策，使得绝大部分公司控制权掌握在管理层手中，引发严重的"内部人控制"问题。一方面，带有政治属性的"强权"难以被政府部门和外部约束控制，促使管理层依靠手中的权力影响或设计激励机制，并诱发管理层掏空现金的私利动机，导致为激励管理层设置的约束机制失灵，进而抑制管理层激励对公司现金持有的治理效应。另一方面，掌握着国企实际控制权的代理人（政府官员）并不拥有剩余索取权（吴延兵，2012），容易产生"搭便车效应"，缺乏内在动力去监督和激励管理层，使得管理层激励无法优化公司现金持有行为。相较于国有公司，非国有公司的控股股东一般都是具有私有产权的自然人或家族，产权界定较为清晰，利益分配的目的比较具体，控股股东有动力也有能力对管理层进行激励和约束，从而约束管理层侵占现金的个人行为，督促管理层追求公司价值最大化。

第二，经营目标不一致。国有公司承担着诸多政策性负担和社会性职能，需要满足弥补市场失灵、稳定就业等多元化的非经济目标（Ramamurti，1987），这导致国企管理层在经营过程中侧重公司发展的可持续性（余菁，2008），而非追求利润最大化，最终模糊了管理层努力程度与公司经营业绩之间的因果联系。此时管理层的努力难以从激励中得到相应补偿，反映在公司现金持有决策上，便是弱化了对国企现金持有的影响。相比之下，非国有公司重点关注纯粹的经济目标，旨在追求公司价值最大化，管理层对基于业绩的薪酬绩效较为敏感，使得管理层货币薪酬激励能够充分发挥激励作用，进而对现金持有水平和现金持有价值产生良好的优化作用。

第三，经理人选拔机制和管理层效用函数不同。国有公司缺乏经理人市场，领导人的评估、任期、升迁通常由政府掌控和决定，其身份不仅是管理人员，更是政府工作人员。与薪酬激励相比，政治前途才是国企管理层所追求的目标，这与基于公司业绩的管理层激励目标相背离，损害了管理层激励机制的有效性。而非国有公司的经理人选拔机制偏向市场化，股东会根据自身利益从经理人市场自由选聘，更为看重员工的个人能力和给公司创造的价值。因此，管理层可以通过充分发挥自身才干提升公司业绩来建立声誉，并借助经理人市场选择高薪待遇的职位（黎文靖等，2014）。但这种高薪待遇会吸引市场上众多经理人前来参与现有职位的竞争，增加原管理层被解聘、更换的风险，为应对来自经理人市场的竞争压力和挑战，管理层不敢松懈，倾向于积极努力工作、优化公司现金持有行为及价值。

第四，薪酬制定标准与薪酬管制程度不同。政府对国有公司采取严格的薪酬管制政策，扭曲了国企管理层的相对收入水平（陈冬华等，2005），导致管理层激励补偿整体处于较低的水平，限制管理层激励效应的发挥。并且，国有公司在管理层薪酬制定中较少运用绩效薪酬，进一步降低了管理层通过提高公司业绩增加薪酬的积极性和可能性，进而削弱了管理层激励对现金持有水平和现金持有价值的正向影响。与国有公司不同，不断深化的市场化改革导致政府基本放弃了对非国有公司的干预和控制，管理层与公司股东的利益更趋一致。并且，非国有公司的薪酬机制更加符合市场化原则，管理层需要承担自身决策失误的后果和风险。因此，较高的薪酬水平能够较好地反映管理层的经营能力和水平，激励管理层努力为公司创造更多的剩余价值，抑制其为牟取私利而侵害公司现金的行为。为此，本章提出如下假设：

假设1：与国有公司相比，非国有公司的管理层激励对公司现金持有水平的促进作用更为显著。

假设2：与国有公司相比，非国有公司的管理层激励对公司现金持有价值的促进作用更为显著。

## 5.3 研究设计

### 5.3.1 样本选择与数据来源

本章以2007—2019年全部A股上市公司为研究对象，按已有研究惯例对样本按以下标准进行筛选：①剔除金融、保险类的样本；②剔除PT、ST、*ST的样本；③剔除资产负债率大于1或小于0的样本；④剔除存在缺失值的样本。最终获得23 021个公司的年度观测值。为降低极端值的影响，对连续型变量在1%和99%分位点进行Winsorize处理，并运用Cluster技术在公司层面进行聚类，得到调整后的稳健标准误。所有财务数据均来自国泰安数据库（CSMAR），数据处理软件为Stata16.0。

### 5.3.2 模型设定与变量定义

（1）公司现金持有水平的模型构建与变量定义

本章借鉴Opler等（1999）和杨兴全等（2020）的研究设计，构建模型（5-1）：

$$Cash_{i,t} = \beta_0 + \beta_1 Incentive_{i,t} + \beta_2 Nwc_{i,t} + \beta_3 Lev_{i,t} + \beta_4 Size_{i,t} + \beta_5 Age_{i,t} + \beta_6 Cf_{i,t} + \beta_7 Grow_{i,t} + \beta_8 Roa_{i,t} + \beta_9 Board_{i,t} + \beta_{10} Top_{i,t} + \beta_{11} Dual_{i,t} + \sum Year + \sum Industry + \varepsilon_{i,t} \tag{5-1}$$

在模型（5-1）的基础上，根据产权性质进行分组，考察在不同产权性质的公司中，管理层激励对公司现金持有水平的影响。

其中，被解释变量：现金持有水平（*Cash*），参考已有研究（杨兴全等，2016），采用净持现比率（货币资金+交易性金融资产）/（总资产-现金及现金等价物）衡量，并且采用（货币资金+交易性金融资产）/总资产进行稳健性检验（杨兴全和尹兴强，2018）。

解释变量：管理层激励（*Incentive*），包括管理层货币薪酬激励（Pay）和管理层股权激励（*Equity*）。参考洪正等（2014）的标准化方式，以董监高薪酬总额/总资产度量管理层货币薪酬激励，以（管理层持股数量×年末收盘价）/总资产衡量管理层股权激励。此外，在稳健性检验中，参考杨兴全等（2012）、王生年和尤明渊（2015）的做法，选取"薪酬最高的前三位董事、监事、高管的薪酬总额"的自然对数和"薪酬最高的前三位高管薪酬"的自然对数作为管理层货币薪酬激励的代理变量，分别对应*Pay1*与*Pay2*；用管理层持股比例（管理层持股数量/总股数）和高管持股比例（高管持股数量/总股本）作为管理层股权激励的衡量指标，分别对应*Equity1*和*Equity2*。

调节变量：产权性质（*Soe*）。最终控制人为国有时取值为1，否则为0（黎文靖和池勤伟，2015）。

控制变量：参考已有研究（杨兴全和尹兴强，2018），本章控制了资产负债率（$Lev$）、公司规模（$Size$）、公司年龄（$Age$）、净营运资本（$Nwc$）、资产收益率（$Roa$）、成长性（$Grow$）、经营现金流（$Cf$）、董事会规模（$Board$）、第一大股东持股比例（$Top$）、两职合一（$Dual$）等可能影响现金持有水平的因素，同时还控制了公司所在行业和年份等宏观经济因素。主要变量定义如表5-1所示。

表5-1　　　　　　　　　　　变量定义及说明

| 变量名称 | | 变量符号 | 变量定义 |
|---|---|---|---|
| 现金持有水平 | | Cash | （货币资金+交易性金融资产）/总资产 |
| 现金持有价值 | | Mv | （流通股股数×收盘价+非流通股股数×每股净资产+负债市值）/总资产 |
| 管理层激励 | 货币薪酬激励 | Pay | 薪酬最高的前三位董事、监事、高管的薪酬总额/总资产 |
| | 股权激励 | Equity | （高管持股比例×年末收盘价）/总资产 |
| 调节变量 | 产权性质 | Soe | 最终控制人为国有时取值为1；否则为0 |
| 控制变量 | 公司规模 | Size | 总资产的自然对数 |
| | 公司年龄 | Age | 公司上市年限的自然对数 |
| | 经营现金流 | Cf | 经营活动现金流量净额/总资产 |
| | 资产负债率 | Lev | 负债总额/总资产 |
| | 资产收益率 | Roa | 净利润/总资产 |
| | 成长性 | Grow | （营业收入-上期营业收入）/上期营业收入 |
| | 净营运资本 | Nwc | （流动资产-现金-流动负债）/总资产 |
| | 董事会规模 | Board | 董事会人数的自然对数 |
| | 第一大股东持股比例 | Top | 第一大股东持股数/总股数 |
| | 两职合一 | Dual | 董事长与总经理兼任时取1，否则取0 |
| | 非现金资产 | Na | （总资产-货币资金）/总资产 |

续表

| 变量名称 | | 变量符号 | 变量定义 |
|---|---|---|---|
| 控制变量 | 资本支出 | $Capex$ | 购建固定资产、无形资产以及其他非流动资产所支付的现金净额/总资产 |
| | 利息费用 | $Int$ | 财务费用/总资产 |
| | 现金股利 | $Div$ | 当期发放的现金股利/总资产 |

（2）公司现金持有价值的模型构建与变量定义

参考杨兴全和尹兴强（2018）的研究设计，本章以 Fama 和 French（1998）经典现金持有价值模型为基础，构建模型（5-2）：

$$
\begin{aligned}
Mv_{i,t} = & \beta_0 + \beta_1 Incentive_{i,t} \times Cash_{i,t} + \beta_2 Incentive_{i,t} + \beta_3 Cash_{i,t} + \beta_4 Cf_{i,t} + \\
& \beta_5 \Delta Cf_{i,t} + \beta_6 \Delta Cf_{i,t+1} + \beta_7 Int_{i,t} + \beta_8 \Delta Int_{i,t} + \beta_9 \Delta Int_{i,t+1} + \beta_{10} Div_{i,t} + \\
& \beta_{11} \Delta Div_{i,t} + \beta_{12} \Delta Div_{i,t+1} + \beta_{13} Capex_{i,t} + \beta_{14} \Delta Capex_{i,t} + \\
& \beta_{15} \Delta Capex_{i,t+1} + \beta_{16} Na_{i,t} + \beta_{17} \Delta Na_{i,t} + \beta_{18} \Delta Na_{i,t+1} + \beta_{19} \Delta Mv_{i,t+1} + \varepsilon_{i,t}
\end{aligned} \tag{5-2}
$$

在模型（5-2）的基础上，根据产权性质进行分组，验证在不同产权性质的公司，管理层激励对公司现金持有价值的影响。

被解释变量：现金持有价值（$Mv$），以流通股市值、非流通股市值（非流通股股数与每股净资产的乘积）以及负债市值（账面价值）之和与总资产之比表示。

解释变量：现金持有水平（$Cash$）和管理层激励（$Incentive$）与模型（5-1）定义相同。

调节变量：产权性质（$Soe$），与模型（5-1）定义相同。

控制变量：除控制了与模型（5-1）相同的经营现金流（$Cf$），还控制了利息费用（$Int$）、现金股利（$Div$）、非现金资产（$Na$）、资本支出（$Capex$）以及未来一期的现金持有价值（$Mv_{t+1}$）等影响公司投资、融资以及获利能力的变量。此外，$X_t$ 是公司 $i$ 变量 $X$ 在第 $t$ 年的水平，$\Delta X_t$ 是公司 $i$ 变量 $X$ 在第 $t-1$ 年到第 $t$ 年的变化量，$\Delta X_{t+1}$ 是公司 $i$ 变量 $X$ 在第 $t$ 年到第 $t+1$ 年的变化量。具体变量定义如表5-1所示。

### 5.3.3　描述性统计

表 5-2 报告了描述性统计分析结果。其中，样本公司现金持有水平（*Cash*）的均值为 0.28，最小值为 0.02，最大值为 1.83，标准差为 0.3，说明样本公司之间所持有的现金水平存在一定差异。管理层货币薪酬激励（*Pay*）的均值为 0.16，中位数为 0.12，说明我国管理层货币薪酬小于均值的较多；最小值为 0，最大值为 0.8，标准差为 0.15，说明我国上市公司管理层货币薪酬存在一定差异。管理层股权激励（*Equity*）的均值为 0.36，中位数为 0，说明样本期内我国过半数公司未实施股权激励计划；最小值为 0，最大值为 3.86，标准差为 0.710，说明我国上市公司股权激励政策存在一定差异。产权性质（*Soe*）的均值为 0.4，说明研究样本中有近一半的公司属于国有控股公司。其他控制变量分布情况均在合理范围之内，此处不再赘述。

表5-2　　　　　　　　　　　描述性统计分析结果

| Panel A 现金持有水平的描述性统计分析结果 | | | | | | | |
|---|---|---|---|---|---|---|---|
| 变量 | 样本数 | 均值 | 标准差 | 最小值 | 25%分位数 | 中位数 | 75%分位数 | 最大值 |
| *Cash* | 23 021 | 0.280 | 0.300 | 0.020 | 0.110 | 0.180 | 0.320 | 1.830 |
| *Pay* | 23 021 | 0.160 | 0.150 | 0.000 | 0.050 | 0.120 | 0.220 | 0.800 |
| *Equity* | 23 021 | 0.360 | 0.710 | 0.000 | 0.000 | 0.000 | 0.400 | 3.860 |
| *Soe* | 23 021 | 0.400 | 0.490 | 0.000 | 0.000 | 0.000 | 1.000 | 1.000 |
| *Nwc* | 23 021 | 0.030 | 0.200 | −0.510 | −0.100 | 0.040 | 0.160 | 0.510 |
| *Lev* | 23 021 | 0.430 | 0.210 | 0.050 | 0.270 | 0.420 | 0.580 | 0.890 |
| *Size* | 23 021 | 22.120 | 1.260 | 19.890 | 21.200 | 21.940 | 22.850 | 26.030 |
| *Age* | 23 021 | 2.690 | 0.410 | 1.390 | 2.480 | 2.770 | 3.000 | 3.400 |
| *Cf* | 23 021 | 0.060 | 0.050 | −0.170 | 0.040 | 0.060 | 0.090 | 0.220 |
| *Grow* | 23 021 | 0.180 | 0.390 | −0.500 | −0.010 | 0.120 | 0.280 | 2.430 |
| *Roa* | 23 021 | 0.040 | 0.050 | −0.200 | 0.020 | 0.040 | 0.070 | 0.200 |
| *Board* | 23 021 | 2.140 | 0.200 | 1.610 | 1.950 | 2.200 | 2.200 | 2.710 |
| *Top* | 23 021 | 0.350 | 0.150 | 0.090 | 0.230 | 0.330 | 0.450 | 0.740 |
| *Dual* | 23 021 | 0.260 | 0.440 | 0.000 | 0.000 | 0.000 | 1.000 | 1.000 |

Panel B 现金持有价值的描述性统计分析结果

| 变量 | 样本数 | 均值 | 标准差 | 最小值 | 25%分位数 | 中位数 | 75%分位数 | 最大值 |
|------|--------|------|--------|--------|-----------|--------|-----------|--------|
| $Mv$ | 18 000 | 2.020 | 1.180 | 0.900 | 1.250 | 1.640 | 2.350 | 7.530 |
| $Cash$ | 18 000 | 0.270 | 0.290 | 0.020 | 0.100 | 0.180 | 0.320 | 1.730 |
| $Pay$ | 18 000 | 0.160 | 0.150 | 0.000 | 0.050 | 0.110 | 0.210 | 0.760 |
| $Equity$ | 18 000 | 0.340 | 0.690 | 0.000 | 0.000 | 0.000 | 0.370 | 3.790 |
| $Soe$ | 18 000 | 0.420 | 0.490 | 0.000 | 0.000 | 0.000 | 1.000 | 1.000 |
| $Cf_t$ | 18 000 | 0.070 | 0.050 | −0.130 | 0.040 | 0.060 | 0.090 | 0.220 |
| $\Delta Cf_t$ | 18 000 | 0.020 | 0.060 | −0.200 | −0.010 | 0.0100 | 0.040 | 0.260 |
| $\Delta Cf_{t+1}$ | 18 000 | −0.020 | 0.0700 | −0.320 | −0.040 | −0.020 | 0.000 | 0.210 |
| $Int_t$ | 18 000 | 0.010 | 0.0100 | −0.020 | 0.000 | 0.010 | 0.010 | 0.040 |
| $\Delta Int_t$ | 18 000 | 0.000 | 0.0100 | −0.020 | 0.000 | 0.000 | 0.000 | 0.020 |
| $\Delta Int_{t+1}$ | 18 000 | 0.000 | 0.0100 | −0.020 | 0.000 | 0.000 | 0.000 | 0.020 |
| $Div_t$ | 18 000 | 0.010 | 0.0200 | 0.000 | 0.000 | 0.010 | 0.020 | 0.090 |
| $\Delta Div_t$ | 18 000 | 0.000 | 0.0100 | −0.040 | 0.000 | 0.000 | 0.000 | 0.040 |
| $\Delta Div_{t+1}$ | 18 000 | 0.000 | 0.0100 | −0.040 | 0.000 | 0.000 | 0.000 | 0.040 |
| $Capex_t$ | 18 000 | 0.050 | 0.0500 | 0.000 | 0.0200 | 0.040 | 0.080 | 0.240 |
| $\Delta Capex_t$ | 18 000 | 0.000 | 0.0400 | −0.130 | −0.020 | 0.000 | 0.010 | 0.140 |
| $\Delta Capex_{t+1}$ | 18 000 | 0.000 | 0.0400 | −0.130 | −0.020 | 0.000 | 0.010 | 0.120 |
| $Na_t$ | 18 000 | 0.820 | 0.130 | 0.000 | 0.760 | 0.850 | 0.910 | 1.000 |
| $\Delta Na_t$ | 18 000 | 0.020 | 0.090 | −0.900 | −0.020 | 0.010 | 0.060 | 0.740 |
| $\Delta Na_{t+1}$ | 18 000 | 0.010 | 0.080 | −0.900 | −0.030 | 0.010 | 0.050 | 0.750 |
| $\Delta Mv_t$ | 18 000 | 2.040 | 1.200 | 0.870 | 1.250 | 1.650 | 2.360 | 7.540 |

## 5.4 实证结果与分析

### 5.4.1 产权性质、管理层激励与现金持有水平

表5-3列示了产权异质性对于管理层激励与公司现金持有水平关系的不同影响。其中，列（1）和列（2）为全样本分析结果，管理层货币薪酬激励（*Pay*）和管理层股权激励（*Equity*）与公司现金持有水平（*Cash*）的相关系数均在1%的水平上显著为正，说明管理层激励程度越高，公司现金持有水平越高。列（3）至列（6）是基于产权性质进行分组检验的回归结果，在国有公司中，管理层货币薪酬激励（*Pay*）和管理层股权激励（*Equity*）与公司现金持有水平（*Cash*）的相关关系均不显著；在非国有公司中，管理层货币薪酬激励（*Pay*）和管理层股权激励（*Equity*）的系数均在1%的水平上显著为正。可见，管理层激励对公司现金持有水平的促进效应在异质性产权的公司中具有不对称的作用，表现为在非国有公司中更为明显，故假设1通过检验。

表5-3　按照产权性质分组的管理层激励与现金持有水平的回归分析结果

| *Cash* | （1） | （2） | （3） | （4） | （5） | （6） |
|---|---|---|---|---|---|---|
| | 全样本 | | 国有公司 | | 非国有公司 | |
| *Pay* | 0.288*** | | 0.084 | | 0.336*** | |
| | (6.19) | | (1.46) | | (5.80) | |
| *Equity* | | 0.033*** | | 0.083 | | 0.031*** |
| | | (6.22) | | (1.49) | | (5.43) |
| *Nwc* | −0.938*** | −0.711*** | −0.633*** | −0.511*** | −1.097*** | −0.845*** |
| | (−27.35) | (−25.66) | (−13.99) | (−13.07) | (−23.86) | (−23.34) |
| *Lev* | −1.065*** | −0.830*** | −0.651*** | −0.538*** | −1.250*** | −1.008*** |
| | (−27.36) | (−27.26) | (−13.85) | (−13.30) | (−23.56) | (−24.80) |
| *Size* | 0.022*** | −0.004 | 0.007 | −0.005 | 0.035*** | −0.004 |
| | (2.91) | (−1.29) | (0.76) | (−1.14) | (2.87) | (−0.82) |

续表

| Cash | （1） | （2） | （3） | （4） | （5） | （6） |
|---|---|---|---|---|---|---|
| | 全样本 | | 国有公司 | | 非国有公司 | |
| Age | −0.281*** | −0.020** | −0.197*** | −0.049*** | −0.183*** | −0.005 |
| | （−8.72） | （−2.31） | （−4.36） | （−2.66） | （−4.28） | （−0.49） |
| Cf | −6.168*** | −6.802*** | −4.448*** | −4.876*** | −6.926*** | −8.086*** |
| | （−17.81） | （−22.91） | （−11.38） | （−12.96） | （−13.02） | （−18.59） |
| Grow | −0.013*** | −0.029*** | 0.007 | 0.002 | −0.024*** | −0.044*** |
| | （−2.91） | （−5.58） | （1.25） | （0.37） | （−3.81） | （−5.94） |
| Roa | 6.249*** | 7.204*** | 4.717*** | 5.418*** | 6.931*** | 8.443*** |
| | （18.49） | （24.03） | （12.17） | （13.73） | （13.38） | （19.31） |
| Board | 0.019 | 0.029* | 0.035 | 0.006 | 0.001 | 0.023 |
| | （0.92） | （1.86） | （1.63） | （0.25） | （0.03） | （1.07） |
| Top | 0.135*** | 0.112*** | −0.011 | 0.067** | 0.172** | 0.114*** |
| | （3.14） | （5.06） | （−0.23） | （2.11） | （2.53） | （3.79） |
| Dual | 0.015** | 0.014** | 0.008 | 0.009 | 0.013 | 0.014* |
| | （2.27） | （2.13） | （0.97） | （0.95） | （1.53） | （1.95） |
| _cons | 0.882*** | 0.735*** | 0.828*** | 0.695*** | 0.508* | 0.818*** |
| | （4.94） | （9.34） | （3.53） | （6.41） | （1.77） | （6.27） |
| Year/Ind | Yes | Yes | Yes | Yes | Yes | Yes |
| N | 23 021 | 23 021 | 9 198 | 9 198 | 13 823 | 13 823 |
| $R^2\_adj$ | 0.351 | 0.386 | 0.228 | 0.337 | 0.418 | 0.433 |

注：***、**、*分别表示在 0.01、0.05、0.1 水平上显著；（）中为 t 值。

### 5.4.2　产权性质、管理层激励与现金持有价值

表 5-4 列示了产权异质性对于管理层激励与现金持有价值关系的不同影响。

列（1）至列（3）为全样本分析结果，现金持有水平（*Cash*）的系数并不显著，表明公司现金持有水平并不会显著影响现金持有价值；进一步控制管理层货币薪酬激励与现金持有水平的交乘项（*Pay×Cash*）和管理层股权激励与现金持有水平的交乘项（*Equity×Cash*）后，发现两个交乘项系数均在10%水平上显著为正，表明随着管理层激励程度的提高，公司现金持有水平对现金持有价值的提升作用愈加凸显，这也意味着管理层激励在降低代理成本、增加现金持有的同时，亦能够提升公司现金持有价值。

列（4）至列（7）是基于产权性质进行分组检验的回归结果，在国有公司中，管理层货币薪酬激励与现金持有水平交乘项（*Pay×Cash*）的回归系数在1%水平上显著为负，管理层股权激励与现金持有水平交乘项（*Equity×Cash*）的回归系数不显著；在非国有公司中，管理层货币薪酬激励与现金持有水平交乘项（*Pay×Cash*）和管理层股权激励与现金持有水平交乘项（*Equity×Cash*）回归系数均在1%水平上显著为正。结果显示，与国有公司相比，管理层激励对公司现金持有价值的提升作用在非国有公司中表现得更为明显，故假设2通过检验。

表5-4　按照产权性质分组的管理层激励与现金持有价值回归分析结果

| *Mv* | （1） | （2） | （3） | （4） | （5） | （6） | （7） |
|---|---|---|---|---|---|---|---|
| | 全样本 | | | 国有公司 | | 非国有公司 | |
| *Pay×Cash* | | 2.689** | | −6.947*** | | 3.323*** | |
| | | (2.01) | | (−3.43) | | (3.72) | |
| *Pay* | | 0.640* | | 4.640*** | | 0.512*** | |
| | | (1.74) | | (7.90) | | (2.95) | |
| *Equity×Cash* | | | 0.210* | | 0.878 | | 0.240** |
| | | | (1.92) | | (0.52) | | (2.38) |
| *Equity* | | | −0.080*** | | −0.174 | | −0.058** |
| | | | (−2.96) | | (−0.48) | | (−2.35) |
| *Cash* | 0.521 | 1.114** | 0.278 | 0.163 | −0.179 | 0.848* | 0.127 |
| | (1.06) | (2.34) | (0.57) | (0.29) | (−0.31) | (1.88) | (0.26) |

续表

| $Mv$ | （1） | （2） | （3） | （4） | （5） | （6） | （7） |
|---|---|---|---|---|---|---|---|
| | 全样本 | | | 国有公司 | | 非国有公司 | |
| $Cf_t$ | 2.333*** | 2.359*** | 2.353*** | 0.876** | 1.439*** | 3.211*** | 3.182*** |
| | (6.24) | (6.27) | (6.41) | (2.39) | (3.85) | (8.56) | (8.45) |
| $\Delta Cf_t$ | −0.828*** | −0.815*** | −0.846*** | −0.012 | −0.202 | −1.106*** | −1.137*** |
| | (−3.55) | (−3.49) | (−3.64) | (−0.04) | (−0.68) | (−3.67) | (−3.70) |
| $\Delta Cf_{t+1}$ | −0.213 | −0.193 | −0.240 | −0.113 | 0.016 | −0.142 | −0.165 |
| | (−1.27) | (−1.18) | (−1.42) | (−0.40) | (0.05) | (−0.76) | (−0.86) |
| $Int_t$ | −4.472*** | −3.810*** | −4.883*** | −5.126*** | −7.208*** | −0.992 | −2.344** |
| | (−4.33) | (−3.65) | (−4.74) | (−5.06) | (−6.90) | (−0.87) | (−2.01) |
| $\Delta Int_t$ | 5.564*** | 5.737*** | 5.827*** | 4.999*** | 4.876*** | 5.295*** | 5.241*** |
| | (4.72) | (4.95) | (4.96) | (3.06) | (2.92) | (3.31) | (3.23) |
| $\Delta Int_{t+1}$ | −4.068*** | −3.527*** | −4.172*** | −3.660** | −5.476*** | −1.652 | −2.594 |
| | (−3.04) | (−2.66) | (−3.11) | (−2.15) | (−3.05) | (−0.91) | (−1.40) |
| $Div_t$ | −2.134** | −2.132** | −2.047** | −1.164 | −2.842*** | −1.656** | −1.627* |
| | (−2.26) | (−2.29) | (−2.21) | (−1.05) | (−2.58) | (−1.98) | (−1.93) |
| $\Delta Div_t$ | 0.127 | 0.206 | 0.029 | −0.836 | −1.211 | 0.101 | 0.026 |
| | (0.16) | (0.26) | (0.04) | (−0.69) | (−0.95) | (0.12) | (0.03) |
| $\Delta Div_{t+1}$ | −2.454*** | −2.316*** | −2.458*** | −3.086** | −4.411*** | −1.791** | −1.922** |
| | (−3.14) | (−3.03) | (−3.15) | (−2.19) | (−3.08) | (−2.12) | (−2.23) |
| $Capex_t$ | −0.891*** | −0.896*** | −0.841*** | 0.022 | 0.012 | −1.248*** | −1.259*** |
| | (−4.43) | (−4.52) | (−4.25) | (0.10) | (0.05) | (−5.50) | (−5.49) |
| $\Delta Capex_t$ | 1.050*** | 1.025*** | 1.005*** | 0.304 | 0.461* | 1.049*** | 1.062*** |
| | (5.96) | (5.86) | (5.67) | (1.29) | (1.92) | (4.66) | (4.65) |
| $\Delta Capex_{t+1}$ | 0.060 | 0.079 | 0.062 | 0.325 | 0.479* | −0.277 | −0.334 |
| | (0.27) | (0.35) | (0.27) | (1.18) | (1.71) | (−0.97) | (−1.17) |

续表

| $Mv$ | （1） | （2） | （3） | （4） | （5） | （6） | （7） |
|---|---|---|---|---|---|---|---|
| | 全样本 | | | 国有公司 | | 非国有公司 | |
| $Na_t$ | 0.395 | 1.328*** | 0.152 | −0.442 | −0.547 | 1.184*** | 0.092 |
| | （0.78） | （2.66） | （0.30） | （−0.78） | （−0.93） | （2.66） | （0.18） |
| $\Delta Na_t$ | −0.654*** | −0.745*** | −0.593*** | −0.462*** | −0.374** | −0.626*** | −0.533*** |
| | （−7.29） | （−8.41） | （−6.56） | （−2.86） | （−2.30） | （−5.68） | （−4.67） |
| $\Delta Na_{t+1}$ | −1.097*** | −1.056*** | −1.082*** | −1.018*** | −1.184*** | −0.817*** | −0.887*** |
| | （−8.34） | （−8.14） | （−8.19） | （−4.34） | （−4.62） | （−5.44） | （−5.79） |
| $\Delta Mv_{t+1}$ | 0.420*** | 0.398*** | 0.427*** | 0.479*** | 0.536*** | 0.359*** | 0.381*** |
| | （43.35） | （38.94） | （39.43） | （31.48） | （37.18） | （38.47） | （38.77） |
| _cons | −0.148 | −1.036** | 0.079 | 0.370 | 0.551 | −0.964** | 0.100 |
| | （−0.29） | （−2.09） | （0.16） | （0.66） | （0.95） | （−2.16） | （0.20） |
| Year/Ind | Yes | Yes | Yes | Yes | Yes | Yes | Yes |
| N | 18 000 | 18 000 | 18 000 | 7 547 | 7 547 | 10 453 | 10 453 |
| $R^2\_adj$ | 0.554 | 0.563 | 0.555 | 0.640 | 0.617 | 0.546 | 0.537 |

注：***、**、*分别表示在0.01、0.05、0.1水平上显著；（）中为t值；现金持有价值模型存在滞后一期和提前一期，故观测值有所差异。

### 5.4.3 稳健性检验

第一，变量交乘检验。

本章在探讨产权性质之于管理层激励对现金持有的异质性作用时，引入了分组回归的方法。

为避免此类方法所造成的系统性偏差，另采用产权性质与管理层激励变量进行交乘重新检验。公司现金持有水平模型的回归结果见表5-5。

如表5-5所示，产权性质与管理层货币薪酬激励交乘项（Pay×Soe和Equity×Soe）的系数均在10%的水平上显著为负，说明国有控股性质抑制了管理层激励与现金持有水平的正相关关系。

公司现金持有价值模型的回归结果见表5-6。

如表5-6所示，产权性质与管理层货币薪酬激励、现金持有水平三者的交乘项（*Pay×Cash×Soe* 和 *Equity×Cash×Soe*）的系数均在1%的水平上显著为负，说明国有控股性质抑制了管理层激励与现金持有价值的正相关关系。因此，交乘回归结果与分组回归结果保持一致。

表5-5　产权性质、管理层激励与现金持有水平：变量交乘检验

| *Cash* | （1） | （2） |
|---|---|---|
| *Pay×Soe* | −0.364*** | |
| | （−4.53） | |
| *Pay* | 0.355*** | |
| | （6.91） | |
| *Equity×Soe* | | −0.335* |
| | | （−1.80） |
| *Equity* | | 0.093*** |
| | | （17.73） |
| *Soe* | 0.061*** | −0.003 |
| | （3.10） | （−0.17） |
| *Nwc* | −0.941*** | −0.880*** |
| | （−27.44） | （−27.37） |
| *Lev* | −1.066*** | −0.988*** |
| | （−27.33） | （−26.59） |
| *Size* | 0.020*** | 0.012* |
| | （2.59） | （1.70） |
| *Age* | −0.276*** | −0.207*** |
| | （−8.51） | （−6.76） |
| *Cf* | −6.194*** | −5.707*** |
| | （−18.01） | （−16.25） |

续表

| Cash | （1） | （2） |
|---|---|---|
| Grow | −0.013*** | −0.013*** |
| | （−2.93） | （−3.06） |
| Roa | 6.286*** | 5.660*** |
| | （18.71） | （16.44） |
| Board | 0.019 | 0.029 |
| | （0.93） | （1.52） |
| Top | 0.131*** | 0.100** |
| | （3.05） | （2.28） |
| Dual | 0.015** | 0.010 |
| | （2.28） | （1.55） |
| _cons | 0.903*** | 0.876*** |
| | （5.02） | （5.39） |
| Year/Ind | Yes | Yes |
| N | 23 021 | 23 021 |
| R²_adj | 0.353 | 0.400 |

注：***、**、*分别表示在 0.01、0.05、0.1 水平上显著；（ ）中为 t 值。

表5-6　产权性质、管理层激励与现金持有价值：变量交乘检验

| | （1） | （2） |
|---|---|---|
| Pay×Cash×Soe | −5.990*** | |
| | （−2.95） | |
| Pay×Cash | 0.782*** | |
| | （3.87） | |
| Cash×Soe | −5.422*** | |
| | （−6.52） | |

续表

|  | （1） | （2） |
|---|---|---|
| Pay×Soe | 2.452*** |  |
|  | （4.34） |  |
| Pay | 4.789*** |  |
|  | （16.38） |  |
| Equity×Cash×Soe |  | −2.348*** |
|  |  | （−3.28） |
| Equity×Cash |  | 0.655*** |
|  |  | （4.29） |
| Cash×Soe |  | −0.200*** |
|  |  | （−2.81） |
| Equity×Soe |  | 1.233*** |
|  |  | （3.92） |
| Equity |  | 0.517*** |
|  |  | （20.42） |
| Cash | 0.149 | −0.331 |
|  | （0.38） | （−0.85） |
| Soe | −0.255*** | −0.212*** |
|  | （−3.70） | （−3.52） |
| $Cf_t$ | 3.929*** | 3.516*** |
|  | （14.38） | （12.86） |
| $\Delta Cf_t$ | −0.936*** | −0.853*** |
|  | （−5.88） | （−5.39） |
| $\Delta Cf_{t+1}$ | 0.488*** | 0.584*** |
|  | （3.78） | （4.56） |

续表

| | （1） | （2） |
|---|---|---|
| $Int_t$ | −1.660 | −2.813** |
| | （−1.23） | （−2.11） |
| $\Delta Int_t$ | 4.790*** | 3.394*** |
| | （4.38） | （3.12） |
| $\Delta Int_{t+1}$ | −0.578 | −2.562** |
| | （−0.47） | （−2.11） |
| $Div_t$ | −2.393*** | −1.647** |
| | （−2.93） | （−2.03） |
| $\Delta Div_t$ | 0.458 | −0.309 |
| | （0.75） | （−0.51） |
| $\Delta Div_{t+1}$ | −2.261*** | −2.499*** |
| | （−3.54） | （−3.94） |
| $Capex_t$ | −0.347 | −0.497** |
| | （−1.44） | （−2.08） |
| $\Delta Capex_t$ | 0.633*** | 0.838*** |
| | （3.78） | （5.04） |
| $\Delta Capex_{t+1}$ | 0.359* | 0.440** |
| | （1.83） | （2.26） |
| $Na_t$ | 0.570 | 0.632* |
| | （1.50） | （1.67） |
| $\Delta Na_t$ | −0.702*** | −0.802*** |
| | （−9.27） | （−10.66） |
| $\Delta Na_{t+1}$ | −0.360*** | −0.412*** |
| | （−4.12） | （−4.76） |
| $\Delta Mv_{t+1}$ | 0.249*** | 0.244*** |
| | （38.42） | （38.05） |

续表

|  | （1） | （2） |
| :---: | :---: | :---: |
| _cons | −0.240 | 0.001 |
|  | (−0.63) | (0.00) |
| Year/Ind | Yes | Yes |
| N | 18 000 | 18 000 |
| $R^2\_adj$ | 0.591 | 0.574 |

注：***、**、*分别表示在 0.01、0.05、0.1 水平上显著；（）中为 t 值；现金持有价值模型存在滞后一期和提前一期，故观测值有所差异。

第二，变量替换。

首先是自变量的替换，本章参考杨兴全等（2012）、王生年和尤明渊（2015）的做法，选取"薪酬最高的前三位董事、监事、高管的薪酬总额"的自然对数和"薪酬最高的前三位高管薪酬"的自然对数作为管理层货币薪酬激励的代理变量，分别对应 Pay1 与 Pay2；用管理层持股比例（管理层持股数量/总股数）和高管持股比例（高管持股数量/总股数）作为管理层股权激励的衡量指标，分别对应 Equity1 和 Equity2。结果如表5-7至表5-10所示，与基本回归大致相同。其次是因变量的替换，本章采用现金及现金等价物与总资产的比值重新衡量现金持有水平（Cash1）（余明桂等，2016；杨兴全和尹兴强，2018），结果如表5-11至表5-12所示，回归结果依旧保持不变。

表5-7　　　　管理层激励与现金持有水平：替换自变量检验

| Cash | （1） | （2） | （3） | （4） |
| :---: | :---: | :---: | :---: | :---: |
|  | 全样本 | | | |
| Pay1 | 0.012* |  |  |  |
|  | (1.73) |  |  |  |
| Pay2 |  | 0.015** |  |  |
|  |  | (2.18) |  |  |
| Equity1 |  |  | 0.112*** |  |
|  |  |  | (9.56) |  |

续表

| *Cash* | （1） | （2） | （3） | （4） |
|---|---|---|---|---|
| | 全样本 | | | |
| *Equity2* | | | | 0.144*** |
| | | | | (8.98) |
| *Nwc* | −0.934*** | −0.935*** | −0.920*** | −0.927*** |
| | (−26.95) | (−26.98) | (−26.85) | (−26.94) |
| *Lev* | −1.064*** | −1.064*** | −1.025*** | −1.039*** |
| | (−27.11) | (−27.12) | (−26.52) | (−26.87) |
| *Size* | −0.008 | −0.009 | −0.002 | −0.003 |
| | (−1.07) | (−1.16) | (−0.29) | (−0.35) |
| *Age* | −0.290*** | −0.290*** | −0.208*** | −0.240*** |
| | (−8.98) | (−8.98) | (−6.24) | (−7.28) |
| *Cf* | −6.148*** | −6.145*** | −5.772*** | −5.868*** |
| | (−17.68) | (−17.69) | (−16.64) | (−17.15) |
| *Grow* | −0.013*** | −0.013*** | −0.014*** | −0.014*** |
| | (−2.97) | (−2.94) | (−3.28) | (−3.27) |
| *Roa* | 6.259*** | 6.252*** | 5.875*** | 5.970*** |
| | (18.42) | (18.42) | (17.28) | (17.81) |
| *Board* | 0.025 | 0.024 | 0.023 | 0.020 |
| | (1.20) | (1.18) | (1.11) | (0.98) |
| *Top* | 0.143*** | 0.143*** | 0.099** | 0.119*** |
| | (3.29) | (3.29) | (2.24) | (2.70) |
| *Dual* | 0.014** | 0.013** | 0.010 | −0.006 |
| | (2.09) | (1.99) | (1.55) | (−0.92) |
| *_cons* | 1.413*** | 1.391*** | 1.222*** | 1.325*** |
| | (7.99) | (7.84) | (7.09) | (7.81) |
| *Year/Ind* | Yes | Yes | Yes | Yes |
| *N* | 23 021 | 23 021 | 23 021 | 23 021 |
| $R^2\_adj$ | 0.345 | 0.345 | 0.360 | 0.356 |

注：***、**、*分别表示在 0.01、0.05、0.1 水平上显著；（）中为 t 值。

表5-8 产权性质、管理层激励与现金持有水平：替换自变量检验

| Cash | (1) | (2) | (3) | (4) | (5) | (6) | (7) | (8) |
|---|---|---|---|---|---|---|---|---|
| | 国有公司 | | | | 非国有公司 | | | |
| Pay1 | 0.005 | | | | 0.034*** | | | |
| | (0.68) | | | | (3.17) | | | |
| Pay2 | | 0.005 | | | | 0.038*** | | |
| | | (0.59) | | | | (3.68) | | |
| Equity1 | | | 0.276* | | | | 0.089*** | |
| | | | (1.74) | | | | (7.52) | |
| Equity2 | | | | 0.310 | | | | 0.119*** |
| | | | | (1.31) | | | | (7.48) |
| Nwc | −0.632*** | −0.632*** | −0.629*** | −0.632*** | −1.095*** | −1.096*** | −1.079*** | −1.087*** |
| | (−13.92) | (−13.91) | (−13.92) | (−13.95) | (−23.60) | (−23.67) | (−23.39) | (−23.52) |
| Lev | −0.649*** | −0.649*** | −0.641*** | −0.647*** | −1.252*** | −1.252*** | −1.216*** | −1.230*** |
| | (−13.67) | (−13.66) | (−13.59) | (−13.71) | (−23.57) | (−23.60) | (−22.98) | (−23.31) |
| Size | −0.000 | −0.000 | 0.001 | 0.001 | −0.010 | −0.011 | −0.000 | 0.000 |
| | (−0.04) | (−0.02) | (0.12) | (0.15) | (−0.85) | (−0.93) | (−0.03) | (0.02) |
| Age | −0.201*** | −0.201*** | −0.178*** | −0.188*** | −0.184*** | −0.183*** | −0.121*** | −0.146*** |
| | (−4.43) | (−4.43) | (−4.06) | (−4.25) | (−4.27) | (−4.25) | (−2.76) | (−3.36) |
| Cf | −4.464*** | −4.465*** | −4.407*** | −4.422*** | −6.832*** | −6.826*** | −6.362*** | −6.470*** |
| | (−11.42) | (−11.41) | (−11.27) | (−11.28) | (−12.77) | (−12.80) | (−11.80) | (−12.37) |
| Grow | 0.007 | 0.007 | 0.006 | 0.006 | −0.025*** | −0.025*** | −0.026*** | −0.026*** |
| | (1.25) | (1.25) | (1.04) | (1.09) | (−3.84) | (−3.82) | (−4.01) | (−4.03) |
| Roa | 4.742*** | 4.743*** | 4.693*** | 4.708*** | 6.852*** | 6.842*** | 6.392*** | 6.498*** |
| | (12.24) | (12.23) | (12.11) | (12.12) | (13.16) | (13.18) | (12.15) | (12.74) |
| Board | 0.035 | 0.035 | 0.036* | 0.036* | 0.010 | 0.009 | 0.010 | 0.009 |
| | (1.64) | (1.64) | (1.70) | (1.67) | (0.31) | (0.30) | (0.31) | (0.30) |

续表

| Cash | (1) | (2) | (3) | (4) | (5) | (6) | (7) | (8) |
|------|-----|-----|-----|-----|-----|-----|-----|-----|
| | 国有公司 | | | | 非国有公司 | | | |
| Top | −0.009 | −0.009 | −0.003 | −0.007 | 0.182*** | 0.180*** | 0.140** | 0.164** |
| | (−0.19) | (−0.19) | (−0.06) | (−0.15) | (2.66) | (2.63) | (1.99) | (2.35) |
| Dual | 0.008 | 0.008 | 0.008 | 0.008 | 0.012 | 0.010 | 0.009 | −0.013 |
| | (0.95) | (0.94) | (0.97) | (0.92) | (1.36) | (1.07) | (0.96) | (−1.39) |
| _cons | 0.936*** | 0.940*** | 0.908*** | 0.934*** | 1.045*** | 1.015*** | 1.088*** | 1.157*** |
| | (4.00) | (3.97) | (4.18) | (4.29) | (3.64) | (3.54) | (3.88) | (4.18) |
| Year/Ind | Yes | Yes | Yes | Yes | Yes | Yes | Yes | Yes |
| N | 9 198 | 9 198 | 9 198 | 9 198 | 13 823 | 13 823 | 13 823 | 13 823 |
| $R^2\_adj$ | 0.228 | 0.228 | 0.232 | 0.230 | 0.412 | 0.413 | 0.422 | 0.420 |

注：***、**、*分别表示在 0.01、0.05、0.1 水平上显著；（）中为 t 值。

表5-9　　管理层激励与现金持有价值：替换自变量检验

| Cash | (1) | (2) | (3) | (4) |
|------|-----|-----|-----|-----|
| | 全样本 | | | |
| Pay1×Cash | 0.318*** | | | |
| | (2.76) | | | |
| Pay1 | −0.144*** | | | |
| | (−6.25) | | | |
| Pay2×Cash | | 0.316*** | | |
| | | (2.79) | | |
| Pay2 | | −0.133*** | | |
| | | (−5.92) | | |
| Equity1×Cash | | | 0.586** | |
| | | | (2.20) | |

续表

| Cash | （1） | （2） | （3） | （4） |
|------|-------|-------|-------|-------|
| | \multicolumn{4}{c}{全样本} | | | |
| Equity1 | | | −0.449*** | |
| | | | （−17.32） | |
| Equity1×Cash | | | | 1.533*** |
| | | | | （4.04） |
| Equity1 | | | | −0.625*** |
| | | | | （−14.49） |
| Cash | −4.046** | −3.990** | 0.335 | 0.443 |
| | （−2.52） | （−2.54） | （0.77） | （0.97） |
| $Cf_t$ | 2.695*** | 2.639*** | 2.187*** | 2.265*** |
| | （7.30） | （7.11） | （6.24） | （6.29） |
| $\Delta Cf_t$ | −0.969*** | −0.950*** | −0.851*** | −0.868*** |
| | （−4.18） | （−4.09） | （−3.75） | （−3.78） |
| $\Delta Cf_{t+1}$ | −0.158 | −0.165 | −0.328** | −0.289* |
| | （−0.94） | （−0.98） | （−2.00） | （−1.73） |
| $Int_t$ | −4.734*** | −4.755*** | −6.128*** | −5.523*** |
| | （−4.60） | （−4.61） | （−6.22） | （−5.53） |
| $\Delta Int_t$ | 5.783*** | 5.743*** | 6.360*** | 6.101*** |
| | （4.90） | （4.87） | （5.50） | （5.24） |
| $\Delta Int_{t+1}$ | −3.972*** | −4.029*** | −4.220*** | −4.248*** |
| | （−2.98） | （−3.02） | （−3.22） | （−3.22） |
| $Div_t$ | −1.783* | −1.790* | −1.373 | −1.694* |
| | （−1.86） | （−1.88） | （−1.59） | （−1.89） |

续表

| Cash | （1） | （2） | （3） | （4） |
|------|------|------|------|------|
| | 全样本 | | | |
| $\Delta Div_t$ | −0.038 | −0.035 | −0.412 | −0.016 |
| | (−0.05) | (−0.04) | (−0.55) | (−0.02) |
| $\Delta Div_{t+1}$ | −2.326*** | −2.339*** | −2.275*** | −2.358*** |
| | (−3.00) | (−3.02) | (−3.04) | (−3.09) |
| $Capex_t$ | −0.848*** | −0.843*** | −0.411** | −0.543*** |
| | (−4.21) | (−4.18) | (−2.17) | (−2.80) |
| $\Delta Capex_t$ | 1.060*** | 1.058*** | 0.710*** | 0.843*** |
| | (6.06) | (6.04) | (4.07) | (4.83) |
| $\Delta Capex_{t+1}$ | 0.096 | 0.096 | 0.048 | 0.078 |
| | (0.43) | (0.42) | (0.22) | (0.35) |
| $Na_t$ | 0.363 | 0.372 | 0.114 | 0.291 |
| | (0.71) | (0.72) | (0.25) | (0.61) |
| $\Delta Na_t$ | −0.672*** | −0.668*** | −0.262*** | −0.403*** |
| | (−7.52) | (−7.49) | (−2.97) | (−4.54) |
| $\Delta Na_{t+1}$ | −1.073*** | −1.075*** | −0.938*** | −1.031*** |
| | (−8.12) | (−8.14) | (−7.24) | (−7.91) |
| $\Delta Mv_{t+1}$ | 0.413*** | 0.414*** | 0.436*** | 0.431*** |
| | (42.24) | (42.43) | (47.05) | (45.66) |
| _cons | 1.882*** | 1.708*** | 0.109 | −0.057 |
| | (3.37) | (3.08) | (0.24) | (−0.12) |
| Year/Ind | Yes | Yes | Yes | Yes |
| $N$ | 18 000 | 18 000 | 18 000 | 18 000 |
| $R^2\_adj$ | 0.557 | 0.556 | 0.577 | 0.568 |

注：***、**、*分别表示在 0.01、0.05、0.1 水平上显著；（）中为 t 值；现金持有价值模型存在滞后一期和提前一期，故观测值有所差异。

表5-10 产权性质、管理层激励与现金持有价值：替换自变量

| Cash | (1) | (2) | (3) | (4) | (5) | (6) | (7) | (8) |
|---|---|---|---|---|---|---|---|---|
| | 国有公司 | | | | 非国有公司 | | | |
| Pay1×Cash | −0.184 | | | | 0.478*** | | | |
| | (−1.45) | | | | (2.98) | | | |
| Pay1 | −0.082*** | | | | −0.167*** | | | |
| | (−3.20) | | | | (−5.01) | | | |
| Pay2×Cash | | −0.166 | | | | 0.414*** | | |
| | | (−1.35) | | | | (2.60) | | |
| Pay2 | | −0.076*** | | | | −0.143*** | | |
| | | (−3.06) | | | | (−4.37) | | |
| Equity1×Cash | | | 2.561 | | | | 0.981*** | |
| | | | (0.93) | | | | (2.67) | |
| Equity1 | | | −1.136*** | | | | −0.482*** | |
| | | | (−5.00) | | | | (−16.36) | |
| Equity2×Cash | | | | 6.784 | | | | 2.052*** |
| | | | | (1.61) | | | | (4.60) |
| Equity2 | | | | −1.696*** | | | | −0.637*** |
| | | | | (−5.58) | | | | (−13.96) |
| Cash | 2.473 | 2.191 | −0.201 | −0.126 | −6.507*** | −5.531** | 0.173 | 0.296 |
| | (1.34) | (1.23) | (−0.35) | (−0.22) | (−2.96) | (−2.54) | (0.31) | (0.49) |
| $Cf_t$ | 1.811*** | 1.771*** | 1.386*** | 1.406*** | 3.424*** | 3.368*** | 3.014*** | 3.090*** |
| | (4.26) | (4.14) | (3.28) | (3.32) | (6.57) | (6.41) | (6.10) | (6.05) |
| $\Delta Cf_t$ | −0.290 | −0.283 | −0.175 | −0.193 | −1.220*** | −1.196*** | −1.149*** | −1.159*** |
| | (−0.91) | (−0.89) | (−0.55) | (−0.61) | (−3.84) | (−3.75) | (−3.73) | (−3.68) |
| $\Delta Cf_{t+1}$ | 0.082 | 0.074 | −0.005 | 0.019 | −0.134 | −0.143 | −0.312 | −0.266 |
| | (0.29) | (0.26) | (−0.02) | (0.07) | (−0.67) | (−0.71) | (−1.60) | (−1.33) |

续表

| Cash | (1) | (2) | (3) | (4) | (5) | (6) | (7) | (8) |
|---|---|---|---|---|---|---|---|---|
| | 国有公司 | | | | 非国有公司 | | | |
| $Int_t$ | −7.653*** | −7.606*** | −7.137*** | −7.192*** | −1.833 | −1.848 | −5.100*** | −3.696** |
| | (−6.28) | (−6.23) | (−5.81) | (−5.86) | (−1.22) | (−1.22) | (−3.57) | (−2.54) |
| $\Delta Int_t$ | 5.390*** | 5.379*** | 4.992*** | 4.993*** | 5.126*** | 5.147*** | 6.399*** | 5.940*** |
| | (3.24) | (3.23) | (2.98) | (2.99) | (3.14) | (3.15) | (4.05) | (3.72) |
| $\Delta Int_{t+1}$ | −5.272*** | −5.260*** | −5.254*** | −5.330*** | −2.142 | −2.187 | −3.409* | −3.019 |
| | (−2.94) | (−2.92) | (−2.88) | (−2.92) | (−1.12) | (−1.14) | (−1.82) | (−1.60) |
| $Div_t$ | −2.035 | −2.063 | −2.141 | −2.365* | −1.299 | −1.284 | −1.272 | −1.395 |
| | (−1.47) | (−1.49) | (−1.50) | (−1.70) | (−1.05) | (−1.05) | (−1.15) | (−1.21) |
| $\Delta Div_t$ | −1.601 | −1.589 | −1.337 | −1.204 | −0.062 | −0.062 | −0.288 | 0.074 |
| | (−1.13) | (−1.12) | (−0.96) | (−0.86) | (−0.06) | (−0.07) | (−0.33) | (0.08) |
| $\Delta Div_{t+1}$ | −4.157*** | −4.171*** | −4.191*** | −4.231*** | −1.731* | −1.742** | −1.825** | −1.853** |
| | (−2.95) | (−2.96) | (−3.01) | (−3.07) | (−1.95) | (−1.96) | (−2.13) | (−2.12) |
| $Capex_t$ | 0.123 | 0.110 | 0.012 | 0.028 | −1.283*** | −1.264*** | −0.713*** | −0.864*** |
| | (0.47) | (0.42) | (0.05) | (0.11) | (−4.71) | (−4.63) | (−2.80) | (−3.28) |
| $\Delta Capex_t$ | 0.403 | 0.411 | 0.442* | 0.451* | 1.127*** | 1.113*** | 0.673*** | 0.842*** |
| | (1.54) | (1.57) | (1.67) | (1.70) | (5.05) | (4.98) | (3.05) | (3.80) |
| $\Delta Capex_{t+1}$ | 0.510* | 0.503* | 0.467 | 0.471 | −0.302 | −0.302 | −0.385 | −0.322 |
| | (1.69) | (1.66) | (1.52) | (1.53) | (−0.99) | (−0.99) | (−1.31) | (−1.09) |
| $Na_t$ | −0.616 | −0.626 | −0.564 | −0.478 | 0.191 | 0.221 | 0.069 | 0.253 |
| | (−1.20) | (−1.20) | (−1.03) | (−0.86) | (0.28) | (0.32) | (0.11) | (0.39) |
| $\Delta Na_t$ | −0.335** | −0.336** | −0.313* | −0.344** | −0.554*** | −0.550*** | −0.179* | −0.318*** |
| | (−2.04) | (−2.04) | (−1.88) | (−2.05) | (−5.03) | (−5.00) | (−1.67) | (−2.92) |
| $\Delta Na_{t+1}$ | −1.202*** | −1.198*** | −1.146*** | −1.159*** | −0.862*** | −0.863*** | −0.750*** | −0.844*** |
| | (−4.96) | (−4.90) | (−4.59) | (−4.64) | (−5.43) | (−5.44) | (−4.99) | (−5.46) |

续表

| *Cash* | (1) | (2) | (3) | (4) | (5) | (6) | (7) | (8) |
|---|---|---|---|---|---|---|---|---|
| | \multicolumn{4} 国有公司 | | | | 非国有公司 | | | |
| $\Delta Mv_{t+1}$ | 0.524*** | 0.525*** | 0.540*** | 0.538*** | 0.374*** | 0.375*** | 0.392*** | 0.390*** |
| | (31.50) | (31.64) | (32.59) | (32.54) | (31.24) | (31.52) | (35.62) | (34.28) |
| _cons | 1.691*** | 1.622*** | 0.555 | 0.476 | 2.329*** | 1.943*** | 0.186 | −0.033 |
| | (2.77) | (2.68) | (1.00) | (0.84) | (3.09) | (2.59) | (0.31) | (−0.05) |
| Year/Ind | | | | | | | | |
| N | 7 547 | 7 547 | 7 547 | 7 547 | 10 453 | 10 453 | 10 453 | 10 453 |
| $R^2$_adj | 0.621 | 0.621 | 0.620 | 0.620 | 0.539 | 0.538 | 0.568 | 0.555 |

注：括号内为t值；***、**、*分别表示在1%、5%、10%水平上显著，标准差均经公司层面聚类处理；现金持有价值模型存在滞后一期和提前一期，故观测值有所差异。

表5-11 产权性质、管理层激励与现金持有水平：替换因变量检验

| *Cash1* | (1) | (2) | (3) | (4) | (5) | (6) |
|---|---|---|---|---|---|---|
| | \multicolumn{2} 全样本 | | 国有公司 | | | 非国有公司 |
| Pay | 0.121*** | | 0.044* | | 0.135*** | |
| | (7.05) | | (1.65) | | (6.74) | |
| Equity | | 0.010*** | | 0.057** | | 0.010*** |
| | | (4.17) | | (1.99) | | (3.72) |
| Nwc | −0.399*** | −0.397*** | −0.301*** | −0.300*** | −0.450*** | −0.448*** |
| | (−31.06) | (−30.60) | (−15.67) | (−15.57) | (−27.01) | (−26.67) |
| Lev | −0.470*** | −0.469*** | −0.333*** | −0.330*** | −0.530*** | −0.530*** |
| | (−32.18) | (−31.86) | (−15.50) | (−15.30) | (−27.29) | (−27.25) |

续表

| Cash1 | （1） | （2） | （3） | （4） | （5） | （6） |
|---|---|---|---|---|---|---|
| | 全样本 | | 国有公司 | | 非国有公司 | |
| Size | 0.008*** | −0.002 | 0.006 | 0.003 | 0.012** | −0.000 |
| | （2.61） | （−0.52） | （1.25） | （0.65） | （2.53） | （−0.04） |
| Age | −0.117*** | −0.117*** | −0.091*** | −0.089*** | −0.076*** | −0.073*** |
| | （−9.72） | （−9.61） | （−4.49） | （−4.41） | （−4.89） | （−4.65） |
| Cf | −2.837*** | −2.820*** | −2.302*** | −2.310*** | −3.048*** | −2.974*** |
| | （−19.16） | （−18.84） | （−12.07） | （−12.12） | （−14.58） | （−13.93） |
| Grow | −0.004** | −0.004** | 0.004* | 0.004 | −0.009*** | −0.009*** |
| | （−1.96） | （−2.16） | （1.65） | （1.52） | （−3.41） | （−3.49） |
| Roa | 2.908*** | 2.895*** | 2.454*** | 2.468*** | 3.082*** | 3.009*** |
| | （20.08） | （19.73） | （13.16） | （13.24） | （15.08） | （14.41） |
| Board | 0.006 | 0.009 | 0.020* | 0.021* | −0.004 | 0.001 |
| | （0.68） | （1.05） | （1.87） | （1.95） | （−0.37） | （0.06） |
| Top | 0.056*** | 0.056*** | −0.008 | −0.006 | 0.074*** | 0.075*** |
| | （3.14） | （3.07） | （−0.32） | （−0.24） | （2.83） | （2.81） |
| Dual | 0.006** | 0.006** | 0.003 | 0.003 | 0.007* | 0.006 |
| | （2.38） | （2.06） | （0.82） | （0.80） | （1.95） | （1.62） |
| _cons | 0.472*** | 0.692*** | 0.397*** | 0.457*** | 0.345*** | 0.607*** |
| | （6.25） | （9.85） | （3.48） | （4.30） | （2.97） | （5.39） |
| Year/Ind | Yes | Yes | Yes | Yes | Yes | Yes |
| N | 23 021 | 23 021 | 9 198 | 9 198 | 13 823 | 13 823 |
| $R^2\_adj$ | 0.385 | 0.380 | 0.257 | 0.257 | 0.460 | 0.454 |

注：***、**、*分别表示在 0.01、0.05、0.1 水平上显著；（ ）中为t值。

表5-12　　产权性质、管理层激励与现金持有价值：替换因变量检验

| Mv | （1） | （2） | （3） | （4） | （5） | （6） | （7） |
|---|---|---|---|---|---|---|---|
| | 全样本 | | | 国有公司 | | 非国有公司 | |
| Pay×Cash1 | | 3.419*** | | −7.231*** | | 3.999*** | |
| | | (2.59) | | (−3.43) | | (4.60) | |
| Pay | | 0.557 | | 4.702*** | | 0.443*** | |
| | | (1.61) | | (7.75) | | (2.78) | |
| Equity×Cash1 | | | 0.240** | | 0.881 | | 0.265*** |
| | | | (2.17) | | (0.53) | | (2.69) |
| Equity | | | −0.081*** | | −0.173 | | −0.058** |
| | | | (−3.06) | | (−0.48) | | (−2.42) |
| Cash1 | −0.430*** | −0.518*** | −0.419*** | 0.172 | −0.069 | −0.544*** | −0.490*** |
| | (−3.55) | (−3.83) | (−3.28) | (1.10) | (−0.47) | (−4.40) | (−4.01) |
| $Cf_t$ | 2.077*** | 2.096*** | 2.107*** | 0.947** | 1.409*** | 2.907*** | 2.858*** |
| | (5.53) | (5.57) | (5.69) | (2.57) | (3.73) | (7.63) | (7.45) |
| $\Delta Cf_t$ | −0.668*** | −0.657*** | −0.693*** | −0.056 | −0.183 | −0.914*** | −0.924*** |
| | (−2.82) | (−2.78) | (−2.94) | (−0.19) | (−0.61) | (−2.99) | (−2.97) |
| $\Delta Cf_{t+1}$ | −0.314* | −0.298* | −0.333** | −0.076 | 0.002 | −0.247 | −0.270 |
| | (−1.87) | (−1.83) | (−1.98) | (−0.27) | (0.01) | (−1.32) | (−1.40) |
| $Int_t$ | −4.574*** | −3.972*** | −4.948*** | −5.181*** | −7.177*** | −1.366 | −2.586** |
| | (−4.44) | (−3.82) | (−4.81) | (−5.12) | (−6.86) | (−1.19) | (−2.22) |
| $\Delta Int_t$ | 5.447*** | 5.657*** | 5.650*** | 5.017*** | 4.856*** | 5.105*** | 4.969*** |
| | (4.60) | (4.87) | (4.79) | (3.09) | (2.92) | (3.18) | (3.06) |
| $\Delta Int_{t+1}$ | −4.267*** | −3.764*** | −4.376*** | −3.629** | −5.488*** | −2.032 | −2.919 |
| | (−3.20) | (−2.85) | (−3.26) | (−2.14) | (−3.06) | (−1.12) | (−1.57) |
| $Div_t$ | −1.863** | −1.861** | −1.803* | −1.298 | −2.791** | −1.492* | −1.433* |
| | (−1.97) | (−1.99) | (−1.93) | (−1.17) | (−2.52) | (−1.79) | (−1.69) |

| $Mv$ | （1） | （2） | （3） | （4） | （5） | （6） | （7） |
|---|---|---|---|---|---|---|---|
| | 全样本 | | | 国有公司 | | 非国有公司 | |
| $\Delta Div_t$ | 0.027 | 0.143 | −0.070 | −0.795 | −1.229 | 0.051 | −0.076 |
| | （0.03） | （0.18） | （−0.09） | （−0.65） | （−0.96） | （0.06） | （−0.09） |
| $\Delta Div_{t+1}$ | −2.260*** | −2.097*** | −2.283*** | −3.195** | −4.373*** | −1.646* | −1.778** |
| | （−2.88） | （−2.72） | （−2.91） | （−2.26） | （−3.05） | （−1.96） | （−2.07） |
| $Capex_t$ | −0.895*** | −0.917*** | −0.846*** | 0.017 | 0.015 | −1.288*** | −1.275*** |
| | （−4.46） | （−4.64） | （−4.28） | （0.08） | （0.07） | （−5.69） | （−5.58） |
| $\Delta Capex_t$ | 1.036*** | 1.016*** | 0.992*** | 0.312 | 0.457* | 1.047*** | 1.051*** |
| | （5.90） | （5.83） | （5.61） | （1.32） | （1.90） | （4.66） | （4.61） |
| $\Delta Capex_{t+1}$ | 0.071 | 0.089 | 0.071 | 0.325 | 0.478* | −0.269 | −0.324 |
| | （0.32） | （0.40） | （0.31） | （1.18） | （1.70） | （−0.94） | （−1.13） |
| $Na_t$ | −0.976*** | −0.735*** | −0.947*** | −0.289 | −0.502* | −0.688*** | −1.023*** |
| | （−3.95） | （−2.98） | （−3.80） | （−1.03） | （−1.72） | （−2.67） | （−3.85） |
| $\Delta Na_t$ | −0.628*** | −0.720*** | −0.575*** | −0.469*** | −0.372** | −0.607*** | −0.520*** |
| | （−6.98） | （−8.13） | （−6.37） | （−2.89） | （−2.26） | （−5.53） | （−4.57） |
| $\Delta Na_{t+1}$ | −1.108*** | −1.071*** | −1.098*** | −1.014*** | −1.185*** | −0.842*** | −0.920*** |
| | （−8.44） | （−8.27） | （−8.35） | （−4.34） | （−4.62） | （−5.61） | （−6.00） |
| $\Delta Mv_{t+1}$ | 0.421*** | 0.398*** | 0.426*** | 0.479*** | 0.536*** | 0.359*** | 0.381*** |
| | （43.51） | （38.98） | （39.33） | （31.42） | （37.19） | （38.51） | （38.76） |
| _cons | 1.192*** | 1.002*** | 1.151*** | 0.231 | 0.500* | 0.885*** | 1.186*** |
| | （4.87） | （4.10） | （4.60） | （0.86） | （1.80） | （3.52） | （4.58） |
| Year/Ind | Yes | Yes | Yes | Yes | Yes | Yes | Yes |
| N | 18 000 | 18 000 | 18 000 | 7 547 | 7 547 | 10 453 | 10 453 |
| $R^2\_adj$ | 0.555 | 0.563 | 0.556 | 0.640 | 0.617 | 0.547 | 0.538 |

注：***、**、*分别表示在 0.01、0.05、0.1 水平上显著；（）中为 $t$ 值；现金持有价值模型存在滞后一期和提前一期，故观测值有所差异。

## 5.5 拓展性分析

本章通过基本回归发现，不同产权性质公司的激励机制是造成公司现金持有差异的重要原因，非国有公司中管理层激励对现金持有水平及现金持有价值的促进作用更为明显。进一步地，考虑到我国市场经济处于转型期，由于法律法规和金融体系的不完善，以关系为代表的非正式机制是深入理解中国经济运行规律的一把钥匙，在"大政府、小市场"的环境下，很多经济问题都或多或少受到政府力量的干预。因此，从政治关联这一非正式机制寻求解释是开展产权性质主导下薪酬激励研究的必然结果。政治关联研究既可以从公司角度的政治关联出发，也可以从政府角度的政府补助出发，行为主体的不同很可能会引起行动结果的差异。因此，基于产权性质的背景，依据管理层政治关联和政府补贴比较不同政治关联方式对管理层激励影响公司现金持有的差别作用，能够对产权性质影响下的管理层激励与公司现金持有关系形成更全面的认识。

### 5.5.1 基于产权性质视角的政治关联、管理层激励与现金持有

从公司层面看，政治关联不仅是管理层自身的一项社会资本，更是公司的一项政治资源。首先，与政府保持良好的接触和联系是公司生存发展乃至取得成功的重要因素。正所谓"僧多粥少"，相对稀缺的政治资源是公司不可多得的"珍宝"。作为公司急需的政治资源，管理层所拥有的政治关联能够提高其在薪酬谈判时的议价能力，使其不用通过努力工作提升公司绩效便能提升自身薪酬水平，导致管理层薪酬无法起到应有的激励作用，进而难以影响公司的现金持有行为。其次，管理层权力论认为，在机会主义的驱使下，管理层倾向于利用权力进行在职消费、增加薪酬等寻租行为（张丽平和杨兴全，2012）。管理层具有一定的政治关联意味着其在公司内拥有更高的声望、更大的话语权，而这种被放大的管理层权力在帮助管理层实现薪酬自定的同时，还导致管理层滥用现金以获取私利（吴成颂等，2015）。综上可知，政治关联在提升

管理层自身薪酬的同时，会削弱甚至恶化管理层激励的治理作用，进而降低对现金持有水平和现金持有价值产生的提升作用。

进一步地，考虑产权性质的影响。就国有公司而言，政府干预和薪酬管制等机制的异化以及"所有者缺位"引起的监督缺失，使得具备一定政治关联的官员式管理层更倾向于追求晋升和仕途，而非提升公司业绩，进而降低基于业绩的管理层激励对现金持有水平和现金持有价值产生的作用。而对于非国有公司来说，公司内部的权力文化和官僚氛围相对淡薄，管理层与政府的关系较为疏远，难以获得升迁机会。即使管理层拥有政治关联，对政治晋升的热衷程度也较低，这使得管理层薪酬契约趋于市场化（徐细雄，2012）。并且，非国有公司聘请具有政治关联的管理层是为了利用其与政府的联系为公司创造价值，对具有政治关联的管理层评价与考核也主要以公司业绩为主，促使管理者更为关注业绩薪酬，激发其完善内部治理、优化现金持有行为的动机。基于上述分析，政治关联抑制管理层激励提升国有公司现金持有水平和现金持有价值的效应显著强于非国有公司。

借鉴熊家财和桂荷发（2020）的研究，本章将政治关联（$Pc$）定义为，当公司的董事长或总经理现在或曾经担任政府官员、人大代表、政协委员或党代表时，取值为1，否则为0，并将其纳入模型（5-1）和模型（5-2）以考察产权性质视角下的政治关联、管理层激励与现金持有的关系。

表5-13列示了基于产权性质视角的政治关联对管理层激励与现金持有水平关系的影响。列（1）和列（2）为全样本分析结果，管理层货币薪酬激励与政治关联的交乘项（$Pay \times Pc$和$Equity \times Pc$）的系数均在10%水平上显著为负，表明管理层更可能利用其政治关联牟取私利，进而抑制管理层激励对现金持有水平的正向作用。列（3）至列（6）是基于产权性质进行分组检验的回归结果。结果显示，在国有公司中，管理层激励与政治关联的交乘项（$Pay \times Pc$和$Equity \times Pc$）的系数分别在5%和10%的水平上显著为负；在非国有公司中，管理层激励与政治关联的交乘项（$Pay \times Pc$和$Equity \times Pc$）的系数表现为不显著。综上可知，政治关联对管理层激励促进公司现金持有水平的效应具有抑制作用，并且

在国有公司中更为明显。

表5-13　　基于产权性质视角的政治关联、管理层激励
与现金持有水平回归分析

| Cash | （1） | （2） | （3） | （4） | （5） | （6） |
|---|---|---|---|---|---|---|
| | 全样本 | | 国有公司 | | 非国有公司 | |
| Pay×Pc | -0.115** | | -0.065** | | -0.091 | |
| | (-2.13) | | (-2.43) | | (-1.33) | |
| Pay | 0.256*** | | 0.089 | | 0.347*** | |
| | (8.60) | | (1.54) | | (5.87) | |
| Equity×Pc | | -0.027* | | -0.043* | | -0.007 |
| | | (-1.89) | | (-1.77) | | (-0.56) |
| Equity | | 0.036*** | | 0.144** | | 0.024*** |
| | | (6.37) | | (1.99) | | (3.29) |
| Pc | -0.000 | -0.008 | 0.003 | -0.004 | 0.003 | -0.008 |
| | (-0.04) | (-0.93) | (0.23) | (-0.40) | (0.20) | (-0.75) |
| Nwc | -0.716*** | -0.711*** | -0.633*** | -0.630*** | -1.096*** | -1.092*** |
| | (-26.07) | (-25.68) | (-13.99) | (-13.93) | (-23.88) | (-23.55) |
| Lev | -0.839*** | -0.831*** | -0.652*** | -0.644*** | -1.250*** | -1.251*** |
| | (-27.77) | (-27.28) | (-13.87) | (-13.64) | (-23.56) | (-23.52) |
| Size | 0.010** | -0.004 | 0.007 | 0.002 | 0.035*** | 0.004 |
| | (2.52) | (-1.26) | (0.78) | (0.24) | (2.92) | (0.33) |
| Age | -0.027*** | -0.021** | -0.197*** | -0.183*** | -0.184*** | -0.177*** |
| | (-3.19) | (-2.39) | (-4.35) | (-4.13) | (-4.30) | (-4.09) |
| Cf | -6.944*** | -6.799*** | -4.446*** | -4.461*** | -6.933*** | -6.746*** |
| | (-23.30) | (-22.95) | (-11.38) | (-11.40) | (-13.05) | (-12.45) |
| Grow | -0.024*** | -0.029*** | 0.007 | 0.006 | -0.024*** | -0.025*** |
| | (-4.81) | (-5.60) | (1.25) | (1.07) | (-3.84) | (-3.91) |

续表

| *Cash* | （1） | （2） | （3） | （4） | （5） | （6） |
|---|---|---|---|---|---|---|
| | 全样本 | | 国有公司 | | 非国有公司 | |
| *Roa* | 7.324*** | 7.201*** | 4.715*** | 4.740*** | 6.938*** | 6.754*** |
| | （24.42） | （24.08） | （12.17） | （12.21） | （13.40） | （12.78） |
| *Board* | 0.013 | 0.029* | 0.035 | 0.037* | −0.001 | 0.012 |
| | （0.85） | （1.86） | （1.62） | （1.72） | （−0.03） | （0.40） |
| *Top* | 0.117*** | 0.111*** | −0.011 | −0.006 | 0.173** | 0.177** |
| | （5.33） | （5.02） | （−0.23） | （−0.13） | （2.55） | （2.55） |
| *Dual* | 0.023*** | 0.017** | 0.008 | 0.009 | 0.015* | 0.012 |
| | （3.56） | （2.55） | （0.98） | （1.04） | （1.74） | （1.38） |
| *_cons* | 0.452*** | 0.735*** | 0.824*** | 0.903*** | 0.500* | 1.166*** |
| | （5.02） | （9.34） | （3.51） | （4.15） | （1.75） | （4.18） |
| *Year/Ind* | Yes | Yes | Yes | Yes | Yes | Yes |
| *N* | 23 021 | 23 021 | 9 198 | 9 198 | 13 823 | 13 823 |
| $R^2\_a$ | 0.391 | 0.387 | 0.228 | 0.231 | 0.419 | 0.412 |

注：***、**、*分别表示在 0.01、0.05、0.1 水平上显著；（）中为t值。

表5-14列示了基于产权性质视角的政治关联对管理层激励与现金持有价值关系的影响。列（1）和列（2）为全样本分析结果，管理层激励、现金持有水平与政治关联三者的交乘项（*Pay×Cash×Pc*、*Equity×Cash×Pc*）的系数分别在1%和10%水平上显著为负，表明管理层的政治关联抑制了管理层激励对现金持有价值的正向作用。列（3）至列（6）是基于产权性质进行分组检验的回归结果。结果显示，在国有公司中，管理层激励、现金持有水平与政治关联三者的交乘项（*Pay×Cash×Pc*、*Equity×Cash×Pc*）的系数分别在10%和1%的水平上显著为负；在非国有公司中，管理层激励、现金持有水平与政治关联三者的交乘项（*Pay×Cash×Pc*、*Equity×Cash×Pc*）的系数表现为不显著。综上可知，政治关联对管理层激励提升公司现金持有价值的效应具有抑制作用，并且

在国有公司中更为显著。

表5-14　　　基于产权性质视角的政治关联、管理层激励与
现金持有价值回归分析

| Mv | （1） | （2） | （3） | （4） | （5） | （6） |
|---|---|---|---|---|---|---|
| | 全样本 | | 国有公司 | | 非国有公司 | |
| Pay×Cash×Pc | −10.617*** | | −13.113* | | −2.394 | |
| | （−4.10） | | （−1.75） | | （−0.58） | |
| Pay×Cash | 3.261** | | −6.113*** | | 3.685*** | |
| | （2.45） | | （−2.84） | | （4.01） | |
| Cash×Pc | 0.620** | | 0.600* | | 0.444* | |
| | （2.40） | | （1.74） | | （1.84） | |
| Pay×Pc | 2.466*** | | 0.674 | | 2.351*** | |
| | （3.41） | | （0.49） | | （3.69） | |
| Pay | 0.599* | | 4.568*** | | 0.481*** | |
| | （1.74） | | （7.44） | | （3.02） | |
| Equity×Cash×Pc | | −0.434* | | −4.260*** | | −0.343 |
| | | （−1.80） | | （−2.81） | | （−1.40） |
| Equity×Cash | | −0.190 | | 2.229* | | −0.169 |
| | | （−1.12） | | （1.84） | | （−1.11） |
| Cash×Pc | | −0.056 | | 0.286 | | −0.144 |
| | | （−0.27） | | （1.21） | | （−0.67） |
| Equity×Pc | | 0.051 | | 1.181 | | 0.035 |
| | | （0.73） | | （1.53） | | （0.48） |
| Equity | | 0.010 | | −0.318 | | 0.031 |
| | | （0.27） | | （−1.16） | | （0.98） |
| Cash | 1.120** | 0.646 | 0.051 | −0.237 | 0.895* | 0.676 |
| | （2.34） | （1.38） | （0.09） | （−0.41） | （1.96） | （1.40） |

续表

| $Mv$ | （1） | （2） | （3） | （4） | （5） | （6） |
|---|---|---|---|---|---|---|
| | 全样本 | | 国有公司 | | 非国有公司 | |
| $Pc$ | −0.198*** | −0.045 | −0.120* | −0.121** | −0.176*** | −0.013 |
| | （−3.51） | （−1.02） | （−1.68） | （−2.43） | （−3.29） | （−0.28） |
| $Cf_t$ | 2.365*** | 2.245*** | 0.893** | 1.400*** | 3.215*** | 3.045*** |
| | （6.30） | （6.11） | （2.43） | （3.76） | （8.58） | （8.08） |
| $\Delta Cf_t$ | −0.821*** | −0.769*** | −0.017 | −0.181 | −1.112*** | −1.037*** |
| | （−3.52） | （−3.31） | （−0.06） | （−0.61） | （−3.69） | （−3.36） |
| $\Delta Cf_{t+1}$ | −0.185 | −0.265 | −0.095 | 0.002 | −0.140 | −0.194 |
| | （−1.14） | （−1.57） | （−0.33） | （0.01） | （−0.75） | （−1.01） |
| $Int_t$ | −3.834*** | −4.515*** | −5.173*** | −7.262*** | −0.960 | −1.705 |
| | （−3.69） | （−4.35） | （−5.10） | （−6.94） | （−0.84） | （−1.45） |
| $\Delta Int_t$ | 5.671*** | 5.627*** | 5.009*** | 4.773*** | 5.193*** | 5.142*** |
| | （4.91） | （4.79） | （3.07） | （2.85） | （3.25） | （3.17） |
| $\Delta Int_{t+1}$ | −3.563*** | −4.086*** | −3.659** | −5.627*** | −1.688 | −2.241 |
| | （−2.69） | （−3.05） | （−2.15） | （−3.13） | （−0.93） | （−1.21） |
| $Div_t$ | −2.096** | −1.889** | −1.222 | −2.716** | −1.657** | −1.480* |
| | （−2.27） | （−2.05） | （−1.10） | （−2.48） | （−1.99） | （−1.75） |
| $\Delta Div_t$ | 0.226 | 0.038 | −0.819 | −1.135 | 0.128 | 0.071 |
| | （0.28） | （0.05） | （−0.67） | （−0.89） | （0.15） | （0.08） |
| $\Delta Div_{t+1}$ | −2.316*** | −2.332*** | −3.234** | −4.171*** | −1.784** | −1.804** |
| | （−3.05） | （−3.02） | （−2.30） | （−2.94） | （−2.12） | （−2.11） |
| $Capex_t$ | −0.853*** | −0.809*** | 0.044 | 0.038 | −1.212*** | −1.214*** |
| | （−4.33） | （−4.09） | （0.20） | （0.17） | （−5.34） | （−5.27） |
| $\Delta Capex_t$ | 1.003*** | 1.016*** | 0.313 | 0.459* | 1.023*** | 1.076*** |
| | （5.75） | （5.75） | （1.32） | （1.91） | （4.55） | （4.72） |

续表

| $Mv$ | (1) | (2) | (3) | (4) | (5) | (6) |
|---|---|---|---|---|---|---|
| | 全样本 | | 国有公司 | | 非国有公司 | |
| $\Delta Capex_{t+1}$ | 0.087 | 0.081 | 0.333 | 0.480* | −0.268 | −0.306 |
| | (0.39) | (0.36) | (1.21) | (1.71) | (−0.94) | (−1.06) |
| $Na_t$ | 1.357*** | 0.394 | −0.484 | −0.566 | 1.217*** | 0.430 |
| | (2.71) | (0.81) | (−0.86) | (−0.97) | (2.72) | (0.89) |
| $\Delta Na_t$ | −0.745*** | −0.593*** | −0.460*** | −0.373** | −0.627*** | −0.536*** |
| | (−8.43) | (−6.57) | (−2.85) | (−2.29) | (−5.70) | (−4.68) |
| $\Delta Na_{t+1}$ | −1.047*** | −1.053*** | −1.020*** | −1.186*** | −0.811*** | −0.862*** |
| | (−8.10) | (−8.11) | (−4.36) | (−4.63) | (−5.43) | (−5.71) |
| $\Delta Mv_{t+1}$ | 0.396*** | 0.425*** | 0.479*** | 0.534*** | 0.356*** | 0.380*** |
| | (39.11) | (39.08) | (31.46) | (37.06) | (38.35) | (38.49) |
| _cons | −1.046** | −0.174 | 0.431 | 0.597 | −0.985** | −0.277 |
| | (−2.10) | (−0.36) | (0.77) | (1.03) | (−2.19) | (−0.57) |
| Year/Ind | Yes | Yes | Yes | Yes | Yes | Yes |
| $N$ | 18 000 | 18 000 | 7 547 | 7 547 | 10 453 | 10 453 |
| $R^2\_adj$ | 0.564 | 0.556 | 0.641 | 0.619 | 0.547 | 0.537 |

注：***、**、*分别表示在 0.01、0.05、0.1 水平上显著；（）中为 t 值；现金持有价值模型存在滞后一期和提前一期，故观测值有所差异。

### 5.5.2 基于产权性质视角的政府补助、管理层激励与现金持有

对于政府而言，国家会通过财政补贴等手段主动加强对公司的干预（杨其静等，2010）。首先，对管理层进行薪酬激励受制于公司有限的利润，导致管理层激励效应无法充分发挥作用。而作为政府与公司维持特殊关系的一种方式，政府给予的无偿补助不但能够直接增加公司的利

润，还可以向投资者和债权人传递公司具有可靠后盾的信号，为公司赢得大量低成本的融资，使得公司有资本发放高额薪酬，进而减轻对管理层进行高薪激励的限制。其次，政府对公司进行财政补贴的主要目的在于获取政治回报，希望通过补贴方式来提高公司治理水平从而提高公司经营业绩或提高税收金额支持地方财政等（高艳慧和万迪昉，2013），进而对公司乃至社会产生积极的影响。一旦政府发现公司管理层在拿到补贴后并未努力工作，反而依靠补贴进行肆意消费，表现出"懒政行为"，那么其将会减少甚至暂停对公司进行财政补贴，从而形成一套行之有效的管理层激励机制。因此，包含着诸多政治信息的政府补贴不但会提高管理层薪酬，还能增强管理层货币薪酬激励所带来的公司治理效应，进而优化公司现金持有水平和现金持有价值。

正所谓"肥水不流外人田"，政府在制定补贴政策时会向国有公司倾斜（邵敏，2011），致使国企轻易获取低成本甚至是无成本的财政资助（高艳慧和万迪昉，2013）。但是，国有公司存在的所有权虚置和代理关系扭曲造成代理冲突异常突出，此时治理机制的不完善和补贴的易得性诱使国企管理层将财政补贴用于增加自身薪酬、在职消费等私利行为，致使管理层激励并不能对公司现金持有水平和现金持有价值产生正面影响。而非国有公司则不同，明晰的产权界定使得非国有公司股东对管理层积极施加监督，抑制管理层利用政府补贴牟取现金私利的动机。并且，政府更可能对已发放财政补贴的非国有公司绩效进行考察，从而提高了管理层薪酬绩效敏感性。此外，金融歧视问题造成非国有公司的融资约束程度较大，难以及时抓住投资发展机会，此时政府无偿发放的财政补贴显得"弥足珍贵"，非国有公司管理层更可能充分利用稀缺资源提高资金配置效率，以提高公司业绩、获得更多的补贴。因此，政府补助促进管理层激励提升非国有公司现金持有水平和现金持有价值的效应显著强于国有公司。

借鉴赵文耀等（2020）、余明桂等（2010）的做法，本章以政府补助总额占期末总资产的比值衡量政府补助，并将其纳入模型（5-1）和模型（5-2）以考察产权性质视角下的政府补助、管理层激励与现金持有的关系。

　　表5-15列示了基于产权性质视角的政府补助对管理层激励与现金持有水平关系的影响。列（1）和列（2）为全样本分析结果，管理层货币薪酬激励与政府补助的交乘项（$Pay×Sub$ 和 $Equity×Sub$）的系数均在5%水平上显著为正，表明管理层会抓住稀缺的财政支持用以改善公司绩效，进而增强了管理层激励对现金持有水平的正向作用。列（3）至列（6）是基于产权性质进行分组检验的回归结果。结果显示，在国有公司中，管理层激励与政府补助的交乘项（$Pay×Sub$ 和 $Equity×Sub$）的系数表现为不显著；在非国有公司中，管理层激励与政府补助的交乘项（$Pay×Sub$ 和 $Equity×Sub$）的系数均分别在10%和5%的水平上显著为正。综上可知，政府补助对管理层激励提高公司现金持有水平的效应具有促进作用，并且在非国有公司中更为明显。

表5-15　　基于产权性质视角的政府补助、管理层激励与现金持有水平

| $Cash$ | (1) | (2) | (3) | (4) | (5) | (6) |
|---|---|---|---|---|---|---|
| | 全样本 | | 国有公司 | | 非国有公司 | |
| $Pay×Sub$ | 0.098** | | 0.062 | | 0.102* | |
| | (2.03) | | (0.76) | | (1.88) | |
| $Pay$ | 0.223*** | | 0.178*** | | 0.230*** | |
| | (7.11) | | (2.94) | | (6.44) | |
| $Equity×Sub$ | | 0.026** | | 0.035 | | 0.028** |
| | | (2.15) | | (0.67) | | (2.31) |
| $Equity$ | | 0.027*** | | 0.065 | | 0.024*** |
| | | (4.57) | | (0.94) | | (3.93) |
| $Sub$ | -0.009 | -0.000 | -0.005 | 0.004 | -0.010 | -0.005 |
| | (-0.98) | (-0.04) | (-0.34) | (0.39) | (-0.93) | (-0.66) |
| $Nwc$ | -0.716*** | -0.712*** | -0.511*** | -0.510*** | -0.852*** | -0.846*** |
| | (-26.07) | (-25.66) | (-13.16) | (-13.07) | (-23.77) | (-23.35) |
| $Lev$ | -0.840*** | -0.832*** | -0.532*** | -0.539*** | -1.028*** | -1.010*** |
| | (-27.78) | (-27.30) | (-13.20) | (-13.30) | (-25.64) | (-24.87) |

续表

| Cash | （1） | （2） | （3） | （4） | （5） | （6） |
|---|---|---|---|---|---|---|
| | 全样本 | | 国有公司 | | 非国有公司 | |
| Size | 0.010** | −0.004 | 0.005 | −0.005 | 0.014** | −0.004 |
| | （2.49） | （−1.27） | （0.91） | （−1.14） | （2.36） | （−0.77） |
| Age | −0.026*** | −0.020** | −0.048*** | −0.049*** | −0.012 | −0.005 |
| | （−3.09） | （−2.31） | （−2.64） | （−2.65） | （−1.28） | （−0.49） |
| Cf | −6.944*** | −6.800*** | −4.905*** | −4.885*** | −8.295*** | −8.073*** |
| | （−23.25） | （−22.87） | （−13.01） | （−12.95） | （−18.94） | （−18.50） |
| Grow | −0.024*** | −0.028*** | 0.004 | 0.002 | −0.040*** | −0.044*** |
| | （−4.75） | （−5.50） | （0.59） | （0.40） | （−5.37） | （−5.88） |
| Roa | 7.319*** | 7.195*** | 5.416*** | 5.423*** | 8.623*** | 8.421*** |
| | （24.36） | （23.97） | （13.74） | （13.73） | （19.66） | （19.19） |
| Board | 0.013 | 0.029* | −0.000 | 0.006 | 0.004 | 0.023 |
| | （0.84） | （1.87） | （−0.00） | （0.25） | （0.21） | （1.07） |
| Top | 0.118*** | 0.113*** | 0.068** | 0.067** | 0.130*** | 0.116*** |
| | （5.35） | （5.10） | （2.14） | （2.10） | （4.38） | （3.86） |
| Dual | 0.020*** | 0.014** | 0.011 | 0.009 | 0.019*** | 0.014* |
| | （3.10） | （2.14） | （1.16） | （0.96） | （2.62） | （1.94） |
| _cons | 0.457*** | 0.735*** | 0.461*** | 0.694*** | 0.480*** | 0.817*** |
| | （5.07） | （9.31） | （3.62） | （6.37） | （3.34） | （6.26） |
| Year/Ind | Yes | Yes | Yes | Yes | Yes | Yes |
| N | 23 021 | 23 021 | 9 198 | 9 198 | 13 823 | 13 823 |
| $R^2$_a | 0.391 | 0.387 | 0.340 | 0.337 | 0.437 | 0.433 |

注：***、**、*分别表示在 0.01、0.05、0.1 水平上显著；（）中为t值。

表5-16列示了基于产权性质视角的政府补助对管理层激励与现金持有价值关系的影响。列（1）和列（2）为全样本分析结果，管理层激

励、现金持有水平与政府补助三者的交乘项（$Pay×Cash×Sub$、$Equity×Cash×Sub$）的系数分别在10%和5%水平上显著为正，表明政府给予的补助促进了管理层激励对现金持有价值的正向作用。列（3）至列（6）是基于产权性质进行分组检验的回归结果。结果显示，在国有公司中，管理层激励、现金持有水平与政府补助三者的交乘项（$Pay×Cash×Sub$、$Equity×Cash×Sub$）的系数表现为不显著；在非国有公司中，管理层激励、现金持有水平与政府补助三者的交乘项（$Pay×Cash×Sub$、$Equity×Cash×Sub$）的系数分别在10%和5%的水平上显著为正。综上可知，总体上政府补助对管理层激励提升公司现金持有价值的效应具有促进作用，并且在非国有公司中更为明显。

表5-16　　基于产权性质视角的政府补助、管理层激励与现金持有价值

| $Mv$ | （1） | （2） | （3） | （4） | （5） | （6） |
|---|---|---|---|---|---|---|
| | 全样本 | | 国有公司 | | 非国有公司 | |
| $Pay×Cash×Sub$ | 0.106* | | −0.102 | | 0.114* | |
| | (1.67) | | (−0.54) | | (1.66) | |
| $Pay×Cash$ | −3.157*** | | −4.507*** | | −2.242*** | |
| | (−5.10) | | (−3.36) | | (−3.78) | |
| $Cash×Sub$ | −0.004 | | −0.005 | | −0.003 | |
| | (−0.87) | | (−0.82) | | (−0.55) | |
| $Pay×Sub$ | −0.047** | | −0.071 | | −0.040 | |
| | (−2.05) | | (−1.53) | | (−1.61) | |
| $Pay$ | 4.058*** | | 5.360*** | | 3.524*** | |
| | (10.81) | | (8.12) | | (9.26) | |
| $Equity×Cash×Sub$ | | 0.013** | | −0.105** | | 0.013** |
| | | (2.48) | | (−2.23) | | (2.41) |
| $Equity×Cash$ | | −0.269*** | | 2.474** | | −0.263*** |
| | | (−2.94) | | (2.21) | | (−2.99) |

续表

| $Mv$ | （1） | （2） | （3） | （4） | （5） | （6） |
|---|---|---|---|---|---|---|
| | 全样本 | | 国有公司 | | 非国有公司 | |
| Cash×Sub | | −0.018*** | | −0.016*** | | −0.017*** |
| | | （−4.90） | | （−3.29） | | （−3.37） |
| Equity×Sub | | 0.000 | | 0.101** | | −0.001 |
| | | （0.04） | | （2.35） | | （−0.46） |
| Equity | | 0.004 | | −1.202** | | 0.040 |
| | | （0.11） | | （−2.18） | | （1.12） |
| Cash | 0.428 | 0.644 | 0.061 | −0.296 | 0.360 | 0.679 |
| | （0.78） | （1.38） | （0.10） | （−0.45） | （0.74） | （1.47） |
| Sub | 0.052*** | 0.068*** | 0.029 | 0.051** | 0.079*** | 0.086*** |
| | （2.58） | （3.36） | （1.23） | （2.19） | （3.18） | （3.50） |
| $Cf_t$ | 2.065*** | 2.046*** | 0.800** | 1.285*** | 3.079*** | 2.820*** |
| | （5.46） | （5.52） | （2.17） | （3.41） | （8.12） | （7.43） |
| $\Delta Cf_t$ | −0.574** | −0.642*** | 0.041 | −0.116 | −0.934*** | −0.890*** |
| | （−2.46） | （−2.74） | （0.14） | （−0.39） | （−3.08） | （−2.86） |
| $\Delta Cf_{t+1}$ | −0.347** | −0.349** | −0.159 | −0.074 | −0.270 | −0.286 |
| | （−2.11） | （−2.04） | （−0.56） | （−0.24） | （−1.43） | （−1.47） |
| $Int_t$ | −1.825* | −4.490*** | −4.887*** | −7.319*** | 1.041 | −1.648 |
| | （−1.82） | （−4.34） | （−4.86） | （−7.01） | （0.92） | （−1.41） |
| $\Delta Int_t$ | 5.493*** | 5.596*** | 4.983*** | 4.790*** | 5.148*** | 5.100*** |
| | （4.79） | （4.78） | （3.07） | （2.87） | （3.27） | （3.14） |
| $\Delta Int_{t+1}$ | −1.983 | −4.058*** | −3.505** | −5.615*** | 0.052 | −2.171 |
| | （−1.55） | （−3.04） | （−2.07） | （−3.13） | （0.03） | （−1.17） |
| $Div_t$ | −2.088** | −1.761* | −0.968 | −2.826** | −2.019** | −1.310 |
| | （−2.25） | （−1.90） | （−0.87） | （−2.56） | （−2.42） | （−1.55） |

续表

| $Mv$ | (1) | (2) | (3) | (4) | (5) | (6) |
|---|---|---|---|---|---|---|
| | 全样本 | | 国有公司 | | 非国有公司 | |
| $\Delta Div_t$ | 0.294 | −0.011 | −0.958 | −1.255 | 0.342 | 0.043 |
| | (0.37) | (−0.01) | (−0.78) | (−0.99) | (0.41) | (0.05) |
| $\Delta Div_{t+1}$ | −1.961** | −2.133*** | −3.003** | −4.146*** | −1.584* | −1.548* |
| | (−2.54) | (−2.75) | (−2.14) | (−2.91) | (−1.87) | (−1.81) |
| $Capex_t$ | −0.932*** | −0.834*** | 0.023 | 0.032 | −1.286*** | −1.241*** |
| | (−4.70) | (−4.21) | (0.11) | (0.15) | (−5.67) | (−5.39) |
| $\Delta Capex_t$ | 0.985*** | 1.014*** | 0.321 | 0.442* | 1.026*** | 1.072*** |
| | (5.69) | (5.75) | (1.36) | (1.84) | (4.57) | (4.69) |
| $\Delta Capex_{t+1}$ | 0.128 | 0.104 | 0.304 | 0.493* | −0.173 | −0.280 |
| | (0.58) | (0.46) | (1.11) | (1.76) | (−0.61) | (−0.97) |
| $Na_t$ | −0.094 | −0.058 | −0.635 | −1.064 | −0.085 | 0.027 |
| | (−0.17) | (−0.12) | (−1.10) | (−1.63) | (−0.17) | (0.06) |
| $\Delta Na_t$ | −0.762*** | −0.598*** | −0.483*** | −0.344** | −0.640*** | −0.543*** |
| | (−8.69) | (−6.68) | (−2.98) | (−2.12) | (−5.86) | (−4.76) |
| $\Delta Na_{t+1}$ | −1.026*** | −1.080*** | −1.009*** | −1.213*** | −0.842*** | −0.881*** |
| | (−8.05) | (−8.29) | (−4.39) | (−4.72) | (−5.67) | (−5.84) |
| $\Delta Mv_{t+1}$ | 0.378*** | 0.423*** | 0.474*** | 0.532*** | 0.344*** | 0.378*** |
| | (36.47) | (38.53) | (31.48) | (36.76) | (36.70) | (38.11) |
| _cons | 0.215 | 0.238 | 0.553 | 1.042 | 0.094 | 0.088 |
| | (0.39) | (0.50) | (0.96) | (1.60) | (0.19) | (0.18) |
| Year/Ind | Yes | Yes | Yes | Yes | Yes | Yes |
| N | 18 000 | 18 000 | 7 547 | 7 547 | 10 453 | 10 453 |
| $R^2\_adj$ | 0.574 | 0.557 | 0.642 | 0.619 | 0.555 | 0.538 |

注：***、**、*分别表示在 0.01、0.05、0.1 水平上显著；( ) 中为 t 值；现金持有价值模型存在滞后一期和提前一期，故观测值有所差异。

## 5.6　本章小结

在市场化进程还需不断推进、法律保护机制尚需健全的转轨经济背景下，鉴于政府干预，从产权性质角度解释管理层激励的治理效应具有"历史必然性"，而现金是公司日常运营的"血液"，同时也是极易被管理层用来掏空和侵占公司资源、损害股东及公司价值的工具，因此，不同产权性质的公司能否优化资金配置效率以缓解代理问题取决于管理层激励的效果。

鉴于此，本章以2007—2019年全部A股上市公司为样本，基于产权性质的视角实证检验管理层激励对公司现金持有水平和现金持有价值的影响效应。结果表明：

第一，管理层激励与公司现金持有水平和现金持有价值呈正相关关系，管理层激励程度越大，公司现金持有水平和现金持有价值就越高。

第二，基于产权性质的对比发现，与非国有公司相比，管理层激励对现金持有水平和现金持有价值的促进效应在国有公司中更为明显。

第三，政治关联会影响管理层激励与现金持有的关系，且在不同产权性质公司发挥的作用不同。从公司角度考虑的政治关联会抑制管理层激励对现金持有水平和现金持有价值的提升效应，并且这种抑制效应在国有公司中更为显著；而从政府角度出发的政府补助却能促进管理层激励对现金持有水平和现金持有价值的提升效应，并且这种促进效应在非国有公司中更为明显。

本章从产权性质角度剖析了我国公司管理层激励之于现金持有的效应问题，在我国公司薪酬激励改革中必须重视产权性质对管理层激励效应的影响，并提高公司治理在管理层激励中所能起到的监督作用，促使管理层激励的治理效应得到更大程度的发挥。

基于理论分析与实证数据，本章可能的启示包括：对于国有公司而言，应当明晰政企关系，减少政府对公司决策的干预，弱化政府支持的偏向性。在此基础上，改革国企领导的行政化任命体制，避免将管理层激励和行政级别和管理层升迁挂钩；放松对于国企管理层的薪酬管制，实施多维度的绩效考核体系；依据市场规则选聘职业经理人，建立起真正的市场化管理体系和用人机制，完善国有公司的激励制度。对于非国有公司来说，由于管理层激励能够通过降低代理成本来优化公司现金持有，因此监管层可以考虑出台鼓励或限制措施指导公司进行薪酬机制改革，引导公司正确运用政治资源，深化管理层薪酬制度改革，以进一步提升管理层激励的效果。

# 第6章　控股股东两权分离、管理层激励与现金持有

## 6.1　引言

随着研究的深入，国内外学者开始关注实际控制人控制情况对管理层激励的作用效果。譬如，Firth 等（2006）从控股股东股权性质的视角探究管理层薪酬与业绩之间的关系；刘凤委等（2007）以政府干预、行业竞争程度为切入点考察国企高管薪酬如何影响公司经营业绩；还有学者基于市场化进程来验证管理层薪酬与公司业绩之间的作用关系（辛清泉和谭伟强，2009）；也有学者从控股股东控制权与现金流权分离的视角探究其对管理层激励及业绩薪酬敏感性的影响效应（Masulis 等，2009；Barontini 和 Bozzi，2010；Cao 等，2011）。

前文研究发现，管理层激励机制有助于抑制管理层机会主义动机，促使其基于预防性动机持有现金，提高公司价值。然而，现金不仅是管理层利益获取的工具，还是控股股东谋取自身财富最大化抑或侵占中小

股东利益的重要途径（Jiang 等，2010）。现有关于控股股东控制权的研究认为，在股权相对集中的公司，控股股东会通过关联交易、转移资产、侵占利润等方式获取控制权私利。相关实证研究也发现，当控股股东控制权与现金流权相分离时会存在利益侵占的动机，且两权分离程度越高，其资产转移等动机越强（Claessens 等，2002；韩忠雪等，2007；牛建波和李胜楠，2007）。此外，我国资本市场的监督约束机制还不完善，缺乏对中小股东利益保护的法律法规，因此在我国上市公司中因控股股东控制侵害中小股东利益的现象时常发生。那么在我国控股股东两权分离背景下，管理层激励还能否发挥治理效应呢？这有待进一步深究。

本章以 2007—2019 年沪深 A 股非金融上市公司为样本，基于控股股东两权分离的视角检验管理层激励对于公司现金持有行为的影响效应。前文研究发现，管理层激励（货币薪酬激励和股权激励）均可以提高现金持有水平和现金持有价值；而控股股东两权分离的存在会降低管理层激励对现金持有水平的优化效应及现金持有价值的增幅效应。进一步研究发现，在控股股东持股比例较高的情况下，控股股东两权分离对于管理层激励优化现金持有水平的恶化效应和对管理层激励提高现金持有价值的抑制效应更加明显。

本章的主要贡献在于：

第一，将公司股东与管理层、控股股东与中小股东之间的双重代理冲突置于同一逻辑框架下，来综合分析公司内部代理问题对公司经营发展的影响，更具理论意义和实践价值。

第二，我国公司治理环境不完善、股权相对集中等特征使得利用控制权牟取私利的问题广泛存在而突出，本章以公司现金持有为切入点，检验控股股东两权分离度对于管理层激励效应的影响，无疑更具现实意义。

第三，在控股股东两权分离下，管理层激励会显著改变对现金持有的治理效应，该结果表明忽略控股股东具体特征去验证管理层激励的经济影响是相对片面的，本章为综合评价管理层激励效果以及完善管理层激励机制提供了新视角与启示。

## 6.2 理论分析与假设提出

委托代理理论表明，管理层与股东之间的利益需求差异，使管理层为获取自身权益最大化而损害股东及公司的利益，此为第一类代理冲突（Jensen 和 Meckling，1976），管理层激励可作为缓解第一类代理冲突的有效方式；如果公司现金流权与控制权相分离，则控股股东为牟取私利会损害中小股东的利益，此为第二类代理冲突（Johnson 等，2000）。Bebchuck 等（2000）认为，控股股东通常情况下通过交叉持股、双重股份以及金字塔持股的方式实现现金流权和控制权分离，此时，控股股东可以以较小的现金流权获取较大的控制权，即便控股股东通过关联交易、转移资产等途径侵占中小股东的合法权益，其他股东因较小的话语权也很难进行监督和制止（Wolfezen，1998）。因此，一旦控股股东以较少的资源获取到较大的控制权，便会有较高动机来谋取自身财富最大化，上市公司也将成为控股股东攫取控制权私利的工具。

控股股东无论以何种方式攫取私人利益，公司现金都将成为其谋取私利的重要对象。一般来讲，控股股东更加偏好于通过扩大公司规模、横向兼并等方式来获取控制权私利，主要是因为公司规模越大，越难受到其他股东的监督，也更容易侵占其他股东的利益来增加自身财富（Myers 和 Rajan，1998；李增泉等，2004；Servaes 等，2007）。Pinkowitz 等（2006）研究发现，相较于资本市场相对完善、投资者保护制度较好的国家，投资者保护制度较差国家的控股股东更有动机侵占中小股东的利益以使自身财富最大化，而非以公司价值最大化为目的来管理公司。因此，在我国上市公司的控股股东控制下，控股股东通过过度投资等资金耗散行为来谋取私利，即控股股东两权分离程度越高，资金耗散等代理行为越严重，此时公司具有较低的现金持有水平。

前文研究发现管理层激励作为缓解股东与管理层之间代理问题的天然机制（Aggarwal 和 Samwick），当管理层为追求私利而存在帝国构建、无效并购等现金耗散行为时，其基于业绩的报酬将因公司业绩受损而降低，故可使管理层追求私利的行为得到抑制，现金持有行为得到优化，而管理层激励报酬对公司业绩的敏感性越强，越有利于抑制管理层的机会主义行为。然而，管理层的地位及薪酬在很大程度上取决于控股股东的意愿，因此，控股股东因追求控制权私利而进行帝国构建的强烈动机必然影响管理层激励对现金持有优化行为的治理效应。

首先，如果控股股东存在进行关联交易、转移资产等侵占中小股东利益的动机，其控制权私利必然与管理层激励的目标相背离。当公司内部委托代理的激励机制与决策机制并存时，管理层的激励与控股股东的决策控制权之间便会存在相应的冲突问题，也会影响公司整体的运营绩效。夏纪军和张晏（2008）研究发现，如果控股股东存在通过投资项目谋取私利的动机，控股股东的控制权私利便与管理层的专用性投资激励相矛盾。控股股东从投资项目中获取的收益越大，管理层激励对业绩的敏感性越强，控股股东控制权决策机制与管理层激励机制的矛盾冲突也就越大，进而会严重影响管理层激励所带来的正面效应。

其次，控股股东会利用其控制权制订管理层补偿计划，譬如增加管理层基本薪酬、给予非货币性补偿等，进而诱导管理层与其合作来牟取私利，甚至有损其他利益相关者的权益，该行为动机将严重影响管理层激励的治理效应。Burkart等（2003）以家族公司为例，通过博弈模型分析了大股东与管理层合谋瓜分私下收益的问题。潘泽清和张维（2004）通过大股东与管理层合谋与非合谋时的策略差异以及合谋对投资回报和中小股东利益影响的博弈分析模型指出，大股东与管理层合谋不仅有损中小股东的利益，而且严重影响公司经营业绩。最后，管理层激励对业绩的敏感性将随控股股东侵占行为对公司价值的损害而降低，公司价值因不能很好反映管理层的努力程度，进而降低了管理层激励的效应。

我国上市公司普遍由大股东控制，股权相对集中，控股股东侵占中小股东利益，管理层损害投资者利益的双重代理问题广泛存在，掌握控制权的控股股东与中小股东之间的利益矛盾越突出、控股股东的控制权与现金流权分离程度越高，对管理层激励效应的负面影响也就更加严重，即控股股东两权分离的存在会影响管理层激励对现金持有水平和现金持有价值的正面效应。

基于以上分析，本章提出以下假设：

H1：控股股东两权分离度会弱化管理层激励对现金持有水平的优化效应

H2：控股股东两权分离度会弱化管理层激励对现金持有价值的增幅效应

## 6.3　研究设计

### 6.3.1　样本选择与数据来源

本章以2007—2019年全部A股上市公司为研究对象，按已有研究惯例对样本按以下标准进行筛选：①剔除金融、保险类样本公司；②剔除ST、PT的样本；③剔除资产负债率大于1或小于0的样本；④剔除第一大股东持股比例小于5%的样本公司，即不存在大股东的上市公司①；⑤剔除数据缺失的样本；⑥在1%和99%分位点对变量进行Winsorize处理，以避免极端值的影响，并运用Cluster技术在公司层面进行聚类，得到调整后的稳健标准误。所有财务数据均来自国泰安数据库（CSMAR），数据处理软件为Stata16.0。

### 6.3.2　模型设定与变量定义

（1）公司现金持有水平的模型构建与变量定义

为验证在控股股东两权分离下，管理层激励对公司现金持有水平的影响，借鉴Opler等（1999）和杨兴全等（2018）的研究设计，本章构建模型（6-1）来验证三者之间的关系：

---

① 《上市公司大股东、董监高减持股份的若干规定》（证监会公告〔2016〕1号）中也有相同的论述："上市公司控股股东和持股5%以上股东（以下并称大股东）"。另外，《上市公司收购管理办法》第13条规定："通过证券交易所的证券交易，投资者及其一致行动人拥有权益的股份达到一个上市公司已发行股份的5%时，应当在该事实发生之日起3日内编制权益变动报告书，向中国证监会、证券交易所提交书面报告，通知该上市公司，并予公告。"《中华人民共和国证券法》第74条规定："证券交易内幕信息的知情人包括：持有公司百分之五以上股份的股东及其董事、监事、高级管理人员，公司的实际控制人及其董事、监事、高级管理人员。"上述法律法规以持股比例5%作为临界点进行了细分，也可以表明持股比例超过5%的股东会对企业的经营管理产生重要的影响，因此只有存在大股东的公司才会产生控股股东，且控股股东的影响更大。

$$Cash_{i,t} = \beta_0 + \beta_1 Sep_{i,t} \times Incentive_{i,t} + \beta_2 Sep_{i,t} + \beta_3 Incentive_{i,t} + \beta_4 Nwc_{i,t} +$$
$$\beta_5 Lev_{i,t} + \beta_6 Size_{i,t} + \beta_7 Age_{i,t} + \beta_8 Cf_{i,t} + \beta_9 Grow_{i,t} + \beta_{10} Capex_{i,t} +$$
$$\beta_{11} Roa_{i,t} + \beta_{12} Board_{i,t} + \beta_{13} Dir_{i,t} + \beta_{14} Dual_{i,t} + \sum Year + \sum Industry + \varepsilon_{i,t}$$

$$(6-1)$$

被解释变量：现金持有水平（$Cash$），参考已有研究（杨兴全等，2016；杨兴全和尹兴强，2018），用（货币资金+交易性金融资产）/总资产衡量。

解释变量：控股股东两权分离度（$Sep$），参考已有研究（杨兴全等，2012），用控制权与现金流权的比值衡量。

中介变量：管理层激励（$Incentive$），主要包含管理层货币薪酬激励（$Pay$，薪酬最高的前三名高管的薪酬总额与总资产的比值）和管理层股权激励（$Equity$，高管持股比例与收盘价的乘积的自然对数）两个变量（杨兴全等，2012）。

控制变量：参考已有研究，本章控制了资产负债率（$Lev$）、公司规模（$Size$）、净营运资本（$Nwc$）、资本支出（$Capex$）、资产收益率（$Roa$）、成长性（$Grow$）、经营现金流量（$Cf$）、董事会规模（$Board$）、独董比率（$Dir$）、两职合一（$Dual$）等可能影响现金持有水平的因素，同时还控制了公司所在行业和年份等宏观经济因素。

主要变量定义如表6-1所示。

表6-1　　　　　　　　　　　　变量定义及说明

| 变量名称 | | 变量符号 | 变量定义 |
|---|---|---|---|
| 现金持有水平 | | $Cash$ | （货币资金+交易性金融资产）/总资产 |
| 现金持有价值 | | $Mv$ | （流通股股数×收盘价+非流通股股数×每股净资产+负债市值）/总资产 |
| 管理层激励 | 货币薪酬激励 | $Pay$ | 薪酬最高的前三名高管的薪酬总额与总资产的比值 |
| | 股权激励 | $Equity$ | 高管持股比例与收盘价的乘积的自然对数 |
| 控股股东两权分离 | | $Sep$ | 控制权与现金流权的比值 |

| 变量名称 | | 变量符号 | 变量定义 |
|---|---|---|---|
| 控制变量 | 公司规模 | Size | 总资产的自然对数 |
| | 经营活动现金流 | Cf | 经营活动现金流量净额/总资产 |
| | 资产负债率 | Lev | 负债总额/总资产 |
| | 资产收益率 | Roa | 营业利润/总资产 |
| | 成长性 | Grow | (营业收入-上期营业收入)/上期营业收入 |
| | 净营运资本 | Nwc | (流动资产-现金-流动负债)/总资产 |
| 资本 | 资本支出 | Capex | 构建固定资产、无形资产以及其他非流动资产所支付的现金净额/总资产 |
| | 董事会规模 | Board | 董事会人数的对数 |
| | 独董比率 | Dir | 独立董事人数/董事会人数 |
| | 两职合一 | Dual | 董事长与总经理为同一人时取值为1，否则为0 |
| | 非现金资产 | Na | (总资产-货币资金)/总资产 |
| | 利息费用 | Int | 财务费用/总资产 |
| | 现金股利 | Div | 经营活动现金流量净额/总资产 |

（2）公司现金持有价值的模型构建与变量定义

为验证在控股股东两权分离下，管理层激励对公司现金持有价值的影响，参考 Pinkowitz 等（2006），杨兴全等（2016）的研究设计，以 Fama 和 French（1998）的经典现金持有价值模型为基础，构建模型（6-2）来检验在控股股东两权分离下，管理层激励如何对公司现金持有价值产生影响：

$$
\begin{aligned}
Mv_{i,t} = {} & \beta_i + \eta_t + \beta_0 Cash_{i,t} + \beta_1 Sep_{i,t} \times Incentive_{i,t} \times Cash_{i,t} + \beta_2 Sep_{i,t} \times Incentive_{i,t} + \\
& \beta_3 Sep_{i,t} \times Cash_{i,t} + \beta_4 Incentive_{i,t} \times Cash_{i,t} + \beta_5 Sep_{i,t} + \beta_6 Incentive_{i,t} + \beta_7 Cf_{i,t} + \\
& \beta_8 \Delta Cf_{i,t} + \beta_9 \Delta Cf_{i,t+1} + \beta_{10} \Delta Na_{i,t} + \beta_{11} \Delta Na_{i,t+1} + \beta_{12} Int_{i,t} + \beta_{13} \Delta Int_{i,t} + \\
& \beta_{14} \Delta Int_{i,t+1} + \beta_{15} D_{i,t} + \beta_{16} \Delta D_{i,t} + \beta_{17} \Delta D_{i,t+1} + \beta_{18} Capex_{i,t} + \beta_{19} \Delta Capex_{i,t} + \\
& \beta_{20} \Delta Capex_{i,t+1} + \beta_{21} \Delta Mv_{i,t} + \varepsilon_{i,t}
\end{aligned}
$$

（6-2）

被解释变量：现金持有价值（$Mv$），以流通股市值、非流通股市值（非流通股股数与每股净资产的乘积）以及负债市值（账面价值）之和与总资产之比表示。

控制变量：为更准确地估计在控股股东控制下，管理层激励如何对公司现金持有价值产生影响，模型中控制了经营活动现金流（$Cf$）、非现金资产（$Na$）、利息费用（$Int$）、现金股利（$Div$）、资本支出（$Capex$）等影响公司投资、融资以及获利能力的变量。

具体变量定义如表6-1所示。

### 6.3.3 描述性统计分析

表6-2为主要变量的描述性统计分析结果，从表中可以看出，现金持有水平（$Cash$）均值为0.183，与现有研究基本一致，其最大值（最小值）为0.634（0.015），且标准差为0.129，说明各公司的现金持有水平存在一定差异；现金持有价值（$Mv$）均值为0.617，最大值（最小值）为6.546（0.001），且标准差为0.248，说明各公司的现金持有价值存在一定差异；管理层激励指标中，管理层货币薪酬激励（$Pay$）的均值为0.696，最大值（最小值）为3.949（0.012），且标准差为0.716，管理层股权激励（$Equity$）的均值为11.18，最大值（最小值）为24.59（0.000），且标准差为8.607，说明各公司的管理层货币薪酬激励及股权激励之间均存在较大差异；控股股东控制指标中，控股股东两权分离（$Sep$）的均值为4.679，最大值（最小值）为28.80（0.000），且标准差为7.590，说明各公司的控股股东控制程度不同，两权分离程度存在较大差异性；其余控制变量与现有研究基本一致，此处不再赘述。

表6-2 描述性统计分析结果

| Panel A 现金持有水平的描述性统计分析结果 | | | | | | |
|---|---|---|---|---|---|---|
| variable | N | mean | sd | p50 | min | max |
| Cash | 20 300 | 0.183 | 0.129 | 0.148 | 0.015 | 0.634 |
| Sep | 20 300 | 4.679 | 7.590 | 0.000 | 0.000 | 28.80 |
| Pay | 20 300 | 0.696 | 0.716 | 0.474 | 0.012 | 3.949 |
| Equity | 20 300 | 11.18 | 8.607 | 13.84 | 0.000 | 24.59 |

续表

### Panel A 现金持有水平的描述性统计分析结果

| variable | N | mean | sd | p50 | min | max |
|---|---|---|---|---|---|---|
| Size | 20 300 | 22.14 | 1.296 | 21.95 | 19.74 | 26.11 |
| Cf | 20 300 | 0.047 | 0.071 | 0.045 | −0.164 | 0.248 |
| Roa | 20 300 | 0.045 | 0.060 | 0.041 | −0.182 | 0.226 |
| Grow | 20 300 | 0.192 | 0.421 | 0.121 | −0.518 | 2.729 |
| Nwc | 20 300 | 0.026 | 0.209 | 0.0310 | −0.533 | 0.521 |
| Lev | 20 300 | 0.439 | 0.209 | 0.436 | 0.051 | 0.908 |
| Board | 20 300 | 2.264 | 0.178 | 2.303 | 1.792 | 2.773 |
| Dir | 20 300 | 0.372 | 0.053 | 0.333 | 0.308 | 0.571 |
| Capex | 20 300 | 0.053 | 0.049 | 0.039 | 0.000 | 0.236 |
| Dual | 20 300 | 0.246 | 0.431 | 0.000 | 0.000 | 1.000 |

### Panel B 现金持有价值的描述性统计分析结果

| variable | N | mean | sd | p50 | min | max |
|---|---|---|---|---|---|---|
| Mv | 20 300 | 0.617 | 0.248 | 0.618 | 0.001 | 6.546 |
| Cash | 20 300 | 0.183 | 0.129 | 0.148 | 0.015 | 0.634 |
| Sep | 20 300 | 4.679 | 7.590 | 0.000 | 0.000 | 28.80 |
| Pay | 20 300 | 0.696 | 0.716 | 0.474 | 0.012 | 3.949 |
| Equity | 20 300 | 11.18 | 8.607 | 13.84 | 0.000 | 24.59 |
| $Cf_t$ | 20 300 | 0.047 | 0.071 | 0.045 | −0.164 | 0.248 |
| $\Delta Cf_t$ | 20 300 | 0.001 | 0.123 | 0.000 | −4.007 | 10.24 |
| $\Delta Cf_{t+1}$ | 20 300 | 0.002 | 0.098 | 0.001 | −4.007 | 4.246 |
| $\Delta Na_t$ | 20 300 | 0.017 | 0.091 | 0.010 | −0.935 | 0.872 |
| $\Delta Na_{t+1}$ | 20 300 | 0.010 | 0.083 | 0.006 | −0.935 | 0.751 |
| $Int_t$ | 20 300 | 0.007 | 0.017 | 0.006 | −0.064 | 1.638 |
| $\Delta Int_t$ | 20 300 | 0.000 | 0.011 | 0.000 | −0.280 | 0.803 |
| $\Delta Int_{t+1}$ | 20 300 | 0.000 | 0.012 | 0.000 | −0.891 | 0.471 |

续表

Panel B 现金持有价值的描述性统计分析结果

| variable | N | mean | sd | p50 | min | max |
|---|---|---|---|---|---|---|
| $Div_t$ | 20 300 | 0.112 | 0.242 | 0.052 | 0.000 | 14.54 |
| $\Delta Div_t$ | 20 300 | −0.003 | 0.141 | 0.000 | −2.060 | 7.400 |
| $\Delta Div_{t+1}$ | 20 300 | 0.001 | 0.134 | 0.000 | −5.000 | 4.212 |
| $Capex_t$ | 20 300 | 0.053 | 0.049 | 0.039 | 0.000 | 0.236 |
| $\Delta Capex_t$ | 20 300 | −0.002 | 0.046 | −0.001 | −0.443 | 0.609 |
| $\Delta Capex_{t+1}$ | 20 300 | −0.004 | 0.042 | −0.002 | −0.442 | 0.609 |
| $\Delta Mv_{t+1}$ | 20 300 | 0.023 | 0.189 | 0.034 | −6.081 | 5.775 |

## 6.4 实证结果与分析

表6-3为控股股东两权分离、管理层激励与现金持有水平的多元回归分析结果。其中，列（1）和列（2）为管理层激励对公司现金持有水平的影响，从中可以看出，管理层激励中不管是货币薪酬激励（$Pay$）还是股权激励（$Equity$）均可以提高现金持有水平（列（1）中$Pay$的系数在1%水平上显著为正，列（2）中$Equity$的系数在1%水平上显著为正），与第3章的研究结论一致，且前文研究发现该现金持有水平的提升是管理层激励优化的结果。列（3）为控股股东两权分离对公司现金持有水平的影响，从中可以看出，控股股东两权分离程度（$Sep$）越高现金持有水平越低（列（3）中$Sep$的系数在1%水平上显著为负），即控股股东关联交易、转移利润、侵占资产等利益攫取行为的存在会恶化公司第二类代理问题，降低现金持有水平。列（4）和列（5）为控股股东两权分离程度对管理层激励与现金持有水平两者关系的影响，从中可以看出，控股股东两权分离程度会抑制管理层激励与现金持有水平之间的正相关关系（列（4）中$Sep\times Pay$的系数和列（5）中$Sep\times Equity$的系数分别在1%和10%水平上显著为负），即假设H1成立，控股股东两权分离度会弱化管理层激励对现金持有水平的优化效应。

表6-3 控股股东两权分离、管理层激励与公司现金持有水平多元回归分析结果

| | （1） | （2） | （3） | （4） | （5） |
|---|---|---|---|---|---|
| | Cash | Cash | Cash | Cash | Cash |
| Pay | 0.025*** | | | 0.027*** | |
| | (13.44) | | | (12.16) | |
| Equity | | 0.001*** | | | 0.001*** |
| | | (7.95) | | | (8.41) |
| Sep | | | −0.000*** | 0.001** | 0.000 |
| | | | (−3.41) | (2.22) | (1.14) |
| Sep×Pay | | | | −0.000* | |
| | | | | (−1.65) | |
| Sep×Equity | | | | | −0.000*** |
| | | | | | (−3.37) |
| Size | −0.012*** | −0.020*** | −0.020*** | −0.005*** | −0.020*** |
| | (−12.75) | (−27.95) | (−27.78) | (−3.03) | (−27.70) |
| Cf | 0.132*** | 0.145*** | 0.144*** | 0.126*** | 0.146*** |
| | (9.67) | (10.93) | (10.86) | (11.08) | (11.01) |
| Roa | 0.528*** | 0.549*** | 0.563*** | 0.364*** | 0.551*** |
| | (28.64) | (33.34) | (34.20) | (23.01) | (33.39) |
| Grow | −0.012*** | −0.013*** | −0.013*** | −0.011*** | −0.013*** |
| | (−5.85) | (−6.70) | (−6.57) | (−6.63) | (−6.75) |
| Nwc | −0.067*** | −0.070*** | −0.065*** | −0.143*** | −0.070*** |
| | (−11.00) | (−14.16) | (−13.40) | (−23.39) | (−14.28) |
| Lev | −0.010* | −0.009*** | −0.009*** | −0.007*** | −0.009*** |
| | (−1.74) | (−9.01) | (−9.03) | (−8.09) | (−8.98) |
| Board | 0.008 | 0.013** | 0.012** | 0.014* | 0.013** |
| | (1.57) | (2.27) | (2.10) | (1.70) | (2.25) |

续表

| | （1） | （2） | （3） | （4） | （5） |
|---|---|---|---|---|---|
| *Dir* | 0.035** | 0.054*** | 0.048*** | 0.009 | 0.051*** |
| | （2.06） | （3.09） | （2.71） | （0.43） | （2.92） |
| *Capex* | −0.335*** | −0.341*** | −0.326*** | −0.121*** | −0.343*** |
| | （−19.66） | （−19.22） | （−18.50） | （−6.91） | （−19.36） |
| *Dual* | 0.014*** | 0.011*** | 0.014*** | 0.014*** | 0.011*** |
| | （6.77） | （5.62） | （7.13） | （5.93） | （5.41） |
| _cons | 0.361*** | 0.537*** | 0.545*** | 0.232*** | 0.534*** |
| | （15.65） | （25.87） | （26.25） | （5.27） | （25.71） |
| *Ind/Year* | Yes | Yes | Yes | Yes | Yes |
| *N* | 20 300 | 20 300 | 20 300 | 20 300 | 20 300 |
| $R^2$ | 0.239 | 0.230 | 0.229 | 0.155 | 0.231 |

注：***、**、*分别表示在 0.01、0.05、0.1 水平上显著；（ ）中为 t 值。

表 6-4 为控股股东两权分离、管理层激励与现金持有价值的多元回归分析结果。其中，列（1）和列（2）为管理层激励对公司现金持有价值的影响，从中可以看出，管理层激励中不管是货币薪酬激励（*Pay*）还是股权激励（*Equity*）均可以提高现金持有价值（列（1）中 *Cash×Pay* 的系数在 1% 水平上显著为正，列（2）中 *Cash×Equity* 的系数在 1% 水平上显著为正），与第 3 章研究结论一致，即管理层激励（货币薪酬激励和股权激励）有助于现金持有价值的提升。列（3）为控股股东两权分离对公司现金持有价值的影响，从中可以看出，控股股东两权分离程度越大现金持有价值越低（列（3）中 *Cash×Sep* 的系数在 10% 水平上显著为负），即控股股东关联交易、转移利润、侵占资产等利益攫取行为的存在会恶化公司第二类代理问题，降低现金持有价值。列（4）和列（5）为控股股东两权分离程度对管理层激励与现金持有价值两者关系的影响，从表中可以看出，控股股东两权分离程度会抑制管理层激励对现金持有价值的提升效应（列（4）中 *Sep×Cash×Equity* 的系数和列

（5）中 *Sep×Cash×Pay* 的系数分别在5%水平和1%水平上显著为负），即假设H2成立，控股股东两权分离度会弱化管理层激励对现金持有价值的增长效应。

表6-4　　控股股东两权分离、管理层激励与公司现金持有价值多元回归分析结果

| | （1） | （2） | （3） | （4） | （5） |
|---|---|---|---|---|---|
| | *Mv* | *Mv* | *Mv* | *Mv* | *Mv* |
| *Cash×Pay* | 0.309*** | | | | 0.327*** |
| | （16.78） | | | | （17.32） |
| *Cash×Equity* | | 0.005*** | | 0.006** | |
| | | （4.38） | | （2.85） | |
| *Cash×Sep* | | | −0.003* | 0.001 | 0.006** |
| | | | （−1.97） | （1.08） | （2.54） |
| *Sep×Cash×Equity* | | | | −0.000** | |
| | | | | （−2.88） | |
| *Sep×Cash×Pay* | | | | | −0.008*** |
| | | | | | （−2.97） |
| *Equity* | | −0.002*** | | −0.002*** | |
| | | （−7.97） | | （−7.18） | |
| *Pay* | −0.180*** | | | | −0.174*** |
| | （−39.95） | | | | （−37.54） |
| *Sep* | | | 0.001*** | 0.001* | 0.001 |
| | | | （4.64） | （1.87） | （1.29） |
| *Sep×Equity* | | | | 0.000 | |
| | | | | （0.70） | |
| *Sep×Pay* | | | | | −0.001* |
| | | | | | （−1.78） |

续表

|  | （1） | （2） | （3） | （4） | （5） |
|---|---|---|---|---|---|
|  | $Mv$ | $Mv$ | $Mv$ | $Mv$ | $Mv$ |
| $Cash$ | $-0.291^{***}$ | $-0.268^{***}$ | $-0.198^{***}$ | $-0.274^{***}$ | $-0.303^{***}$ |
|  | （-13.27） | （-9.54） | （-4.48） | （-9.81） | （-13.76） |
| $Cf_t$ | $-0.158^{***}$ | $-0.180^{***}$ | $-0.183^{**}$ | $-0.183^{**}$ | $-0.159^{***}$ |
|  | （-4.49） | （-4.22） | （-3.09） | （-3.08） | （-4.56） |
| $\Delta Cf_t$ | 0.062 | $0.075^{*}$ | 0.074 | 0.075 | 0.060 |
|  | （1.55） | （1.66） | （1.22） | （1.21） | （1.53） |
| $\Delta Cf_{t+1}$ | 0.018 | 0.041 | 0.039 | 0.040 | 0.018 |
|  | （0.68） | （1.21） | （1.19） | （1.20） | （0.68） |
| $\Delta Na_t$ | $0.067^{***}$ | -0.034 | -0.040 | -0.035 | $0.070^{***}$ |
|  | （3.37） | （-1.33） | （-0.65） | （-0.60） | （3.61） |
| $\Delta Na_{t+1}$ | $0.132^{***}$ | $0.187^{***}$ | $0.186^{***}$ | $0.187^{***}$ | $0.131^{***}$ |
|  | （6.69） | （7.95） | （4.28） | （4.30） | （6.65） |
| $Int_t$ | $1.383^{***}$ | $1.729^{***}$ | $1.780^{**}$ | $1.716^{**}$ | $1.479^{***}$ |
|  | （6.19） | （4.46） | （2.43） | （2.40） | （7.88） |
| $\Delta Int_t$ | $-1.035^{***}$ | $-0.993^{**}$ | -1.063 | -0.987 | $-1.050^{***}$ |
|  | （-4.12） | （-2.53） | （-1.71） | （-1.65） | （-4.23） |
| $\Delta Int_{t+1}$ | $0.788^{***}$ | $1.515^{***}$ | $1.513^{***}$ | $1.507^{***}$ | $0.756^{***}$ |
|  | （3.32） | （3.90） | （4.05） | （4.17） | （3.34） |
| $Div_t$ | 0.004 | $0.032^{**}$ | 0.027 | 0.031 | 0.006 |
|  | （0.48） | （2.41） | （1.41） | （1.59） | （0.67） |
| $\Delta Div_t$ | $-0.034^{***}$ | $-0.044^{***}$ | $-0.040^{*}$ | $-0.044^{**}$ | $-0.036^{***}$ |
|  | （-3.00） | （-3.59） | （-1.97） | （-2.26） | （-3.15） |
| $\Delta Div_{t+1}$ | -0.013 | -0.004 | -0.004 | -0.004 | -0.013 |
|  | （-1.22） | （-0.33） | （-0.25） | （-0.29） | （-1.26） |

续表

|  | (1) | (2) | (3) | (4) | (5) |
|---|---|---|---|---|---|
|  | *Mv* | *Mv* | *Mv* | *Mv* | *Mv* |
| *Capex$_t$* | 0.076** | 0.079** | 0.048 | 0.078 | 0.070** |
|  | (2.25) | (2.06) | (0.81) | (1.35) | (2.10) |
| Δ*Capex$_t$* | −0.148*** | −0.178*** | −0.164** | −0.177** | −0.149*** |
|  | (−4.89) | (−5.13) | (−2.62) | (−2.84) | (−4.92) |
| Δ*Capex$_{t+1}$* | −0.108*** | −0.123*** | −0.130* | −0.124* | −0.112*** |
|  | (−3.03) | (−3.06) | (−2.15) | (−1.98) | (−3.16) |
| Δ*Mv$_{t+1}$* | 0.386*** | 0.453*** | 0.453*** | 0.454*** | 0.386*** |
|  | (8.06) | (8.21) | (5.79) | (5.81) | (8.06) |
| _cons | 0.669*** | 0.577*** | 0.555*** | 0.574*** | 0.663*** |
|  | (36.54) | (27.17) | (21.12) | (23.68) | (36.63) |
| *Ind/Year* | Yes | Yes | Yes | Yes | Yes |
| *N* | 20 300 | 20 300 | 20 300 | 20 300 | 20 300 |
| *R²* | 0.517 | 0.402 | 0.400 | 0.402 | 0.519 |

注：***、**、*分别表示在0.01、0.05、0.1水平上显著；（）中为t值。

## 6.5 稳健性检验

### 6.5.1 控制行业年度趋势

各年度实施的宏观经济政策以及钢铁等行业的周期性变动都会对公司的现金持有行为造成差异化影响，控股股东也因此会改变其经营决策，进而影响其利益侵占行为。因此，为避免宏观经济政策及行业特征对回归结果的影响，借鉴潘越等（2020）的方法，本章在模型（6-1）和模型（6-2）中加入年度与行业的交乘项，回归结果如表6-5和表6-6所示。

表6-5为控制年度、行业趋势后对现金持有水平的影响效果，其中，列（1）和列（2）为控制年度、行业趋势后管理层激励对现金持有水平的影响，其结果表明货币薪酬激励和股权激励可以显著提升现金持有水平（列（1）和列（2）中 *Pay* 和 *Equity* 的系数均在1%水平上显著为正）；列（3）至列（5）为在控股股东控制下管理层激励对现金持有水平的影响，从表中可以看出，即使控制产业政策、货币政策等因素后控股股东两权分离也会抑制管理层激励对现金持有的优化效应（列（3）至列（5）中 *Sep*、*Sep×Pay*、*Sep×Equity* 的系数均显著为负），与前文结论一致。

表6-5 控制年度行业趋势：现金持有水平

| | （1） | （2） | （3） | （4） | （5） |
|---|---|---|---|---|---|
| | 管理层激励 | | 控股股东两权分离 | | |
| | *Cash* | *Cash* | *Cash* | *Cash* | *Cash* |
| *Pay* | 0.026*** | | | 0.026*** | |
| | （13.48） | | | （11.49） | |
| *Equity* | | 0.001*** | | | 0.001*** |
| | | （8.39） | | | （9.04） |
| *Sep* | | | −0.000*** | 0.000* | 0.000 |
| | | | （−3.80） | （1.81） | （0.92） |
| *Sep×Pay* | | | | −0.001** | |
| | | | | （−2.35） | |
| *Sep×Equity* | | | | | −0.000*** |
| | | | | | （−3.71） |
| *Size* | −0.013*** | −0.022*** | −0.022*** | −0.006*** | −0.022*** |
| | （−12.99） | （−24.90） | （−28.80） | （−3.21） | （−28.76） |
| *Cf* | 0.128*** | 0.143*** | 0.142*** | 0.123*** | 0.144*** |
| | （8.92） | （9.92） | （10.30） | （10.42） | （10.46） |

续表

| | （1） | （2） | （3） | （4） | （5） |
|---|---|---|---|---|---|
| Roa | 0.543*** | 0.566*** | 0.581*** | 0.376*** | 0.567*** |
| | (28.46) | (29.74) | (34.16) | (23.01) | (33.28) |
| Grow | −0.012*** | −0.014*** | −0.013*** | −0.012*** | −0.014*** |
| | (−5.62) | (−6.09) | (−6.51) | (−7.28) | (−6.68) |
| Nwc | −0.074*** | −0.077*** | −0.072*** | −0.157*** | −0.078*** |
| | (−11.74) | (−12.26) | (−14.41) | (−25.07) | (−15.38) |
| Lev | −0.010* | −0.009* | −0.009*** | −0.007*** | −0.009*** |
| | (−1.81) | (−1.71) | (−8.76) | (−7.97) | (−8.70) |
| Board | 0.007 | 0.012** | 0.011* | 0.014 | 0.012** |
| | (1.30) | (2.12) | (1.87) | (1.64) | (2.03) |
| Dir | 0.033* | 0.053*** | 0.046** | 0.002 | 0.050*** |
| | (1.90) | (3.04) | (2.54) | (0.08) | (2.77) |
| Capex | −0.363*** | −0.369*** | −0.353*** | −0.154*** | −0.372*** |
| | (−20.50) | (−20.73) | (−19.42) | (−8.52) | (−20.37) |
| Dual | 0.014*** | 0.011*** | 0.014*** | 0.013*** | 0.011*** |
| | (6.76) | (5.21) | (7.20) | (5.43) | (5.34) |
| _cons | 0.405*** | 0.591*** | 0.599*** | 0.237*** | 0.589*** |
| | (8.11) | (11.84) | (17.29) | (4.99) | (17.03) |
| Year_Ind | Yes | Yes | Yes | Yes | Yes |
| N | 20 300 | 20 300 | 20 300 | 20 300 | 20 300 |
| $R^2$ | 0.252 | 0.244 | 0.242 | 0.197 | 0.245 |

注：***、**、*分别表示在 0.01、0.05、0.1 水平上显著；( ) 中为 t 值。

表 6-6 为控制年度、行业趋势后管理层激励对现金持有价值的影响效果，其中，列（1）和列（2）为控制年度、行业趋势后管理层激励对现金持有价值的影响效果，其结果表明货币薪酬激励和股权激励依旧可

以显著提升现金持有价值（列（1）和列（2）中 *Cash×Pay* 和 *Cash×Equity* 的系数均在1%水平上显著为正）；而在控股股东控制下，即使控制产业政策、货币政策等因素后，控股股东两权分离也会抑制管理层激励对现金持有价值的增幅效应（列（3）至列（5）中 *Cash×Sep*、*Sep×Cash×Equity*、*Sep×Cash×Pay* 的系数均显著为负），与前文结论一致。

表6-6　　　　　　　控制年度行业趋势：现金持有价值

| | （1） | （2） | （3） | （4） | （5） |
|---|---|---|---|---|---|
| | 管理层激励 | | 控股股东两权分离 | | |
| | $Mv$ | $Mv$ | $Mv$ | $Mv$ | $Mv$ |
| $Cash×Pay$ | 0.295*** | | | | 0.313*** |
| | (16.10) | | | | (16.73) |
| $Cash×Equity$ | | 0.005*** | | 0.006** | |
| | | (4.00) | | (2.70) | |
| $Cash×Sep$ | | | −0.003* | 0.001 | 0.007*** |
| | | | (−1.98) | (0.60) | (2.63) |
| $Sep×Cash×Equity$ | | | | −0.000** | |
| | | | | (−2.57) | |
| $Sep×Cash×Pay$ | | | | | −0.009*** |
| | | | | | (−3.14) |
| $Sep×Equity$ | | | | 0.000 | |
| | | | | (0.32) | |
| $Sep×Pay$ | | | | | −0.001* |
| | | | | | (−1.85) |
| $Equity$ | | −0.002*** | | −0.002*** | |
| | | (−6.90) | | (−5.75) | |

续表

| | （1） | （2） | （3） | （4） | （5） |
|---|---|---|---|---|---|
| Sep | | | 0.001*** | 0.001* | 0.000 |
| | | | （4.09） | （1.90） | （1.19） |
| Cash | −0.299*** | −0.284*** | −0.219*** | −0.288*** | −0.311*** |
| | （−13.82） | （−10.29） | （−5.18） | （−10.18） | （−14.26） |
| Pay | −0.176*** | | | | −0.171*** |
| | （−39.05） | | | | （−36.82） |
| $Cf_t$ | −0.150*** | −0.170*** | −0.172** | −0.172** | −0.150*** |
| | （−4.47） | （−4.16） | （−3.01） | （−3.00） | （−4.52） |
| $\Delta Cf_t$ | 0.060 | 0.070* | 0.069 | 0.070 | 0.057 |
| | （1.60） | （1.68） | （1.20） | （1.20） | （1.57） |
| $\Delta Cf_{t+1}$ | 0.016 | 0.039 | 0.037 | 0.038 | 0.016 |
| | （0.64） | （1.22） | （1.16） | （1.17） | （0.64） |
| $\Delta Na_t$ | 0.060*** | −0.044* | −0.050 | −0.046 | 0.063*** |
| | （3.05） | （−1.75） | （−0.83） | （−0.80） | （3.27） |
| $\Delta Na_{t+1}$ | 0.135*** | 0.187*** | 0.186*** | 0.187*** | 0.134*** |
| | （7.05） | （8.17） | （4.27） | （4.29） | （6.99） |
| $Int_t$ | 1.263*** | 1.608*** | 1.647* | 1.596* | 1.362*** |
| | （5.84） | （4.25） | （2.22） | （2.20） | （7.44） |
| $\Delta Int_t$ | −0.893*** | −0.863** | −0.916 | −0.858 | −0.910*** |
| | （−3.79） | （−2.31） | （−1.57） | （−1.52） | （−3.89） |
| $\Delta Int_{t+1}$ | 0.785*** | 1.498*** | 1.499*** | 1.491*** | 0.752*** |
| | （3.37） | （3.95） | （3.94） | （4.03） | （3.39） |

| | （1） | （2） | （3） | （4） | （5） |
|---|---|---|---|---|---|
| $Div_t$ | 0.005 | 0.033** | 0.029 | 0.033 | 0.007 |
| | （0.58） | （2.54） | （1.46） | （1.60） | （0.78） |
| $\Delta Div_t$ | −0.036*** | −0.047*** | −0.044* | −0.047** | −0.038*** |
| | （−3.23） | （−3.92） | （−2.17） | （−2.43） | （−3.40） |
| $\Delta Div_{t+1}$ | −0.016 | −0.007 | −0.007 | −0.007 | −0.017 |
| | （−1.59） | （−0.61） | （−0.51） | （−0.54） | （−1.63） |
| $Capex_t$ | 0.077** | 0.070* | 0.042 | 0.068 | 0.072** |
| | （2.30） | （1.83） | （0.70） | （1.16） | （2.15） |
| $\Delta Capex_t$ | −0.139*** | −0.163*** | −0.151** | −0.162** | −0.140*** |
| | （−4.62） | （−4.75） | （−2.47） | （−2.68） | （−4.65） |
| $\Delta Capex_{t+1}$ | −0.095*** | −0.111*** | −0.117* | −0.112* | −0.099*** |
| | （−2.67） | （−2.77） | （−2.17） | （−1.99） | （−2.79） |
| $\Delta Mv_t$ | 0.387*** | 0.456*** | 0.456*** | 0.456*** | 0.387*** |
| | （7.70） | （7.83） | （5.45） | （5.47） | （7.70） |
| _cons | 0.660*** | 0.600*** | 0.581*** | 0.597*** | 0.655*** |
| | （22.02） | （17.71） | （30.08） | （34.84） | （21.93） |
| Year/Ind | Yes | Yes | Yes | Yes | Yes |
| N | 20 300 | 20 300 | 20 300 | 20 300 | 20 300 |
| $R^2$ | 0.531 | 0.419 | 0.417 | 0.419 | 0.533 |

注：***、**、*分别表示在 0.01、0.05、0.1 水平上显著；（ ）中为 t 值。

### 6.5.2　替换因变量

为防止变量选取偏差对结论的影响，本章将现金持有水平衡量方式替换为：（货币资金+交易性金融资产）/（总资产−现金及现金等价物期余额），研究结果如表6-7和表6-8所示。表6-7为现金持有水平的影响结果，表6-8为现金持有价值的检验结果，从表中可以看出，研究结论与前文一致。

表6-7　　　　　　　　　　替换因变量：现金持有水平

| | （1） | （2） | （3） | （4） | （5） |
|---|---|---|---|---|---|
| | 管理层激励 | | 控股股东两权分离 | | |
| | *Cash* | *Cash* | *Cash* | *Cash* | *Cash* |
| *Pay* | 0.053*** | | | 0.060*** | |
| | （12.80） | | | （12.78） | |
| *Equity* | | 0.002*** | | | 0.002*** |
| | | （7.51） | | | （8.15） |
| *Sep* | | | −0.001*** | 0.001** | 0.000 |
| | | | （−4.37） | （2.17） | （0.71） |
| *Sep×Pay* | | | | −0.001** | |
| | | | | （−2.12） | |
| *Sep×Equity* | | | | | −0.000*** |
| | | | | | （−3.80） |
| *Size* | −0.023*** | −0.042*** | −0.042*** | −0.014*** | −0.042*** |
| | （−12.20） | （−24.95） | （−24.83） | （−3.66） | （−27.44） |
| *Cf* | 0.279*** | 0.308*** | 0.307*** | 0.239*** | 0.311*** |
| | （9.99） | （11.02） | （10.98） | （9.80） | （11.27） |
| *Roa* | 1.015*** | 1.064*** | 1.093*** | 0.691*** | 1.069*** |
| | （26.39） | （27.58） | （28.22） | （20.46） | （31.16） |
| *Grow* | −0.026*** | −0.028*** | −0.028*** | −0.025*** | −0.029*** |
| | （−6.10） | （−6.62） | （−6.55） | （−7.17） | （−7.01） |
| *Nwc* | −0.149*** | −0.152*** | −0.145*** | −0.312*** | −0.154*** |
| | （−12.08） | （−12.55） | （−11.83） | （−23.96） | （−15.08） |

续表

| | （1） | （2） | （3） | （4） | （5） |
|---|---|---|---|---|---|
| Lev | −0.019* | −0.017 | −0.017 | −0.014*** | −0.017*** |
| | （−1.67） | （−1.58） | （−1.57） | （−7.70） | （−8.41） |
| Board | 0.007 | 0.016 | 0.014 | 0.024 | 0.015 |
| | （0.61） | （1.46） | （1.28） | （1.38） | （1.32） |
| Dir | 0.067* | 0.108*** | 0.092*** | −0.000 | 0.099*** |
| | （1.88） | （3.03） | （2.59） | （−0.00） | （2.71） |
| Capex | −0.708*** | −0.717*** | −0.689*** | −0.336*** | −0.723*** |
| | （−20.23） | （−20.27） | （−19.55） | （−8.96） | （−19.61） |
| Dual | 0.027*** | 0.021*** | 0.026*** | 0.027*** | 0.020*** |
| | （6.08） | （4.75） | （6.00） | （5.48） | （4.93） |
| _cons | 0.638*** | 1.022*** | 1.038*** | 0.445*** | 1.016*** |
| | （13.61） | （23.37） | （23.69） | （4.73） | （23.51） |
| Year_Ind | Yes | Yes | Yes | Yes | Yes |
| N | 20 300 | 20 300 | 20 300 | 20 300 | 20 300 |
| $R^2$ | 0.222 | 0.213 | 0.211 | 0.151 | 0.214 |

注：***、**、*分别表示在 0.01、0.05、0.1 水平上显著；（ ）中为t值。

表6-8　　　　　　　　　**替换因变量：现金持有价值**

| | （1） | （2） | （3） | （4） | （5） |
|---|---|---|---|---|---|
| | 管理层激励 | | 控股股东两权分离 | | |
| | Mv | Mv | Mv | Mv | Mv |
| Cash×Pay | 0.171*** | | | | 0.000 |
| | （19.55） | | | | （1.29） |
| Cash×Equity | | 0.003*** | | 0.001*** | |
| | | （3.53） | | （5.49） | |

续表

| | （1） | （2） | （3） | （4） | （5） |
|---|---|---|---|---|---|
| | 管理层激励 | | 控股股东两权分离 | | |
| | *Mv* | *Mv* | *Mv* | *Mv* | *Mv* |
| *Cash×Sep* | | | −0.003** | −0.002*** | 0.009*** |
| | | | （−2.51） | （−4.77） | （4.77） |
| *Sep×Cash× Equity* | | | | −0.000*** | |
| | | | | （−3.93） | |
| *Sep×Cash×Pay* | | | | | −0.008*** |
| | | | | | （−3.71） |
| *Equity* | | −0.002*** | | −0.001*** | |
| | | （−7.69） | | （−4.16） | |
| *Sep* | | | 0.001*** | 0.001*** | 0.003*** |
| | | | （4.22） | （6.40） | （6.58） |
| *Sep×Equity* | | | | 0.000 | |
| | | | | （1.76） | |
| *Sep×Pay* | | | | | −0.005*** |
| | | | | | （−7.94） |
| *Cash* | −0.180*** | −0.134*** | −0.099*** | −0.004*** | −0.068*** |
| | （−15.54） | （−9.13） | （−12.80） | （−5.49） | （−6.61） |
| *Pay* | −0.186*** | | | | −0.011*** |
| | （−51.28） | | | | （−2.63） |
| *Cf_t* | −0.050 | −0.050 | −0.053** | −0.212*** | −0.087* |
| | （−1.17） | （−1.02） | （−2.32） | （−3.69） | （−1.67） |

| | （1） | （2） | （3） | （4） | （5） |
|---|---|---|---|---|---|
| | 管理层激励 | | 控股股东两权分离 | | |
| | $Mv$ | $Mv$ | $Mv$ | $Mv$ | $Mv$ |
| $\Delta Cf_t$ | 0.054 | 0.062 | 0.061*** | 0.078 | 0.040 |
| | （1.32） | （1.44） | （4.93） | （1.18） | （1.00） |
| $\Delta Cf_{t+1}$ | 0.037 | 0.068** | 0.065*** | 0.036 | 0.055* |
| | （1.51） | （2.20） | （3.68） | （0.94） | （1.76） |
| $\Delta Na_t$ | 0.086*** | −0.009 | −0.018 | −0.001 | 0.074*** |
| | （4.14） | （−0.37） | （−1.10） | （−0.02） | （2.71） |
| $\Delta Na_{t+1}$ | 0.138*** | 0.191*** | 0.188*** | 0.103* | 0.186*** |
| | （7.17） | （8.28） | （10.17） | （1.99） | （8.09） |
| $Int_t$ | 1.142*** | 1.841*** | 1.885*** | 2.284** | 2.547*** |
| | （5.36） | （4.74） | （15.96） | （2.85） | （11.33） |
| $\Delta Int_t$ | −0.782*** | −1.004** | −1.067*** | −1.220* | −1.285*** |
| | （−2.87） | （−2.50） | （−6.68） | （−1.93） | （−3.36） |
| $\Delta Int_{t+1}$ | 0.839*** | 1.677*** | 1.676*** | 1.828*** | 1.310*** |
| | （3.35） | （4.16） | （11.36） | （3.87） | （3.83） |
| $Div_t$ | −0.003 | 0.024** | 0.020*** | 0.019 | 0.021* |
| | （−0.40） | （2.03） | （2.88） | （1.02） | （1.78） |
| $\Delta Div_t$ | −0.033*** | −0.043*** | −0.038*** | −0.033 | −0.044*** |
| | （−2.87） | （−3.50） | （−3.37） | （−1.57） | （−3.51） |
| $\Delta Div_{t+1}$ | −0.014 | −0.007 | −0.006 | −0.005 | −0.011 |
| | （−1.40） | （−0.62） | （−0.63） | （−0.37） | （−0.99） |
| $Capex_t$ | 0.027 | 0.012 | −0.016 | 0.134** | −0.032 |
| | （0.81） | （0.31） | （−0.47） | （2.54） | （−0.85） |

续表

| | （1） | （2） | （3） | （4） | （5） |
|---|---|---|---|---|---|
| | 管理层激励 | | 控股股东两权分离 | | |
| | $Mv$ | $Mv$ | $Mv$ | $Mv$ | $Mv$ |
| $\Delta Capex_t$ | $-0.139^{***}$ | $-0.170^{***}$ | $-0.155^{***}$ | $-0.220^{***}$ | $-0.149^{***}$ |
| | $(-4.58)$ | $(-4.87)$ | $(-4.73)$ | $(-3.56)$ | $(-4.37)$ |
| $\Delta Capex_{t+1}$ | $-0.130^{***}$ | $-0.152^{***}$ | $-0.159^{***}$ | $-0.126^{*}$ | $-0.153^{***}$ |
| | $(-3.71)$ | $(-3.81)$ | $(-4.31)$ | $(-1.98)$ | $(-3.89)$ |
| $\Delta Mv_t$ | $0.383^{***}$ | $0.457^{***}$ | $0.457^{***}$ | $0.458^{***}$ | $0.526^{***}$ |
| | $(8.06)$ | $(8.20)$ | $(47.68)$ | $(5.80)$ | $(7.73)$ |
| $\_cons$ | $0.674^{***}$ | $0.550^{***}$ | $0.540^{***}$ | $0.519^{***}$ | $0.512^{***}$ |
| | $(37.33)$ | $(26.54)$ | $(40.88)$ | $(24.41)$ | $(23.08)$ |
| $Year/Ind$ | Yes | Yes | Yes | Yes | Yes |
| $N$ | 20 300 | 20 300 | 20 300 | 20 300 | 20 300 |
| $R^2$ | 0.525 | 0.399 | 0.397 | 0.397 | 0.455 |

注：\*\*\*、\*\*、\*分别表示在 0.01、0.05、0.1 水平上显著；（）中为t值。

### 6.5.3 替换自变量

为防止管理层激励变量指标选取偏差对结论的影响，本章将货币薪酬激励的衡量指标替换为薪酬最高的前三名高管薪酬总额与总资产的比值，将股权激励的衡量指标替换为高管持股比例与收盘价的自然对数，研究结果如表6-9和表6-10所示。

表6-9　　　　　　　　替换自变量：现金持有水平

| | （1） | （2） | （3） | （4） | （5） |
|---|---|---|---|---|---|
| | 管理层激励 | | 控股股东两权分离 | | |
| | $Cash$ | $Cash$ | $Cash$ | $Cash$ | $Cash$ |
| $Pay$ | $29.768^{***}$ | | | $32.008^{***}$ | |
| | $(14.75)$ | | | $(13.64)$ | |

续表

| | （1） | （2） | （3） | （4） | （5） |
|---|---|---|---|---|---|
| Equity | | 0.001*** | | | 0.001*** |
| | | （5.83） | | | （6.73） |
| Sep | | | −0.000*** | 0.000* | 0.000 |
| | | | （−3.24） | （1.69） | （0.80） |
| Sep×Pay | | | | −0.398** | |
| | | | | （−2.42） | |
| Sep×Equity | | | | | −0.000*** |
| | | | | | （−2.75） |
| | | | | | |
| Size | −0.009*** | −0.019*** | −0.019*** | 0.001 | −0.018*** |
| | （−9.30） | （−24.06） | （−25.52） | （0.46） | （−25.13） |
| Cf | 0.121*** | 0.135*** | 0.133*** | 0.148*** | 0.136*** |
| | （4.25） | （4.72） | （10.19） | （13.15） | （10.46） |
| Roa | 0.495*** | 0.520*** | 0.535*** | 0.293*** | 0.521*** |
| | （20.76） | （22.11） | （34.73） | （19.17） | （33.55） |
| Grow | −0.011*** | −0.012*** | −0.012*** | −0.009*** | −0.012*** |
| | （−5.11） | （−5.65） | （−5.94） | （−5.65） | （−6.07） |
| Nwc | −0.077** | −0.078** | −0.077*** | −0.087*** | −0.078*** |
| | （−1.98） | （−1.98） | （−20.98） | （−23.24） | （−21.41） |
| Lev | −0.044* | −0.043 | −0.042*** | −0.046*** | −0.043*** |
| | （−1.67） | （−1.62） | （−21.31） | （−23.13） | （−21.66） |
| Board | 0.006 | 0.011** | 0.010* | 0.014* | 0.011* |
| | （1.10） | （2.02） | （1.80） | （1.72） | （1.92） |
| Dir | 0.025 | 0.046*** | 0.040** | −0.007 | 0.043** |
| | （1.47） | （2.70） | （2.25） | （−0.32） | （2.42） |

续表

| | （1） | （2） | （3） | （4） | （5） |
|---|---|---|---|---|---|
| *Capex* | −0.337*** | −0.339*** | −0.329*** | −0.118*** | −0.341*** |
| | （−13.34） | （−12.95） | （−18.83） | （−6.74） | （−19.43） |
| *Dual* | 0.012*** | 0.012*** | 0.013*** | 0.012*** | 0.011*** |
| | （5.84） | （5.79） | （6.89） | （5.21） | （5.94） |
| *_cons* | 0.319*** | 0.517*** | 0.530*** | 0.121*** | 0.515*** |
| | （11.99） | （21.90） | （25.86） | （2.68） | （25.01） |
| *Ind/Year* | Yes | Yes | Yes | Yes | Yes |
| *N* | 20 300 | 20 300 | 20 300 | 20 300 | 20 300 |
| $R^2$ | 0.243 | 0.232 | 0.231 | 0.154 | 0.233 |

注：***、**、*分别表示在 0.01、0.05、0.1 水平上显著；（）中为 t 值。

表6-10　　　　　　　　　替换自变量：现金持有价值

| | （1） | （2） | （3） | （4） | （5） |
|---|---|---|---|---|---|
| | 管理层激励 | | 控股股东两权分离 | | |
| | *Mv* | *Mv* | *Mv* | *Mv* | *Mv* |
| *Cash×Pay* | 0.355*** | | | | 0.374*** |
| | （18.46） | | | | （19.00） |
| *Cash×Equity* | | 0.004*** | | 0.005* | |
| | | （2.99） | | （2.00） | |
| *Cash×Sep* | | | −0.003* | 0.001 | 0.006** |
| | | | （−1.97） | （1.05） | （2.46） |
| *Sep×Cash×Equity* | | | | −0.000** | |
| | | | | （−3.03） | |

续表

| | （1） | （2） | （3） | （4） | （5） |
|---|---|---|---|---|---|
| | 管理层激励 | | 控股股东两权分离 | | |
| | *Mv* | *Mv* | *Mv* | *Mv* | *Mv* |
| Sep×Cash×Pay | | | | | $-10.030^{***}$ |
| | | | | | $(-3.27)$ |
| Sep×Equity | | | | $0.000^{*}$ | |
| | | | | $(2.06)$ | |
| Sep×Pay | | | | | $-0.653$ |
| | | | | | $(-1.52)$ |
| Equity | | $-0.002^{***}$ | | $-0.002^{***}$ | |
| | | $(-6.25)$ | | $(-4.86)$ | |
| Sep | | | $0.001^{***}$ | $0.000$ | $0.000$ |
| | | | $(4.64)$ | $(0.38)$ | $(1.32)$ |
| Cash | $-0.295^{***}$ | $-0.259^{***}$ | $-0.198^{***}$ | $-0.264^{***}$ | $-0.307^{***}$ |
| | $(-13.61)$ | $(-8.53)$ | $(-4.48)$ | $(-11.20)$ | $(-13.90)$ |
| Pay | $-0.202^{***}$ | | | | $-0.197^{***}$ |
| | $(-42.51)$ | | | | $(-40.34)$ |
| $Cf_t$ | $-0.167^{***}$ | $-0.182^{***}$ | $-0.183^{**}$ | $-0.185^{**}$ | $-0.168^{***}$ |
| | $(-4.73)$ | $(-4.26)$ | $(-3.09)$ | $(-3.07)$ | $(-4.81)$ |
| $\Delta Cf_t$ | $0.064$ | $0.076^{*}$ | $0.074$ | $0.077$ | $0.062$ |
| | $(1.57)$ | $(1.71)$ | $(1.22)$ | $(1.24)$ | $(1.54)$ |
| $\Delta Cf_{t+1}$ | $0.014$ | $0.040$ | $0.039$ | $0.039$ | $0.014$ |
| | $(0.53)$ | $(1.19)$ | $(1.19)$ | $(1.18)$ | $(0.52)$ |

续表

| | （1） | （2） | （3） | （4） | （5） |
|---|---|---|---|---|---|
| $\Delta Na_t$ | 0.071*** | −0.033 | −0.040 | −0.034 | 0.073*** |
| | （3.56） | （−1.30） | （−0.65） | （−0.56） | （3.73） |
| $\Delta Na_{t+1}$ | 0.125*** | 0.188*** | 0.186*** | 0.189*** | 0.124*** |
| | （6.30） | （8.00） | （4.28） | （4.34） | （6.26） |
| $Int_t$ | 1.373*** | 1.748*** | 1.780** | 1.727** | 1.435*** |
| | （6.19） | （4.50） | （2.43） | （2.42） | （7.37） |
| $\Delta Int_t$ | −0.986*** | −1.007** | −1.063 | −0.995 | −1.004*** |
| | （−3.99） | （−2.55） | （−1.71） | （−1.67） | （−4.08） |
| $\Delta Int_{t+1}$ | 0.785*** | 1.520*** | 1.513*** | 1.511*** | 0.760*** |
| | （3.31） | （3.89） | （4.05） | （4.13） | （3.34） |
| $Div_t$ | 0.004 | 0.031** | 0.027 | 0.030 | 0.006 |
| | （0.49） | （2.38） | （1.41） | （1.53） | （0.65） |
| $\Delta Div_t$ | −0.034*** | −0.044*** | −0.040* | −0.044** | −0.036*** |
| | （−2.96） | （−3.57） | （−1.97） | （−2.23） | （−3.09） |
| $\Delta Div_{t+1}$ | −0.013 | −0.004 | −0.004 | −0.005 | −0.013 |
| | （−1.21） | （−0.35） | （−0.25） | （−0.33） | （−1.25） |
| $Capex_t$ | 0.085** | 0.072* | 0.048 | 0.073 | 0.080** |
| | （2.53） | （1.89） | （0.81） | （1.25） | （2.40） |
| $\Delta Capex_t$ | −0.146*** | −0.176*** | −0.164** | −0.177** | −0.147*** |
| | （−4.87） | （−5.07） | （−2.62） | （−2.83） | （−4.90） |
| $\Delta Capex_{t+1}$ | −0.102*** | −0.124*** | −0.130* | −0.126* | −0.105*** |
| | （−2.86） | （−3.08） | （−2.15） | （−2.02） | （−2.98） |
| $\Delta Mv_t$ | 0.384*** | 0.453*** | 0.453*** | 0.454*** | 0.384*** |
| | （8.06） | （8.21） | （5.79） | （5.79） | （8.06） |
| _cons | 0.670*** | 0.578*** | 0.555*** | 0.577*** | 0.665*** |
| | （36.74） | （26.99） | （21.12） | （24.31） | （36.78） |

续表

|  | （1） | （2） | （3） | （4） | （5） |
|---|---|---|---|---|---|
| Ind/Year | Yes | Yes | Yes | Yes | Yes |
| N | 20 300 | 20 300 | 20 300 | 20 300 | 20 300 |
| $R^2$ | 0.521 | 0.401 | 0.400 | 0.401 | 0.522 |

注：\*\*\*、\*\*、\*分别表示在 0.01、0.05、0.1 水平上显著；（ ）中为t值。

表 6-9 为现金持有水平的影响结果，表 6-10 为现金持有价值的检验结果，从表中可以看出，研究结论与前文一致。

## 6.6 拓展性分析

前文研究表明，管理层激励，不管是货币薪酬激励还是股权激励，均有助于优化现金持有水平、提高现金持有价值，而控股股东的存在会弱化上述关系，即控股股东两权分离程度越大，越能抑制管理层激励对现金持有水平的优化效应及对现金持有价值的增幅效应。因此，本章将基于控股股东持股比例，来进一步分析控股股东两权分离对管理层激励与公司现金持有水平及现金持有价值关系的影响。

为明晰上述作用关系，本章引入变量控股股东持股比例（Top），并按控股股东持股比例均值将样本分为两组，即控股股东持股比例高于其均值的高控股股东持股比例组，和控股股东持股比例低于其均值的低控股股东持股比例组。

表 6-11 为按照控股股东持股比例分组的，控股股东两权分离、管理层激励与公司现金持有水平的多元回归分析结果，从表中可以看出控股股东持股比例越高，控股股东两权分离对管理层激励优化公司现金持有水平的恶化效应越显著（列（1）和列（2）中 $Sep \times Pay$、$Sep \times Equity$ 的系数分别在5%与1%水平上显著为负，而列（3）和列（4）中 $Sep \times Pay$、$Sep \times Equity$ 的系数均不显著），由此也表明控股股东持股比例越高，其资金侵占动机和能力越强，现金持有水平越低。

表6-11 按照控股股东持股比例分组的两权分离、管理层激励

与公司现金持有水平多元回归分析结果

| | （1） | （2） | （3） | （4） |
|---|---|---|---|---|
| | 高控股股东持股比例 | | 低控股股东持股比例 | |
| | Cash | Cash | Cash | Cash |
| Sep×Pay | −0.000** | | 0.000 | |
| | （−2.37） | | （0.29） | |
| Sep×Equity | | −0.000*** | | −0.000 |
| | | （−4.98） | | （−0.98） |
| Equity | | 0.001*** | | 0.001*** |
| | | （6.46） | | （4.26） |
| Sep | 0.000 | 0.001*** | 0.000 | −0.000 |
| | （1.23） | （4.32） | （1.58） | （−0.74） |
| Pay | 0.028*** | | 0.015*** | |
| | （10.90） | | （4.14） | |
| Size | 0.014*** | −0.004*** | 0.018*** | −0.004*** |
| | （5.27） | （−3.12） | （6.30） | （−4.08） |
| Cf | 0.076*** | 0.061*** | 0.061*** | 0.006 |
| | （5.22） | （3.52） | （4.17） | （0.31） |
| Roa | 0.086*** | 0.269*** | 0.162*** | 0.378*** |
| | （4.27） | （12.65） | （6.98） | （15.73） |
| Grow | 0.000 | 0.001 | −0.004** | −0.002 |
| | （0.00） | （0.35） | （−2.10） | （−0.75） |
| Nwc | −0.331*** | −0.203*** | −0.373*** | −0.253*** |
| | （−36.53） | （−27.83） | （−38.15） | （−32.03） |

续表

| | （1） | （2） | （3） | （4） |
|---|---|---|---|---|
| Lev | −0.450*** | −0.313*** | −0.474*** | −0.353*** |
| | (−43.18) | (−39.22) | (−38.76) | (−40.21) |
| Board | −0.007 | 0.005 | 0.019* | 0.007 |
| | (−0.70) | (0.74) | (1.74) | (1.01) |
| Dir | −0.048* | 0.040* | 0.026 | −0.010 |
| | (−1.71) | (1.72) | (0.93) | (−0.44) |
| Capex | −0.138*** | −0.362*** | −0.177*** | −0.459*** |
| | (−6.12) | (−15.68) | (−7.60) | (−19.37) |
| Dual | 0.012*** | 0.007*** | 0.009*** | 0.013*** |
| | (4.43) | (2.86) | (2.76) | (4.71) |
| _cons | 0.090 | 0.346*** | −0.068 | 0.395*** |
| | (1.41) | (11.62) | (−1.01) | (14.55) |
| Ind/Year | Yes | Yes | Yes | Yes |
| N | 10 850 | 10 850 | 9 450 | 9 450 |
| $R^2$ | 0.310 | 0.307 | 0.293 | 0.366 |

注：***、**、*分别表示在 0.01、0.05、0.1 水平上显著；（）中为 t 值。

表 6-12 为按照控股股东持股比例分组的，控股股东两权分离、管理层激励与公司现金持有价值的多元回归分析结果，从表中可以看出控股股东持股比例越高，控股股东两权分离对管理层激励提高公司现金持有价值的抑制效应越显著（列（1）和列（2）中 *Sep×Cash×Equity*、*Sep×Cash×Pay* 的系数分别在 5% 与 1% 水平上显著为负，而列（3）和列（4）中 *Sep×Cash×Equity*、*Sep×Cash×Pay* 的系数均不显著），由此也表明控股股东持股比例越高，且其两权分离程度越大时，利益侵占动机越强，其现金持有价值越低。

表6-12 按照控股股东持股比例分组的两权分离、管理层激励
与公司现金持有价值多元回归分析结果

| | (1) | (2) | (3) | (4) |
|---|---|---|---|---|
| | 高控股股东持股比例 | | 低控股股东持股比例 | |
| | $Mv$ | $Mv$ | $Mv$ | $Mv$ |
| $Sep\times Cash\times Equity$ | $-0.001^{**}$ | | $-0.000$ | |
| | $(-2.42)$ | | $(-0.52)$ | |
| $Sep\times Cash\times Pay$ | | $-0.013^{***}$ | | $-0.005$ |
| | | $(-3.51)$ | | $(-1.44)$ |
| $Cash\times Pay$ | | $0.280^{***}$ | | $0.359^{***}$ |
| | | $(11.09)$ | | $(12.61)$ |
| $Sep\times Pay$ | | $-0.001^{*}$ | | $-0.000$ |
| | | $(-1.65)$ | | $(-0.41)$ |
| $Cash\times Sep$ | $0.004$ | $0.006$ | $0.004$ | $0.009^{***}$ |
| | $(0.77)$ | $(1.49)$ | $(1.26)$ | $(2.69)$ |
| $Cash\times Equity$ | $0.005^{**}$ | | $0.006^{***}$ | |
| | $(2.23)$ | | $(3.33)$ | |
| $Sep\times Equity$ | $0.000$ | | $0.000$ | |
| | $(0.54)$ | | $(0.26)$ | |
| $Pay$ | | $-0.154^{***}$ | | $-0.193^{***}$ |
| | | $(-27.72)$ | | $(-24.09)$ |
| $Equity$ | $-0.000$ | | $-0.003^{***}$ | |
| | $(-0.19)$ | | $(-7.09)$ | |
| $Cash$ | $-0.246^{***}$ | $-0.247^{***}$ | $-0.241^{***}$ | $-0.330^{***}$ |
| | $(-5.52)$ | $(-8.23)$ | $(-7.16)$ | $(-10.98)$ |
| $Sep$ | $0.001$ | $0.001^{**}$ | $-0.001$ | $-0.001^{**}$ |
| | $(1.36)$ | $(2.48)$ | $(-1.28)$ | $(-2.01)$ |

续表

| | （1） | （2） | （3） | （4） |
|---|---|---|---|---|
| | 高控股股东持股比例 | | 低控股股东持股比例 | |
| | $Mv$ | $Mv$ | $Mv$ | $Mv$ |
| $Cf_t$ | -0.222*** | -0.180*** | -0.260*** | -0.235*** |
| | （-4.22） | （-4.16） | （-5.74） | （-5.81） |
| $\Delta Cf_t$ | 0.058 | 0.039 | 0.175*** | 0.164*** |
| | （1.32） | （1.04） | （5.63） | （5.96） |
| $\Delta Cf_{t+1}$ | 0.016 | 0.003 | 0.018 | 0.016 |
| | （0.37） | （0.07） | （0.60） | （0.59） |
| $\Delta Na_t$ | -0.049 | 0.064** | -0.004 | 0.083*** |
| | （-1.53） | （2.53） | （-0.11） | （2.97） |
| $\Delta Na_{t+1}$ | 0.182*** | 0.131*** | 0.156*** | 0.114*** |
| | （5.96） | （5.10） | （5.11） | （4.14） |
| $Int_t$ | 1.693*** | 1.314*** | 3.241*** | 2.333*** |
| | （5.14） | （6.10） | （9.48） | （9.73） |
| $\Delta Int_t$ | -0.507 | -0.747** | -2.064*** | -1.755*** |
| | （-1.09） | （-2.50） | （-4.96） | （-5.19） |
| $\Delta I_{t+1}$ | 0.986*** | 0.509** | 3.742*** | 1.988*** |
| | （2.82） | （2.40） | （8.43） | （5.84） |
| $Div_t$ | 0.117*** | 0.080*** | -0.001 | -0.017** |
| | （6.92） | （5.17） | （-0.07） | （-2.27） |
| $\Delta Div_t$ | -0.103*** | -0.102*** | -0.008 | -0.002 |
| | （-5.68） | （-6.18） | （-0.55） | （-0.13） |
| $\Delta Div_{t+1}$ | 0.024 | -0.007 | 0.004 | 0.001 |
| | （1.28） | （-0.37） | （0.33） | （0.04） |

续表

| | （1） | （2） | （3） | （4） |
|---|---|---|---|---|
| | 高控股股东持股比例 | | 低控股股东持股比例 | |
| | $Mv$ | $Mv$ | $Mv$ | $Mv$ |
| $Capex_t$ | 0.150*** | 0.130*** | −0.027 | 0.025 |
| | （2.89） | （2.84） | （−0.53） | （0.53） |
| $\Delta Capex_t$ | −0.214*** | −0.189*** | −0.117** | −0.114*** |
| | （−4.54） | （−4.64） | （−2.55） | （−2.66） |
| $\Delta Capex_{t+1}$ | −0.129** | −0.130*** | −0.090* | −0.071 |
| | （−2.32） | （−2.66） | （−1.75） | （−1.46） |
| $\Delta Mv_t$ | 0.479*** | 0.398*** | 0.436*** | 0.381*** |
| | （6.68） | （6.48） | （5.29） | （5.21） |
| _cons | 0.522*** | 0.626*** | 0.594*** | 0.687*** |
| | （19.58） | （25.81） | （20.46） | （25.81） |
| $Ind/Year$ | Yes | Yes | Yes | Yes |
| N | 10 850 | 10 850 | 9 450 | 9 450 |
| $R^2$ | 0.404 | 0.526 | 0.423 | 0.518 |

注：***、**、*分别表示在 0.01、0.05、0.1 水平上显著；（）中为 t 值。

## 6.7　本章小结

委托代理理论表明，管理层与股东之间的利益需求差异，使管理层为获取自身权益最大化而损害股东及公司利益，此为第一类代理冲突，管理层激励可作为缓解第一类代理冲突的有效方式；如果公司现金流权与控制权相分离，则控股股东为牟取私利会损害中小股东利益，此为第二类代理冲突。尽管管理层激励可有效缓解股东与管理层之间的利益矛盾，使管理层基于公司价值最大化而努力。但管理层的地位及薪酬在很大程度上取决于控股股东的意愿,控股股东因追求控制权私利而进行帝国构建的强烈动机必然影响管理层激励治理效应。因此,基于控股股东的视角探究管理层激励所带来的治理效应更具现实意义。

为此,本章以2007—2019年沪深A股非金融上市公司为样本,基于控股股东两权分离的视角检验管理层激励对公司现金持有的作用机理。研究发现,管理层激励具有治理效应,不管是货币薪酬激励还是股权激励均可以优化现金持有行为、提高现金持有价值;而在控股股东两权分离下,管理层激励的治理效应将被抑制,具体表现为:控股股东两权分离的存在会降低管理层激励对现金持有的优化效应及对现金持有价值的增幅效应。进一步研究发现,在控股股东持股比例较高、其他股东难以发挥制衡作用时,控股股东控制对基于公司价值的管理层激励的负面作用更大,即控股股东持股比例较高时,控股股东两权分离度越大对管理层激励优化现金持有水平的恶化效应对管理层激励提高现金持有价值的抑制效应更加明显。

# 第7章 管理层权力、管理层激励与现金持有

## 7.1 引言

  作为公司财务决策重要内容的现金持有决策历来受到实务界的广泛关注，其影响因素以及经济后果也一直被视为公司财务领域学术研究的热点问题。各国公司继 2008 年金融危机以来普遍出现的经营难题便是资金短缺，越来越多的公司秉持"现金为王"的财务决策基本规则选择持有超出公司日常交易所需的现金（罗进辉等，2018），从而有效缓解金融危机及市场波动带来的融资约束以应对流动性困境、规避政策不确定性及进行风险管理以把握投资机会、优化资产配置和投资决策，以获取市场竞争优势。较高额度地持有现金也进一步凸显了现金持有决策影响因素研究的重要意义，同时亦进一步激发了学者的研究兴趣。

  作为公司的一项重要战略资源，现金持有除了具有交易成本动机、预防性动机、税收规避动机之外，也可能成为加剧公司代理问题的温

床。基于委托代理问题及高层管理团队视角的高管增持抑或减持现金普遍存在着竞争性假说:"柔性假说"抑或"耗散假说"。一方面,"柔性假说"下的高管出于自由现金流带来的未来灵活性偏好和免受资本市场监管等原因,偏好于将当期自由现金流进行存储而非通过投资减持现金进而倾向于留存更多资金;另一方面,"耗散假说"下的公司管理层侧重于通过过度投资、在职消费等方式快速耗散公司现金,以迎合高管的"帝国构建"偏好或服务于控股股东掏空等其他利益侵占行为,进而促使公司现金持有处于较低水平(Jensen 和 Meckling,1976;Haford,1999;侯青川等,2016)。不论"柔性假说"的现金增持抑或"耗散假说"的现金减持均会损害公司价值(杨兴全等,2020),而公司治理机制的改善和强化均可以有效缓解上述问题,进而有利于提升现金持有价值(刘博研和韩立岩,2011)。

作为公司关键内部治理机制的管理层激励补偿计划在解决委托代理问题中历来发挥重要作用和关键优势。管理层激励补偿计划主要包括管理层货币薪酬激励和管理层股权激励两种方式,并分别采取不同形式的激励机制参与到公司的内部治理当中。设计合理的管理层薪酬契约,可有效协调管理层行为和股东目标,确保管理层实施财务决策时能够充分考虑股东权益最大化(Jensen 和 Meckling,1976;Jensen 和 Murphyk,1990),从而使管理层薪酬与公司经营绩效保持显著正相关关系(Hall 和 Liebman,1998;Canarellag 和 Gasparyana,2008)。以公司流通在外股票为标的设计的管理层股权激励,其初衷是通过促使管理层与公司共享利润、共担风险缓解或者抑制管理层的逆向选择等自利性机会主义动机,保证股东利益最大化。管理层股权激励有利于抑制管理层的自利性短视行为,提高公司长期价值(Morck 等,1988;Hanlon 等,2003)。有关我国上市公司管理层的薪酬激励契约已经体现出一定的激励效应,虽然约束与激励机制亟待完善,但上市公司管理层与公司之间的"薪酬-绩效"契约关系已基本形成(张俊瑞等,2003),虽然管理层年度报酬与上市公司经营业绩并不存在显著正相关关系,但成长性较高的公司,其报酬水平伴随公司经营利润的增加有明显增加的趋势;高管人员的持股虽没有达到预期的激励效果(魏刚,2000;李增泉,2000),但经营业绩的提高与经营者因股权激励增加的持股数存在显著正相关关系（周建波和孙菊生，2003）。

随着对管理层激励研究的深入和拓展，学术界逐渐开始关注管理层权力在管理层激励契约中的影响。管理层权力会一定程度上影响到管理层激励契约的治理效应，使其与最优状态相背离（Bebchuk 和 Fried，2005）。国内已有研究已经涉及管理层货币薪酬激励的管理层权力视角，但其并未针对现金持有行为和现金持有价值而去探究管理层激励的有效性。管理层激励是否具有抑制高管机会主义自利行为的治理效应？如果管理层激励具有这种治理效应，其是否又将受到管理层权力的影响？管理层权力对管理层激励治理效应的影响又是否会受制于上市公司控股股东的持股比例以及 CEO 特征（是否为关联 CEO）？

为回答以上问题，本章以 2007—2019 年沪深 A 股非金融上市公司为样本，基于管理层权力视角检验了管理层激励对于公司现金持有水平以及现金持有价值的影响。研究发现，管理层激励能够发挥抑制高管"耗散假说"下对投资过度行为的治理效应提升公司现金持有水平并进一步提升现金持有价值，而管理层权力则会阻碍管理层激励的这种治理效应，控股股东持股比例及关联 CEO 能够弱化管理层权力对管理层激励治理效应的抑制作用，致使管理层权力对管理层激励负面影响下的现金持有数量以及现金持有价值在控股股东持股比例较低以及非关联 CEO 公司中更低。。

本章的主要贡献在于：

第一，将管理层与股东以及上市公司大小股东之间的双重委托代理问题对现金持有行为的影响置于同一框架之下，结合控股股东持股比例和关联 CEO，检验管理层权力对于"管理层激励-现金持有行为"的影响。

第二，管理层权力显著影响管理层激励效果的检验结果表明，忽视管理层特征而单纯探究管理层激励的效果是不全面的甚至可能存在较大偏误，这为衡量管理层激励治理效应及设计完善的管理层激励机制提供了更加全面的视角与启示。

## 7.2 理论分析与假设提出

现实中，管理层的最优激励契约还要受到管理层权力的影响，管理层权力的存在使得管理层激励并非一直有效（Bebehuk 和 Fried，2003）。有效的公司治理机制能够实现公司控制权的有效制衡并进一步缓解公司代理问题，而伴随管理层权力的增加，公司股东、管理层与外部监管三者之间的权力制衡也终将被打破，从而使得管理层的激励与约束机制失灵，导致高管自利动机下败德行为的产生。

第一，伴随管理层权力的增加，其影响公司决策的能力也在增强，基于获取私人收益的自利动机，其进行过度投资的可能性以及程度也会有所提升，即使这种过度投资行为将损害公司绩效以及公司价值。管理层基于公司绩效以及公司价值的薪酬水平也会下降，但其追求过度投资带来的控制权私人收益可能远远大于薪酬水平降低带来的损失。

第二，从管理层可以获取的收益形式来看，除了管理层薪酬收益、股权激励的股票收益等显性收益之外，公司管理层也一直享受着过度投资及在职消费带来的隐性收益，管理层权力的增加拓宽了管理层利用所拥有的权力谋取私人利益的渠道和方式，使得其通过其他途径获取更多私人收益的能力有所提高，即管理层可能并不在意其激励补偿契约所获取的报酬，因而管理层激励效应被进一步抑制。

第三，具有较大权力的管理层倾向于通过盈余操纵提升公司绩效而获取绩效薪酬，管理层权力越大，管理层薪酬与操纵性业绩的敏感性越高（权小锋和吴世农，2010），因此，薪酬绩效敏感性的提高并不完全意味着实现了预期管理层激励效应。

第四，管理层激励中的薪酬本身就是代理问题的产物，管理层的控制权在制定其报酬激励契约的过程中具有重要作用，激励契约的设计过程很有可能成为管理层进行利益寻租的有效通道，高管的权力越大，他们在激励契约中进行寻租的可能性就越大。权力强大的管理者通过自己设计激励组合，同时实现了权力收益和高货币性补偿（吕长江和赵宇恒，2008）。因此，权力强大的管理层能够依靠其自身权力影响或控制激励契约的设计过程，这显然会降低管理层激励机制推动管理者为提升公司价值而努力工作的效应。简而言之，管理层权力导致的过度投资与管理层激励机制失灵的双重作用可能会抑制管理层激励的治理效应，因此本书提出假设H1：

H1：管理层权力弱化了管理层激励的治理效应。

## 7.3  研究设计

### 7.3.1  样本选择与数据来源

本章的因变量——现金持有的计算需要使用2007年新会计准则实施之后开始披露的"交易性金融资产"科目，因此本章研究的样本区间为2007—2019年，并对样本进行如下处理：①剔除金融保险类公司样本；②剔除ST类公司样本；③剔除有关财务和治理数据缺失的样本；④为消除极端数据对结果的影响，对所有连续变量进行了1%和99%水平上的缩尾处理。最终，共获得17 556个年度–公司数据考察现金持有水平，共获得11 897个年度–公司数据考察现金持有价值。上市公司财务与公司治理数据来源于国泰安（CSMAR）数据库。本章使用Stata16.0进行统计分析。

### 7.3.2  模型设定和变量设计

（1）管理层权力、管理层激励与现金持有水平

为了验证管理层权力对于管理层激励与现金持有水平关系的影响，本章构建了以下模型：

$$Cash=\alpha_0+\alpha_1 Pay/Equity+\alpha_2 Power+\alpha_3 Pay\times power/Equity\times power+\alpha_4 Size+\alpha_5 Lev+$$
$$\alpha_6 Roa+\alpha_7 Grow+\alpha_8 Top+\alpha_9 Dual+\alpha_{10} Board+\sum Year+\sum Ind+\varepsilon \qquad (7-1)$$

模型（7-1）中$Pay\times power/Equity\times power$分别表示管理层货币薪酬激励和股权激励（$Pay$、$Equity$）与管理层权力（$Power$）的交乘项，系数$\alpha_3$若为负，则代表管理层权力弱化了管理层激励对公司现金持有的治理效应。

（2）管理层权力、管理层激励与现金持有价值

为了验证管理层权力对于管理层激励与现金持有价值关系的影响，本章构建了以下模型：

$$Mv=\alpha_0+\alpha_1 Pay/Equity+\alpha_2 Cash+\alpha_3 Cash\times Pay\times Power/Cash\times Equity\times Power+\alpha_4 Power+$$

$$\alpha_5\Delta Mv_{i,\ t+1}+\alpha_6 Oi+\alpha_7\Delta Oi_t+\alpha_8\Delta Oi_{t+1}+\alpha_9 Na+\alpha_{10}\Delta Na_t+\alpha_{11}\Delta Na_{t+1}+\alpha_{12}Capexp+$$

$$\alpha_{13}\Delta Capexp_t+\alpha_{14}\Delta Capexp_{t+1}+\alpha_{15}Fin+\alpha_{16}\Delta Fin_t+\alpha_{17}\Delta Fin_{t+1}+\alpha_{18}Div+\alpha_{19}\Delta Div+$$

$$\alpha_{20}\Delta Div_{t+1}+\sum Year+\sum Ind+\varepsilon \tag{7-2}$$

模型（7-2）中 $Cash\times Pay\times Power/Cash\times Equity\times Power$ 分别表示管理层货币薪酬激励和股权激励（$Pay$、$Equity$）与管理层权力（$Power$）、公司现金持有（$Cash$）三者的交乘项，通过系数 $\alpha_3$ 可考察管理层权力对管理层激励与现金持有价值关系的调节作用。

（3）变量设计

①管理层激励。

对于管理层激励，本章选用货币薪酬激励和股权激励两种方式进行计量，货币薪酬激励采用薪酬最高的前三名高管薪酬总额的自然对数（$Pay$）进行表征（杨兴全等，2012），并选用董监高薪酬总额的自然对数（$Pay1$）作为货币薪酬激励的稳健性检验替代变量；选用公司高管（包括CEO、总裁、副总经理和年报公布的其他高级管理人员）总计持有的公司股份数（有兼任情况时不重复计算持股数量）的自然对数衡量管理层股权激励程度（$Equity$）（吕峻，2019），选用董监高持有的公司股份数的自然对数（$Equity1$）作为股权激励的稳健性检验替代变量。

②现金持有水平（价值）。

借鉴杨兴全等（2016）、杨兴全和尹兴强（2018）、杨兴全等（2020）的研究，本章将（货币资金+交易性金融资产）/（总资产−现金及等价物）作为公司现金持有水平（$Cash$）的代理变量，将期末货币资金/总资产（$Cash1$）作为管理层激励影响公司现金持有水平/现金持有价值稳健性检验的代理变量。借鉴（窦欢和陆正飞，2016）的研究，选用（年末股价×流通股股数+年末股价×0.45×非流通股股数+负债）/总资产表征现金持有价值（$Mv$）。

③管理层权力。

借鉴（杨兴全和张玲玲，2017）对管理层权力不同维度变量的划分，并考虑数据的可得性，本章选择两职合一（*Dual*）、董事会规模（*Board*）、董事会独立性（*Inbo*）、CEO教育背景（*Edu*）和CEO是否持股（*Mana*）5个变量来衡量管理层权力，构建一个综合反映管理层权力的变量（*Power*），该指标值愈大，代表管理层权力愈高。具体定义为：若董事长、CEO两职合一，*Dual*取1，否则取0；若董事会人数大于年度内行业中位数，*Board*取1，否则取0；若独立董事占董事会人数比例小于样本均值，*Inbo*取值为1，否则取0；若CEO为博士，*Edu*取值为4，若CEO为硕士取值为3，若CEO为学士取值为2，若CEO为专科取值为1，若CEO为专科以下取值为0；若CEO持有本公司股份，*Mana*取值为1；否则为0。定义管理层权力*Power=Dual+Board+Inbo+Edu+Mana*。

④控制变量。

借鉴陆正飞和张会丽（2010）的研究，本章采用修正的Fama和French（1998）的经典价值回归模型检验管理层激励对公司现金持有价值的影响，选取公司营业利润（*Oi*）、非现金资产（*Na*）、资本支出（*Capexp*）、财务费用率（*Fin*）、现金股利支付（*Div*）作为控制变量。同时，参考余明桂等（2016）、杨兴全等（2020）的研究，本章选取公司规模（*Size*）、负债比率（*Lev*）、资产利润率（*Roa*）、成长性（*Grow*）作为公司基本特征变量加以控制，选取第一大股东持股比例（*Top*）、两职合一（*Dual*）、董事会规模（*Board*）作为治理特征变量加以控制，同时考虑行业和年度的影响。

具体变量定义如表7-1所示。

表7-1 变量定义及说明

| 变量类型 | 变量名称 | 变量符号 | 变量定义 |
| --- | --- | --- | --- |
| 被解释变量 | 现金持有水平 | *Cash* | （货币资金+交易性金融资产）/（总资产-现金及等价物） |

| 变量类型 | 变量名称 | 变量符号 | 变量定义 |
|---|---|---|---|
| 解释变量 | 高管薪酬激励<br>高管股权激励 | *Pay*<br>*Equity* | 薪酬最高的前三名高管薪酬总额的自然对数<br>前三名高管持有股份的自然对数 |
| 公司基本特征 | 资产规模<br>资产负债率<br>资产利润率<br>成长性 | *Size*<br>*Lev*<br>*Roa*<br>*Grow* | 年末资产总额的对数<br>负债总额/年末资产总额<br>净利润/总资产<br>营业收入增长率 |
| 治理特征 | 第一大股东持股<br>两职合一<br>董事会规模 | *Top*<br>*Dual*<br>*Board* | 第一大股东持股数/总股本<br>总经理兼任董事取1，否则取0<br>董事会人数取自然对数 |

## 7.4 检验结果与分析

### 7.4.1 描述性统计分析

对样本变量进行描述性统计分析，有助于从整体上初步认识和分析各变量的相关关系。

表7-2列示了主要变量的描述性统计分析结果。

从表7-2中可以看到，公司现金持有水平（*Cash*）的均值为0.2830，最大值为2.0355，最小值为0.0144，说明上市公司现金持有水平普遍较高，不同公司之间具有一定差异；货币薪酬激励（*Pay*）的均值为14.1398，股权激励（*Equity*）的均值为0.0589，最大值为0.6021，说明上市公司高管薪酬处于较高水平，高管持股比例存在一定差异；管理层权力（*Power*）均值为4.0491，说明上市公司高管权力处于较高水平。

表7-2  **变量描述性统计分析结果**

| 变量名称 | 样本量 | 均值 | 标准差 | 最大值 | 最小值 |
|---|---|---|---|---|---|
| *Cash* | 17 556 | 0.2830 | 0.3316 | 2.0355 | 0.0144 |
| *Mv* | 11 897 | 2.1697 | 1.4124 | 9.1084 | 0.7975 |
| *Pay* | 17 556 | 14.1398 | 0.7589 | 16.1869 | 12.2923 |
| *Equity* | 17 556 | 0.0589 | 0.1298 | 0.6021 | 0.0000 |
| *Power* | 17 556 | 4.0491 | 1.5394 | 8.0000 | 0.0000 |
| *Size* | 17 556 | 21.9998 | 1.2973 | 26.0000 | 19.5571 |
| *Lev* | 17 556 | 0.4391 | 0.2139 | 0.9258 | 0.0488 |
| *Roa* | 17 556 | 0.0469 | 0.0560 | 0.2235 | −0.1562 |
| *Grow* | 17 556 | 0.4342 | 1.3171 | 9.7333 | −0.6594 |
| *Top* | 17 556 | 0.3566 | 0.1502 | 0.7482 | 0.0877 |
| *Dual* | 17 556 | 0.2330 | 0.4227 | 1.0000 | 0.0000 |
| *Board* | 17 556 | 2.1567 | 0.1975 | 2.7081 | 1.6094 |

### 7.4.2 管理层权力、管理层激励与公司现金持有水平的检验结果与分析

表7-3列（1）至列（4）报告了管理层激励对公司现金持有水平以及管理层权力对管理层激励治理效应的检验结果。列（1）和列（2）中，管理层货币薪酬激励（*Pay*）与管理层股权激励（*Equity*）均在1%显著性水平与公司现金持有水平（*Cash*）呈正相关关系，管理层激励可有效抑制"耗散假说"下公司内部人的现金耗散行为，显著提升公司现金持有水平。列（3）中，管理层货币薪酬激励与管理层权力交乘项（*Pay×Power*）在5%显著性水平上与公司现金持有呈负相关关系，证明管理层权力显著抑制了管理层货币薪酬激励的治理效应。列（4）中，管理层股权激励与管理层权力的交乘项（*Equity×Power*）与公司现金持有在10%显著性水平上呈负相关关系，证明管理层权力弱化了管理层

股权激励的治理效应，假设H1得到验证。

表7-3 管理层权力、管理层激励与公司现金持有水平多元回归分析结果

| 变量 | Cash | | | |
|---|---|---|---|---|
| | （1） | （2） | （3） | （4） |
| Constant | 0.284*** | 0.380*** | | |
| | （5.25） | （7.91） | | |
| Power | | | 0.062** | 0.004*** |
| | | | （2.53） | （3.06） |
| Pay | 0.024*** | | | |
| | （6.18） | | | |
| Equity | | 0.213*** | | |
| | | （8.26） | | |
| Pay×Power | | | −0.004** | |
| | | | （−2.35） | |
| Equity×Power | | | | −0.012* |
| | | | | （−1.65） |
| Size | −0.013*** | −0.003 | −0.013*** | −0.004 |
| | （−5.41） | （−1.56） | （−5.38） | （−1.64） |
| Lev | −0.565*** | −0.554*** | −0.561*** | −0.553*** |
| | （−32.97） | （−32.72） | （−32.81） | （−32.62） |
| Roa | 0.572*** | 0.596*** | 0.569*** | 0.591*** |
| | （11.17） | （11.84） | （11.08） | （11.73） |
| Grow | 0.006*** | 0.006*** | 0.006*** | 0.006*** |
| | （3.05） | （2.93） | （3.17） | （3.00） |
| Top | 0.085*** | 0.075*** | 0.088*** | 0.079*** |
| | （5.63） | （5.02） | （5.81） | （5.28） |

续表

| 变量 | *Cash* | | | |
|------|--------|--------|--------|--------|
| *Board* | 0.024** | 0.031*** | 0.021* | 0.029*** |
| | (2.16) | (2.80) | (1.85) | (2.59) |
| *Dual* | 0.040*** | 0.016** | 0.034*** | 0.012* |
| | (6.69) | (2.54) | (5.51) | (1.89) |
| N | 17 556 | 17 556 | 17 556 | 17 556 |
| R2 | 0.303 | 0.306 | 0.303 | 0.306 |
| F | 64.42 | 64.49 | 62.59 | 62.73 |

注：***、**、*分别表示在0.01、0.05、0.1水平上显著；（）中为t值。

因此，管理层激励能够发挥治理效应，显著抑制"耗散假说"下公司内部人的现金耗散行为，提升公司现金水平，但管理层权力却一定程度上抑制了管理层激励治理效应的发挥。

### 7.4.3 管理层权力、管理层激励与公司现金持有价值的检验结果与分析

表7-4列（1）至列（4）报告了管理层激励对公司现金持有价值以及管理层权力对管理层激励治理效应的检验结果。列（1）中，管理层货币薪酬激励与公司现金持有水平的交乘项（Cash×Pay）在10%显著性水平上与现金持有价值（Mv）呈正相关关系，表明管理层货币薪酬激励下的现金持有水平提高能够显著提升现金持有价值；列（2）中，管理层股权激励与公司现金持有水平的交乘项（Cash×Equity）在1%显著性水平与现金持有价值（Mv）呈正相关关系，表明管理层股权激励下的现金持有水平提高显著提升了现金持有价值；列（3）中，管理层权力、管理层货币薪酬激励、现金持有水平三者的交乘项（Cash×Pay×Power）与现金持有价值（Mv）在5%显著性水平呈负相关关系；列（4）中，管理层权力、管理层股权激励、现金持有水平三者的交乘项（Cash×Equity×Power）与现金持有价值（Mv）在1%显著性水平上呈负相关关系，证明管理层权力显著弱化了管理层激励的治理效应，再次检

验了假设 H1。

表7-4　管理层权力、管理层激励与公司现金持有价值多元回归分析结果

| 变量 | Mv | | | |
|---|---|---|---|---|
| | （1） | （2） | （3） | （4） |
| *Constant* | 7.550*** | 3.541*** | 7.224*** | 3.528*** |
| | （19.64） | （13.23） | （22.11） | （13.15） |
| *Cash* | −1.893** | −0.174 | −0.495*** | −0.214* |
| | （−2.10） | （−1.38） | （−2.63） | （−1.71） |
| *Power* | | | 0.018** | 0.015** |
| | | | （2.18） | （2.52） |
| *Pay* | 0.294*** | | −0.270*** | |
| | （15.23） | | （−18.55） | |
| *Cash×Pay* | 0.110* | | | |
| | （1.80） | | | |
| *Equity* | | 0.639*** | | 0.495*** |
| | | （5.68） | | （4.70） |
| *Cash×Equity* | | 0.844*** | | |
| | | （4.16） | | |
| | （1） | （2） | （3） | （4） |
| *Cash×Pay×Power* | | | −0.002** | |
| | | | （−2.15） | |
| *Cash×Equity×Power* | | | | −0.113*** |
| | | | | （−3.56） |
| Δ*Mv_t* | −0.491*** | −0.488*** | −0.491*** | −0.488*** |
| | （−23.79） | （−23.24） | （−23.78） | （−23.24） |
| *Oi_t* | 9.822*** | 8.985*** | 9.824*** | 8.986*** |
| | （25.26） | （23.11） | （25.33） | （23.14） |

续表

| 变量 | Mv | | | |
|---|---|---|---|---|
| $\Delta Oi_t$ | 0.107 | 0.606 | 0.107 | 0.610 |
| | (0.24) | (1.35) | (0.24) | (1.36) |
| $\Delta Oi_{t+1}$ | 6.413*** | 6.369*** | 6.390*** | 6.364*** |
| | (13.20) | (12.96) | (13.17) | (12.95) |
| $Na_t$ | −1.424*** | −1.288*** | −1.484*** | −1.315*** |
| | (−5.56) | (−4.76) | (−5.55) | (−4.86) |
| $\Delta Na_t$ | 0.057 | 0.133 | 0.007 | 0.115 |
| | (0.40) | (0.93) | (0.05) | (0.80) |
| $\Delta Na_{t+1}$ | −0.635*** | −0.602*** | −0.673*** | −0.611*** |
| | (−3.44) | (−3.21) | (−3.64) | (−3.26) |
| $Capexp_t$ | −0.236 | −0.466* | −0.334 | −0.497** |
| | (−0.98) | (−1.92) | (−1.40) | (−2.05) |
| $\Delta Capexp_t$ | 0.183 | 0.274 | 0.218 | 0.282 |
| | (0.71) | (1.04) | (0.85) | (1.08) |
| $\Delta Capexp_{t+1}$ | 0.056 | −0.051 | 0.006 | −0.066 |
| | (0.19) | (−0.17) | (0.02) | (−0.23) |
| | (1) | (2) | (3) | (4) |
| $Fin_t$ | −10.388*** | −10.251*** | −10.325*** | −10.348*** |
| | (−7.93) | (−7.71) | (−7.92) | (−7.78) |
| $\Delta Fin_t$ | 12.619*** | 11.586*** | 12.652*** | 11.707*** |
| | (6.67) | (6.06) | (6.71) | (6.13) |
| $\Delta Fin_{t+1}$ | −0.541 | −0.727 | −0.533 | −0.686 |
| | (−0.25) | (−0.34) | (−0.25) | (−0.32) |
| $Div_t$ | −2.546*** | −3.881*** | −2.611*** | −3.954*** |
| | (−2.65) | (−4.03) | (−2.72) | (−4.11) |

续表

| 变量 | Mv | | | |
|---|---|---|---|---|
| $\Delta Div_t$ | −1.837** | −1.510 | −1.723* | −1.458 |
| | (−1.99) | (−1.63) | (−1.87) | (−1.57) |
| $\Delta Div_{t+1}$ | −3.614*** | −4.198*** | −3.590*** | −4.205*** |
| | (−3.45) | (−3.97) | (−3.43) | (−3.98) |
| N | 11 897 | 11 897 | 11 897 | 11 897 |
| $R^2$ | 0.511 | 0.499 | 0.512 | 0.499 |
| F | 111.6 | 106.2 | 110.4 | 104.8 |

注：***、**、*分别表示在 0.01、0.05、0.1 水平上显著；（）中为t值。

### 7.4.4 稳健性检验

（1）替换解释变量

表7-5列（1）至列（4）报告了使用董监高货币薪酬激励（Pay1）替换高管货币薪酬激励（Pay）和使用董监高股权激励（Equity1）替换高管股权激励（Equity1）从而衡量管理层激励进而考察管理层激励对公司现金持有水平影响以及管理层权力对管理层激励治理效应影响的稳健性检验结果。列（1）和列（2）中，董监高货币薪酬激励（Pay1）与董监高股权激励（Equity1）均在1%显著性水平上与公司现金持有水平（Cash）呈正相关关系；列（3）中，董监高货币薪酬激励与管理层权力的交乘项（Pay1×Power）在5%显著性水平上与公司现金持有水平呈负相关关系，证明管理层权力显著抑制了董监高货币薪酬激励的治理效应；列（4）中，董监高股权激励与管理层权力的交乘项（Equity1×Power）与公司现金持有水平在1%显著性水平上呈负相关关系，证明管理层权力弱化了董监高股权激励的治理效应，从而证明了假设H1的稳健性。

表7-6列（1）至列（4）使用董监高货币薪酬激励（Pay1）替换高管货币薪酬激励（Pay）和使用董监高股权激励（Equity1）替换高管股权激励（Equity1）从而衡量管理层激励进而考察管理层激励对公司现

金持有价值影响以及管理层权力对管理层激励治理效应影响的稳健性检

表7-5　　稳健性检验（替换解释变量）：管理层权力、管理层激励与

公司现金持有水平

| 变量 | Cash | | | |
|---|---|---|---|---|
| | （1） | （2） | （3） | （4） |
| Constant | 0.309*** | 0.322*** | 0.088 | 0.324*** |
| | (5.67) | (6.60) | (0.78) | (6.65) |
| Power | | | 0.060** | 0.00200 |
| | | | (2.43) | (1.46) |
| Pay1 | 0.020*** | | 0.035*** | |
| | (5.14) | | (4.52) | |
| Equity1 | | 0.167*** | | 0.130** |
| | | (10.46) | | (2.42) |
| Pay1×Power | | | −0.004** | |
| | | | (−2.25) | |
| Equity1×Power | | | | −0.007*** |
| | | | | (−2.63) |
| Size | −0.012*** | −0.002 | −0.012*** | −0.002 |
| | (−4.92) | (−0.92) | (−4.90) | (−0.98) |
| Lev | −0.566*** | −0.544*** | −0.562*** | −0.543*** |
| | (−33.01) | (−32.35) | (−32.85) | (−32.30) |
| | （1） | （2） | （3） | （4） |
| Roa | 0.582*** | 0.575*** | 0.578*** | 0.571*** |
| | (11.36) | (11.46) | (11.26) | (11.37) |
| Grow | 0.006*** | 0.006*** | 0.006*** | 0.006*** |
| | (2.99) | (2.98) | (3.11) | (3.01) |
| Top | 0.085*** | 0.087*** | 0.088*** | 0.089*** |
| | (5.59) | (5.83) | (5.79) | (5.94) |

续表

| 变量 | Cash | | | |
|---|---|---|---|---|
| Board | 0.026** | 0.039*** | 0.022** | 0.036*** |
| | (2.29) | (3.52) | (1.98) | (3.25) |
| Dual | 0.042*** | 0.030*** | 0.036*** | 0.027*** |
| | (7.01) | (5.08) | (5.74) | (4.30) |
| N | 17 556 | 17 556 | 17 556 | 17 556 |
| $R^2$ | 0.302 | 0.308 | 0.303 | 0.308 |
| F | 64.23 | 64.92 | 62.41 | 63.02 |

注：***、**、*分别表示在0.01、0.05、0.1水平上显著；（）中为t值。

验结果。列（1）中，董监高货币薪酬激励与公司现金持有水平交乘项（Cash×Pay1）在10%显著性水平与现金持有价值（Mv）呈正相关关系，表明董监高货币薪酬激励下的现金持有增加显著提升了现金持有价值；列（2）中，董监高股权激励与公司现金持有水平的交乘项（Cash×Equity1）在1%显著性水平上与现金持有价值（Mv）呈正相关关系，表明董监高股权激励下的现金持有增加显著提升了现金持有价值；列（3）中，管理层权力、董监高货币薪酬激励、现金持有水平三者的交乘项（Cash×Pay1×Power）与现金持有价值（Mv）在5%显著性水平上呈负相关关系；列（4）中，管理层权力、董监高股权激励、现金持有水平三者的交乘项（Cash×Equity1×Power）与现金持有价值（Mv）在1%显著性水平上呈负相关关系，证明管理层权力显著弱化了董监高激励的治理效应，证明了假设H1的稳健性。

表7-6　稳健性检验（替换解释变量）：管理层权力、管理层激励

与公司现金持有价值

| 变量 | Mv | | | |
|---|---|---|---|---|
| | （1） | （2） | （3） | （4） |
| Constant | 7.807*** | 3.490*** | 7.439*** | 3.461*** |
| | (20.42) | (12.66) | (23.04) | (12.54) |

续表

| 变量 | Mv | | | |
|---|---|---|---|---|
| Cash | −2.026** | −0.115 | −0.484** | −0.149 |
| | (−2.21) | (−0.83) | (−2.57) | (−1.10) |
| Power | | | 0.017** | 0.017*** |
| | | | (2.05) | (2.79) |
| Pay1 | 0.314*** | | 0.287*** | |
| | (16.28) | | (19.86) | |
| Cash×Pay1 | 0.120* | | | |
| | (1.93) | | | |
| Equity1 | | 0.462*** | | 0.385*** |
| | | (5.94) | | (5.36) |
| Cash×Equity1 | | 0.637*** | | |
| | | (3.81) | | |
| Cash×Pay1×Power | | | −0.002** | |
| | | | (−2.13) | |
| Cash×Equity1×Power | | | | −0.104*** |
| | | | | (−3.65) |
| $\Delta Mv_t$ | −0.491*** | −0.488*** | −0.492*** | −0.488*** |
| | (−23.86) | (−23.27) | (−23.85) | (−23.27) |
| | （1） | （2） | （3） | （4） |
| $Oi_t$ | 9.962*** | 8.986*** | 9.966*** | 8.976*** |
| | (25.66) | (23.07) | (25.73) | (23.09) |
| $\Delta Oi_t$ | 0.018 | 0.609 | 0.018 | 0.622 |
| | (0.04) | (1.35) | (0.04) | (1.38) |
| $\Delta Oi_{t+1}$ | 6.435*** | 6.358*** | 6.415*** | 6.358*** |
| | (13.27) | (12.94) | (13.24) | (12.95) |

续表

| 变量 | $Mv$ | | | |
|---|---|---|---|---|
| $Na_t$ | $-1.372^{***}$ | $-1.238^{***}$ | $-1.437^{***}$ | $-1.257^{***}$ |
| | $(-5.38)$ | $(-4.46)$ | $(-5.39)$ | $(-4.54)$ |
| $\Delta Na_t$ | $0.045$ | $0.123$ | $-0.004$ | $0.110$ |
| | $(0.31)$ | $(0.85)$ | $(-0.03)$ | $(0.76)$ |
| $\Delta Na_{t+1}$ | $-0.629^{***}$ | $-0.603^{***}$ | $-0.665^{***}$ | $-0.614^{***}$ |
| | $(-3.40)$ | $(-3.21)$ | $(-3.60)$ | $(-3.26)$ |
| $Capexp_t$ | $-0.249$ | $-0.472^{*}$ | $-0.345$ | $-0.507^{**}$ |
| | $(-1.04)$ | $(-1.94)$ | $(-1.45)$ | $(-2.10)$ |
| $\Delta Capexp_t$ | $0.188$ | $0.304$ | $0.223$ | $0.314$ |
| | $(0.73)$ | $(1.16)$ | $(0.87)$ | $(1.20)$ |
| $\Delta Capexp_{t+1}$ | $0.059$ | $-0.036$ | $0.010$ | $-0.053$ |
| | $(0.20)$ | $(-0.12)$ | $(0.04)$ | $(-0.18)$ |
| $Fin_t$ | $-10.255^{***}$ | $-10.034^{***}$ | $-10.190^{***}$ | $-10.122^{***}$ |
| | $(-7.86)$ | $(-7.54)$ | $(-7.84)$ | $(-7.61)$ |
| $\Delta Fin_t$ | $12.643^{***}$ | $11.394^{***}$ | $12.683^{***}$ | $11.460^{***}$ |
| | $(6.69)$ | $(5.97)$ | $(6.73)$ | $(6.01)$ |
| | （1） | （2） | （3） | （4） |
| $\Delta Fin_{t+1}$ | $-0.503$ | $-0.640$ | $-0.483$ | $-0.662$ |
| | $(-0.24)$ | $(-0.30)$ | $(-0.23)$ | $(-0.31)$ |
| $Div_t$ | $-2.652^{***}$ | $-3.919^{***}$ | $-2.714^{***}$ | $-3.970^{***}$ |
| | $(-2.77)$ | $(-4.07)$ | $(-2.83)$ | $(-4.13)$ |
| $\Delta Div_t$ | $-1.728^{*}$ | $-1.453$ | $-1.620^{*}$ | $-1.436$ |
| | $(-1.87)$ | $(-1.57)$ | $(-1.75)$ | $(-1.55)$ |
| $\Delta Div_{t+1}$ | $-3.612^{***}$ | $-4.132^{***}$ | $-3.589^{***}$ | $-4.158^{***}$ |
| | $(-3.45)$ | $(-3.91)$ | $(-3.43)$ | $(-3.94)$ |

续表

| 变量 | Mv | | | |
|---|---|---|---|---|
| N | 11 897 | 11 897 | 11 897 | 11 897 |
| $R^2$ | 0.513 | 0.499 | 0.514 | 0.499 |
| F | 112.4 | 105.9 | 111.2 | 104.6 |

注：***、**、*分别表示在 0.01、0.05、0.1 水平上显著；（）中为 t 值。

（2）替换现金持有水平变量

表 7-7 列（1）至列（4）报告了使用期末货币资金/总资产（Cash1）替换现金持有水平（Cash）以考察管理层激励对公司现金持有水平影响以及管理层权力对管理层激励治理效应影响的稳健性检验结果。列（1）和列（2）中，管理层货币薪酬激励（Pay）与管理层股权激励（Equity）均在 1% 显著性水平上与公司现金持有水平（Cash1）呈正相关关系；列（3）中，管理层货币薪酬激励与管理层权力的交乘项（Pay×Power）在 5% 显著性水平上与公司现金持有水平（Cash1）呈负相关关系，证明管理层权力显著抑制了管理层货币薪酬激励的治理效应；列（4）中，管理层股权激励与管理层权力的交乘项（Equity×Power）与公司现金持有水平（Cash1）在 10% 显著性水平上呈负相关关系，证明管理层权力弱化了管理层股权激励的治理效应，从而证明了假设 H1 的稳健性。

表7-7　稳健性检验（替换现金持有水平变量）：管理层权力、
管理层激励与现金持有水平

| 变量 | Cash1 | | | |
|---|---|---|---|---|
| | （1） | （2） | （3） | （4） |
| Constant | 0.121*** | 0.186*** | 0.023 | 0.181*** |
| | （5.23） | （9.11） | （0.46） | （8.85） |
| Power | | | 0.028** | 0.003*** |
| | | | （2.54） | （5.24） |

续表

| 变量 | Cash1 | | | |
|---|---|---|---|---|
| Pay | 0.014*** | | 0.020*** | |
|  | (8.32) | | (5.79) | |
| Equity | | 0.088*** | | 0.114*** |
|  | | (9.05) | | (3.45) |
| Pay×Power | | | −0.002** | |
|  | | | (−2.25) | |
| Equity×Power | | | | −0.006* |
|  | | | | (−1.94) |
| Size | −0.006*** | −0.001 | −0.006*** | −0.001 |
|  | (−5.49) | (−0.65) | (−5.44) | (−0.81) |
| Lev | −0.234*** | −0.230*** | −0.232*** | −0.229*** |
|  | (−35.13) | (−34.76) | (−34.79) | (−34.55) |
| Roa | 0.287*** | 0.307*** | 0.284*** | 0.303*** |
|  | (14.01) | (15.22) | (13.85) | (15.04) |
| Grow | 0.003*** | 0.002*** | 0.003*** | 0.002*** |
|  | (3.13) | (2.91) | (3.30) | (3.04) |
|  | (1) | (2) | (3) | (4) |
| Top | 0.037*** | 0.031*** | 0.039*** | 0.034*** |
|  | (5.77) | (4.96) | (6.13) | (5.44) |
| Board | 0.016*** | 0.019*** | 0.013*** | 0.017*** |
|  | (3.30) | (4.07) | (2.80) | (3.66) |
| Dual | 0.014*** | 0.004* | 0.010*** | 0.001 |
|  | (5.88) | (1.66) | (4.04) | (0.48) |
| N | 17 556 | 17 556 | 17 556 | 17 556 |
| $R^2$ | 0.320 | 0.321 | 0.321 | 0.322 |
| F | 96.41 | 96.16 | 94.16 | 93.98 |

注：***、**、*分别表示在 0.01、0.05、0.1 水平上显著；( ) 中为 t 值。

表 7-8 列（1）至列（4）报告了使用期末货币资金/总资产（Cash1）替换现金持有水平变量（Cash）以考察管理层激励对公司现金持有价值影响以及管理层权力对管理层激励治理效应影响的稳健性检验结果。列（1）中，管理层货币薪酬激励与公司现金持有水平的交乘项（Cash1×Pay）在1%显著性水平上与现金持有价值（Mv）呈正相关关系，表明管理层货币薪酬激励下的现金持有增加能够显著提升现金持有价值；列（2）中，管理层股权激励与公司现金持有水平的交乘项（Cash1×Equity）在1%显著性水平与现金持有价值（Mv）呈正相关关系，表明管理层股权激励下的现金持有增加显著提升了现金持有价值；列（3）中，管理层权力、管理层货币薪酬激励、现金持有水平三者的交乘项（Cash1×Pay×Power）与现金持有价值（Mv）在1%显著性水平上呈负相关关系；列（4）中，管理层权力、管理层股权激励、现金持有水平三者的交乘项（Cash1×Equity×Power）与现金持有价值（Mv）在1%显著性水平上呈负相关关系，证明管理层权力显著弱化了管理层激励的治理效应，也证明了假设H1的稳健性。

表7-8　稳健性检验（替换现金持有水平变量）：管理层权力、管理层激励与现金持有价值

| 变量 | Mv | | | |
|---|---|---|---|---|
| | （1） | （2） | （3） | （4） |
| Constant | 8.052*** | 3.833*** | 7.433*** | 3.808*** |
| | (18.82) | (13.24) | (21.79) | (13.14) |
| Cash1 | −5.337*** | −0.700*** | −1.447*** | −0.786*** |
| | (−3.17) | (−2.62) | (−4.43) | (−2.96) |
| Power | | | 0.001 | 0.017*** |
| | | | (0.13) | (2.71) |
| Pay | −0.323*** | | −0.273*** | |
| | (−13.95) | | (−18.60) | |
| Cash1×Pay | 0.319*** | | | |
| | (2.74) | | | |

续表

| 变量 | Mv | | | |
|---|---|---|---|---|
| $Equity$ | $0.807^{***}$ | | | $0.570^{***}$ |
| | $(5.70)$ | | | $(4.54)$ |
| $Cash1 \times Equity$ | $2.034^{***}$ | | | |
| | $(4.27)$ | | | |
| $Cash1 \times Pay \times Power$ | | | $-0.009^{***}$ | |
| | | | $(-2.72)$ | |
| $Cash1 \times Equity \times Power$ | | | | $-0.244^{***}$ |
| | | | | $(-3.28)$ |
| $\Delta Mv_t$ | $-0.491^{***}$ | $-0.488^{***}$ | $-0.492^{***}$ | $-0.489^{***}$ |
| | $(-23.84)$ | $(-23.26)$ | $(-23.85)$ | $(-23.27)$ |
| | $(1)$ | $(2)$ | $(3)$ | $(4)$ |
| $Oi_t$ | $9.872^{***}$ | $9.011^{***}$ | $9.908^{***}$ | $9.025^{***}$ |
| | $(25.39)$ | $(23.15)$ | $(25.52)$ | $(23.22)$ |
| $\Delta Oi_t$ | $0.081$ | $0.589$ | $0.0640$ | $0.588$ |
| | $(0.18)$ | $(1.31)$ | $(0.14)$ | $(1.31)$ |
| $\Delta Oi_{t+1}$ | $6.430^{***}$ | $6.380^{***}$ | $6.408^{***}$ | $6.375^{***}$ |
| | $(13.24)$ | $(12.98)$ | $(13.22)$ | $(12.98)$ |
| $Na_t$ | $-1.462^{***}$ | $-1.537^{***}$ | $-1.514^{***}$ | $-1.550^{***}$ |
| | $(-5.31)$ | $(-5.48)$ | $(-5.54)$ | $(-5.54)$ |
| $\Delta Na_t$ | $0.020$ | $0.108$ | $-0.048$ | $0.084$ |
| | $(0.14)$ | $(0.75)$ | $(-0.34)$ | $(0.58)$ |
| $\Delta Na_{t+1}$ | $-0.603^{***}$ | $-0.580^{***}$ | $-0.649^{***}$ | $-0.589^{***}$ |
| | $(-3.28)$ | $(-3.11)$ | $(-3.54)$ | $(-3.15)$ |
| $Capexp_t$ | $-0.205$ | $-0.463^{*}$ | $-0.313$ | $-0.493^{**}$ |
| | $(-0.85)$ | $(-1.91)$ | $(-1.31)$ | $(-2.03)$ |

续表

| 变量 | $Mv$ | | | |
|---|---|---|---|---|
| $\Delta Capexp_t$ | 0.202 | 0.302 | 0.239 | 0.309 |
| | (0.78) | (1.15) | (0.93) | (1.18) |
| $\Delta Capexp_{t+1}$ | 0.074 | −0.034 | 0.011 | 0.050 |
| | (0.25) | (−0.12) | (0.04) | (−0.17) |
| $Fin_t$ | −10.946*** | −10.955*** | −10.885*** | −11.067*** |
| | (−8.38) | (−8.24) | (−8.36) | (−8.33) |
| $\Delta Fin_t$ | 13.022*** | 11.954*** | 13.203*** | 12.140*** |
| | (6.92) | (6.28) | (7.04) | (6.39) |
| $\Delta Fin_{t+1}$ | −0.662 | −0.875 | −0.599 | −0.821 |
| | (−0.31) | (−0.41) | (−0.28) | (−0.38) |
| | (1) | (2) | (3) | (4) |
| $Div_t$ | −2.712*** | −3.951*** | −2.873*** | −4.060*** |
| | (−2.82) | (−4.11) | (−2.99) | (−4.22) |
| $\Delta Div_t$ | −1.838** | −1.545* | −1.670* | −1.474 |
| | (−1.99) | (−1.67) | (−1.80) | (−1.59) |
| $\Delta Div_{t+1}$ | −3.732*** | −4.282*** | −3.748*** | −4.300*** |
| | (−3.56) | (−4.05) | (−3.58) | (−4.07) |
| $N$ | 11 897 | 11 897 | 11 897 | 11 897 |
| $R^2$ | 0.511 | 0.499 | 0.512 | 0.498 |
| | 111.7 | 106.3 | 110.5 | 105.0 |

注：***、**、*分别表示在 0.01、0.05、0.1 水平上显著；（ ）中为 t 值。

## 7.5 拓展性分析

### 7.5.1 基于控股股东持股比例视角的管理层激励、管理层权力与公司现金持有水平

在缺乏控股股东控制的公司中，中小股东的"搭便车"倾向易于引致公司实际控制权转移到管理层手中。伴随着股权集中度的提高，大股东有动机和能力对管理层的决策和行为实施进一步监督和管控，并通过经理人市场的竞争评价机制影响管理层的市场声誉和管理层资本转移。在控股股东持股比例较高的公司中，受到大股东的制约，管理层过度投资的自利行为将被抑制。大股东的存在能有效缓解股东与管理层之间的代理问题，如果大股东通过观察发现管理层对股东的利益不敏感，大股东可能会在控制权竞争中降低对现任管理层的支持，从而导致代理权争夺或收购要约增加，因此大股东的存在能够减少管理层利用权力寻租的行为（Bebchuk 等，2002），抑制管理层的"短视"行为，并进一步抑制管理层的自利性过度投资，从而弱化了管理层权力对管理层激励治理效应的抑制。因此本章预测管理层权力对管理层激励治理效应的弱化在控股股东持股比例较低组中更显著。

表7-9报告了按照控股股东持股比例中位数分组的检验管理层权力对管理层激励与公司现金持有水平关系影响的回归结果。在列（1）和列（2）控股股东持股比例较高组的回归结果中，管理层权力（*Power*）与管理层货币薪酬激励（*Pay*）的交乘项（*Pay×Power*）及管理层权力（*Power*）与管理层股权激励（*Equity*）的交乘项（*Equity×Power*）同公司现金持有水平（*Cash*）的相关关系不显著；在列（3）和列（4）控股股东持股比例较低组的回归结果中，管理层权力（*Power*）与管理层货币薪酬激励（*Pay*）的交乘项（*Pay×Power*）及管理层权力（*Power*）与管理层股权激励（*Equity*）的交乘项（*Equity×Power*）同公司现金持有水平（*Cash*）分别在10%和5%的显著性水平上呈负相关关系。此结果表明，较高的控股股东持股比例能够弱化管理层权力对管理层激励缓解公司过

度投资、提升公司现金持有水平的抑制作用。

表7-9 按照控股股东持股比例分组的管理层权力、管理层激励与公司

现金持有水平多元回归分析结果

| 变量 | 控股股东持股比例较高 | | 控股股东持股比例较低 | |
|---|---|---|---|---|
| | （1） | （2） | （3） | （4） |
| Constant | 0.197 | 0.233*** | −0.011 | 0.509*** |
| | (1.31) | (3.85) | (−0.07) | (6.35) |
| Power | −0.014 | 0.005*** | 0.117*** | 0.004* |
| | (−0.38) | (2.64) | (3.33) | (1.75) |
| Pay | 0.018* | | 0.055*** | |
| | (1.71) | | (4.86) | |
| Pay×Power | 0.001 | | −0.008*** | |
| | (0.50) | | (−3.20) | |
| Equity | | 0.325*** | | 0.263* |
| | | (2.84) | | (1.80) |
| | （1） | （2） | （3） | （4） |
| Equity×Power | | −0.033 | | −0.005** |
| | | (−1.46) | | (−2.16) |
| Size | −0.006* | 0.002 | −0.019*** | −0.008** |
| | (−1.90) | (0.79) | (−4.69) | (−2.20) |
| Lev | −0.604*** | −0.596*** | −0.533*** | −0.520*** |
| | (−26.56) | (−26.23) | (−21.25) | (−21.19) |
| Roa | 0.558*** | 0.607*** | 0.589*** | 0.585*** |
| | (7.39) | (8.27) | (8.38) | (8.35) |
| Grow | 0.008*** | 0.008*** | 0.006** | 0.006* |
| | (3.22) | (3.02) | (1.98) | (1.96) |

续表

| 变量 | 控股股东持股比例较高 | | 控股股东持股比例较低 | |
|---|---|---|---|---|
| *Top* | 0.057* | 0.061** | 0.155*** | 0.125*** |
| | (1.84) | (1.98) | (3.28) | (2.68) |
| *Board* | 0.027* | 0.035** | 0.004 | 0.01 |
| | (1.73) | (2.29) | (0.23) | (0.78) |
| *Dual* | 0.035*** | 0.012 | 0.034*** | 0.0110 |
| | (3.93) | (1.29) | (3.88) | (1.16) |
| $N$ | 8 781 | 8 781 | 8 775 | 8 775 |
| $R^2$ | 0.312 | 0.314 | 0.305 | 0.309 |
| $F$ | 36.30 | 36.37 | 30.06 | 30.51 |

注：***、**、*分别表示在 0.01、0.05、0.1 水平上显著；（）中为 t 值。

### 7.5.2 基于控股股东持股比例视角的管理层激励、管理层权力与公司现金持有价值

表 7-10 报告了按照控股股东持股比例中位数分组的检验管理层权力对管理层激励与公司现金持有价值关系影响的回归结果。列（1）和列（2）控股股东持股比例较高组的回归结果中，管理层权力（*Power*）、管理层货币薪酬激励（*Pay*）、公司现金持有水平（*Cash*）的三者的交乘项（*Cash×Pay×Power*）及管理层权力（*Power*）、管理层股权激励（*Equity*）、公司现金持有水平（*Cash*）三者的交乘项（*Cash×Equity×Power*）同现金持有价值（*Mv*）的相关关系不显著；列（3）和列（4）控股股东持股比例较低组的回归结果中，管理层权力（*Power*）、管理层货币薪酬激励（Pay）、公司现金持有水平（*Cash*）的三者的交乘项（*Cash×Pay×Power*）及管理层权力（*Power*）、管理层股权激励（*Equity*）、公司现金持有水平（*Cash*）的三者的交乘项（*Cash×Equity×Power*）同现金持有价值（*Mv*）分别在 10% 和 1% 的显著性水平呈负相关关系。此结果证明，较高的控股股东持股比例同时弱化了管理层权力对管理层激励

缓解公司过度投资、提升公司现金持有水平和现金持有价值的抑制
作用。

表7-10　按照控股股东持股比例分组的管理层权力、管理层激励
与公司现金持有价值多元回归分析结果

| 变量 | 控股股东持股比例较高 | | 控股股东持股比例较低 | |
|---|---|---|---|---|
| | （1） | （2） | （3） | （4） |
| Constant | 7.005*** | 3.542*** | 7.248*** | 3.526*** |
| | （16.57） | （9.78） | （14.69） | （8.87） |
| Cash | −0.671*** | −0.299* | −0.094 | −0.072 |
| | （−3.36） | （−1.76） | （−0.28） | （−0.38） |
| Power | 0.011 | 0.019** | 0.021 | 0.002 |
| | （1.06） | （2.41） | （1.59） | （0.26） |
| Pay | −0.249*** | | −0.282*** | |
| | （−12.70） | | （−13.09） | |
| Equity | | 0.617*** | | 0.339** |
| | | （4.39） | | （2.07） |
| Cash×Pay×Power | 0.004 | | −0.002* | |
| | （1.04） | | （−1.65） | |
| | （1） | （2） | （3） | （4） |
| Cash×Equity×Power | | 0.090 | | −0.142*** |
| | | （0.94） | | （−2.95） |
| $\Delta Mv_t$ | −0.448*** | −0.444*** | −0.523*** | −0.522*** |
| | （−15.07） | （−14.73） | （−18.89） | （−18.44） |
| $Oi_t$ | 9.344*** | 8.547*** | 10.332*** | 9.375*** |
| | （18.67） | （17.20） | （17.38） | （15.75） |
| $\Delta Oi_t$ | 0.431 | 0.877 | −0.200 | 0.365 |
| | （0.76） | （1.53） | （−0.30） | （0.55） |

| 变量 | 控股股东持股比例较高 | | 控股股东持股比例较低 | |
|---|---|---|---|---|
| $\Delta Oi_{t+1}$ | 6.251*** | 6.115*** | 6.461*** | 6.491*** |
| | (9.92) | (9.63) | (9.13) | (9.03) |
| $Na_t$ | −1.598*** | −1.413*** | −1.309*** | −1.234*** |
| | (−4.65) | (−3.95) | (−3.26) | (−3.05) |
| $\Delta Na_t$ | 0.049 | 0.121 | −0.089 | 0.049 |
| | (0.26) | (0.63) | (−0.43) | (0.23) |
| $\Delta Na_{t+1}$ | −0.570** | −0.515** | −0.889*** | −0.835*** |
| | (−2.56) | (−2.28) | (−3.13) | (−2.89) |
| $Capexp_t$ | 0.212 | −0.029 | −0.755** | −0.859** |
| | (0.64) | (−0.09) | (−2.18) | (−2.43) |
| $\Delta Capexp_t$ | −0.085 | 0.008 | 0.409 | 0.449 |
| | (−0.26) | (0.02) | (1.07) | (1.15) |
| $\Delta Capexp_{t+1}$ | 0.081 | −0.059 | −0.112 | −0.142 |
| | (0.21) | (−0.15) | (−0.26) | (−0.33) |
| $Fin_t$ | −6.916*** | −6.720*** | −13.816*** | −14.439*** |
| | (−4.06) | (−3.88) | (−7.20) | (−7.31) |
| | （1） | （2） | （3） | （4） |
| $\Delta Fin_t$ | 12.364*** | 11.422*** | 14.336*** | 13.420*** |
| | (5.06) | (4.64) | (5.08) | (4.68) |
| $\Delta Fin_{t+1}$ | 0.235 | 0.558 | 0.068 | −0.720 |
| | (0.08) | (0.19) | (0.02) | (−0.24) |
| $Div_t$ | −1.093 | −2.017 | −3.818** | −5.495*** |
| | (−0.89) | (−1.64) | (−2.52) | (−3.60) |
| $\Delta Div_t$ | −3.802*** | −3.589*** | 0.640 | 0.956 |
| | (−3.16) | (−2.98) | (0.46) | (0.68) |

续表

| 变量 | 控股股东持股比例较高 | | 控股股东持股比例较低 | |
|---|---|---|---|---|
| $\Delta Div_{t+1}$ | $-4.336^{***}$ | $-4.693^{***}$ | $-2.300$ | $-3.078^{*}$ |
| | $(-3.10)$ | $(-3.33)$ | $(-1.45)$ | $(-1.93)$ |
| $N$ | 5 717 | 5 717 | 6 180 | 6 180 |
| $R^2$ | 0.532 | 0.521 | 0.505 | 0.491 |
| $F$ | 58.86 | 56.88 | 57.36 | 54.28 |

注：***、**、*分别表示在 0.01、0.05、0.1 水平上显著；（ ）中为 t 值。

### 7.5.3 基于关联 CEO 视角的管理层激励、管理层权力与公司现金持有水平

我国的商业活动、习俗规范乃至社会发展自古就重视"血亲""姻亲""乡情""友情"等关系，这客观上造成关系型交易普遍存在，其表现之一就是限定特定交易对象的专有投资以凸显人格化交易的实质（李增泉，2017）。关联交易是我国上市公司关系型交易的主要模式之一。在基于各种社会关系构建的外部制度背景以及内部资源依赖的双重动因驱使下，公司治理的行为与治理边界正在逐渐发生变化，各方治理参与者的关系联结已经将公司治理扩展至关系治理的范畴（李维安等，2017）。若上市公司 CEO 在其关联股东单位任职抑或继任履新本身源于其关联股东委派，则客观上易于形成有效的管理层制衡机制并提高公司管理层与股东利益的一致性，从而弱化管理层权力对管理层激励治理效应的抑制作用。因此本章预期相对于关联 CEO 公司，管理层权力对管理层激励治理效应的抑制作用在非关联 CEO 样本公司中更加显著。

表 7-11 按照 CEO 是否在其股东单位任职将研究样本分成关联 CEO 样本公司与非关联 CEO 样本公司进而考察管理层权力对管理层激励与公司现金持有水平关系影响的差异性检验结果。在列（1）和列（2）的关联 CEO 样本回归结果中，管理层权力（$Power$）与管理层货币薪酬激励（$Pay$）的交乘项（$Pay \times Power$）及管理层权力（$Power$）与管理层股权激励（$Equity$）的交乘项（$Equity \times Power$）同公司现金持有水平

（*Cash*）的相关关系不显著；在列（3）和列（4）非关联CEO样本回归结果中，管理层权力（*Power*）与管理层货币薪酬激励（*Pay*）的交乘项（*Pay×Power*）及管理层权力（*Power*）与管理层股权激励（*Equity*）的交乘项（*Equity×Power*）同公司现金持有水平（*Cash*）分别在1%和5%的显著性水平上呈负相关关系。此结果证明，非关联CEO能够弱化管理层权力对管理层激励缓解公司过度投资、提升公司现金持有水平的抑制作用。

表7-11　　关联CEO视角下管理层权力、管理层激励与公司
现金持有多元回归分析结果

| 变量 | 关联CEO | | 非关联CEO | |
|---|---|---|---|---|
| | （1） | （2） | （3） | （4） |
| *Constant* | 0.207 | 0.292*** | 0.038 | 0.417*** |
| | (1.07) | (3.79) | (0.29) | (6.86) |
| *Power* | −0.009 | −0.002 | 0.084*** | 0.006*** |
| | (−0.22) | (−0.78) | (2.84) | (3.84) |
| *Pay* | 0.020 | | 0.045*** | |
| | (1.44) | | (4.94) | |
| *Pay×Power* | 0.001 | | −0.005*** | |
| | (0.21) | | (−2.64) | |
| *Equity* | | 0.057 | | 0.320*** |
| | | (0.26) | | (3.27) |
| | （1） | （2） | （3） | （4） |
| *Equity×Power* | | 0.026 | | −0.021** |
| | | (0.60) | | (−2.04) |
| *Size* | −0.013*** | −0.005 | −0.014*** | −0.00 |
| | (−3.11) | (−1.33) | (−4.50) | (−1.24) |
| *Lev* | −0.532*** | −0.524*** | −0.575*** | −0.567*** |
| | (−17.35) | (−17.10) | (−28.15) | (−28.08) |

| 变量 | 关联CEO | | 非关联CEO | |
|---|---|---|---|---|
| Roa | 0.522*** | 0.553*** | 0.565*** | 0.585*** |
| | (5.72) | (6.17) | (9.26) | (9.71) |
| Grow | −0.002 | −0.002 | 0.009*** | 0.008*** |
| | (−0.65) | (−0.79) | (3.53) | (3.39) |
| Top | 0.152*** | 0.146*** | 0.071*** | 0.058*** |
| | (5.22) | (4.95) | (3.99) | (3.31) |
| Board | 0.028 | 0.037* | 0.023* | 0.030** |
| | (1.43) | (1.89) | (1.65) | (2.17) |
| Dual | 0.034*** | 0.026*** | 0.040*** | 0.004 |
| | (3.53) | (2.67) | (4.69) | (0.47) |
| N | 4 921 | 4 921 | 12 635 | 12 635 |
| $R^2$ | 0.300 | 0.301 | 0.308 | 0.311 |
| F | 18.91 | 18.73 | 46.52 | 46.76 |

注：***、**、*分别表示在0.01、0.05、0.1水平上显著；（）中为t值。

### 7.5.4 基于关联CEO视角的管理层激励、管理层权力与公司现金持有价值

表7-12按照CEO是否在其股东单位任职将研究样本分成关联CEO样本公司与非关联CEO样本公司进而考察管理层权力对管理层激励与公司现金持有价值关系影响的差异性检验结果。在列（1）和列（2）关联CEO样本公司的回归结果中，管理层权力（Power）、管理层货币薪酬激励（Pay）、公司现金持有水平（Cash）的三者的交乘项（Cash×Pay×Power）及管理层权力（Power）、管理层股权激励（Equity）、公司现金持有水平（Cash）三者的交乘项（Cash×Equity×Power）同现金持有价值（Mv）的相关关系不显著；列（3）和列（4）非关联CEO样本的回归结果中，管理层权力（Power）、管理层货币薪酬激励（Pay）、公司

现金持有水平（*Cash*）的三者的交乘项（*Cash×Pay×Power*）及管理层权力（*Power*）、管理层股权激励（*Equity*）、公司现金持有水平（*Cash*）的三者的交乘项（*Cash×Equity×Power*）同现金持有价值（*Mv*）分别在10%和5%的显著性水平上呈负相关关系。此结果表明，非关联CEO同时弱化了管理层权力对管理层激励缓解公司过度投资、提升公司现金持有水平和现金持有价值的抑制作用。

表7-12　关联CEO视角下管理层权力、管理层激励与公司现金持有价值多元回归分析结果

| 变量 | 关联CEO | | 非关联CEO | |
|---|---|---|---|---|
| | （1） | （2） | （3） | （4） |
| *Constant* | 5.401*** | 2.248*** | 7.733*** | 3.925*** |
| | (8.85) | (4.23) | (19.70) | (12.71) |
| *Cash* | 0.420 | 0.332 | −0.748*** | −0.388*** |
| | (1.12) | (1.16) | (−3.39) | (−2.87) |
| *Pay* | −0.239*** | | −0.277*** | |
| | (−8.97) | | (−15.84) | |
| *Power* | 0.023 | −0.001 | 0.017* | 0.020*** |
| | (1.43) | (−0.12) | (1.74) | (2.75) |
| *Cash×Pay×Power* | −0.004 | | −0.004* | |
| | (−1.23) | | (−1.74) | |
| *Equity* | | 1.278*** | | 0.280** |
| | | (4.77) | | (2.41) |
| | （1） | （2） | （3） | （4） |
| *Cash×Equity×Power* | | −0.246 | | −0.075** |
| | | (−1.63) | | (−2.18) |
| $\Delta Mv_t$ | −0.484*** | −0.481*** | −0.493*** | −0.491*** |
| | (−11.75) | (−11.51) | (−20.90) | (−20.43) |

| 变量 | 关联 CEO | | 非关联 CEO | |
|---|---|---|---|---|
| $Oi_t$ | 10.041*** | 9.260*** | 9.781*** | 8.931*** |
| | （14.65） | （13.57） | （21.06） | （19.17） |
| $\Delta Oi_t$ | 0.00500 | 0.418 | 0.126 | 0.645 |
| | （0.01） | （0.56） | （0.23） | （1.19） |
| $\Delta Oi_{t+1}$ | 6.526*** | 6.416*** | 6.368*** | 6.350*** |
| | （7.28） | （7.05） | （11.07） | （10.90） |
| $Na_t$ | −0.108 | 0.045 | −1.869*** | −1.733*** |
| | （−0.21） | （0.09） | （−5.90） | （−5.56） |
| $\Delta Na_t$ | −0.179 | −0.158 | 0.024 | 0.179 |
| | （−0.68） | （−0.59） | （0.14） | （1.05） |
| $\Delta Na_{t+1}$ | −0.392 | −0.443 | −0.732*** | −0.644*** |
| | （−1.07） | （−1.18） | （−3.44） | （−2.98） |
| $Capexp_t$ | −0.443 | −0.867* | −0.255 | −0.295 |
| | （−0.94） | （−1.83） | （−0.91） | （−1.04） |
| $\Delta Capexp_t$ | 0.490 | 0.613 | 0.147 | 0.143 |
| | （0.87） | （1.07） | （0.51） | （0.49） |
| $\Delta Capexp_{t+1}$ | −0.858 | −1.001* | 0.308 | 0.277 |
| | （−1.63） | （−1.87） | （0.90） | （0.80） |
| $Fin_t$ | −11.503*** | −11.151*** | −9.512*** | −9.558*** |
| | （−4.09） | （−3.88） | （−6.41） | （−6.33） |
| | （1） | （2） | （3） | （4） |
| $\Delta Fin_t$ | 12.798*** | 11.521*** | 12.068*** | 11.231*** |
| | （3.93） | （3.51） | （5.28） | （4.84） |

续表

| 变量 | 关联 CEO | | 非关联 CEO | |
|---|---|---|---|---|
| $\Delta Fin_{t+1}$ | 0.739 | 0.975 | -0.799 | -1.074 |
| | (0.16) | (0.21) | (-0.33) | (-0.44) |
| $Div_t$ | -3.124* | -4.188*** | -1.969 | -3.488*** |
| | (-1.95) | (-2.62) | (-1.64) | (-2.90) |
| $\Delta Div_t$ | -2.171 | -1.741 | -1.591 | -1.306 |
| | (-1.36) | (-1.09) | (-1.42) | (-1.17) |
| $\Delta Div_{t+1}$ | -4.849*** | -5.229*** | -2.965** | -3.645*** |
| | (-2.76) | (-2.96) | (-2.30) | (-2.81) |
| N | 3 230 | 3 230 | 8 667 | 8 667 |
| $R^2$ | 0.521 | 0.512 | 0.512 | 0.497 |
| | | | 80.42 | 76.10 |

注：***、**、*分别表示在 0.01、0.05、0.1 水平上显著；（）中为 t 值。

## 7.6 本章小结

管理层激励补偿作为公司治理的内部机制在解决代理问题中发挥着关键作用，而权力较大的管理者能够依靠自身的权力影响或设计激励契约，这显然会降低旨在激励管理者为提升现金持有价值而努力的管理层激励效应。

本章以 2007—2019 年沪深 A 股非金融上市公司为样本，基于管理层权力的视角检验了管理层激励对于公司现金持有行为的影响。研究发现，管理层激励能够发挥抑制高管"耗散假说"下的过度投资行为的治理效应，提升公司现金持有水平并进一步提升现金持有价值，而管理层权力则会阻碍管理层激励的这种治理效应，较高的控股股东持股比例及关联 CEO 能够弱化管理层权力对管理层激励治理效应的抑制作用，致使管理层权力对管理层激励负面影响下的现金持有数量以及现金持有价值在控股股东持股比例较低的公司以及非关联CEO公司中更低。

　　本章研究证实，管理层货币薪酬激励和管理层股权激励均能够显著抑制公司过度投资，有效发挥治理效应，而管理者权力弱化了管理层激励的治理效应的有效发挥。本章的研究结果有利于从管理者权力角度深刻理解管理层激励效应发挥的基本条件，在我国公司管理层激励制度改革中必须重视管理者权力对管理层激励效应的影响，完善管理者与股东之间的权力配置，并进一步提高公司治理在管理层激励中的监督作用进而更大程度有效发挥管理层激励的治理效应。

# 第8章 治理环境、管理层激励与现金持有

## 8.1 引言

现金作为高流动性的资产，其持有量的多少是公司重要的财务决策之一。合理的现金持有将有助于公司规避流动性风险，提高经营业绩（Opler等，1999）。近年来，公司秉持"现金为王"理念而高额持有现金已成为普遍现象（罗进辉等，2018），但与此同时，由于现金的稀缺特性，导致其极易被管理层和大股东随意使用以攫取私人收益（Dittmar和Mahrt-Smith，2007）。从信息不对称视角看，现金持有水平会受到成本收益权衡（Opler等，1999）、经营环境不确定性（Mulligan，1997）、投资机会（Duchin，2010）以及避税行为（Hanlon等，2017）的影响；而在委托代理视角下，现金持有水平又会受到代理冲突作用进而呈现出"柔性假说"下的高持现和"耗散假说"下的低持现两种状态（Harford等，2008）。学者研究发现，公司持现水平的高低与其持有价值之间并

非一一对应关系（杨兴全和尹兴强，2018），但由代理问题引发的现金持有量的决策均会对公司价值产生损害，而完善的公司治理机制将有效抑制代理冲突的负面影响，进而提升公司价值（韩立岩和刘博研，2011）。

随着我国经理人市场的不断发展，所有权与控制权的分离程度越来越大，与之相伴而生的委托代理问题也越来越凸显。股东与管理层的目标不一致，导致了管理层为追逐自身利益而做出不利于公司的机会主义行为的动机。管理层激励补偿计划作为公司的一项关键内部治理机制，其在解决委托代理问题方面发挥着重要作用。通过设计合理的管理层薪酬契约，可有效协调代理人行为和委托人目标，确保管理层能够在充分考虑股东权益最大化的条件下实施财务决策（Jensen 和 Meckling，1976），进而提升公司经营绩效（Hall 和 Liebman，1998）。针对这一问题，李增泉（2000）研究发现，对于成长性较高的公司而言，管理层货币薪酬激励与上市公司经营业绩之间存在显著的正相关关系。辛清泉等（2007）利用我国上市公司数据研究发现，当我国上市公司的薪酬契约无法补偿经理层的努力与才能时，低薪酬极易诱发过度投资，而高管货币薪酬显著抑制了管理层过度投资行为。此后，詹雷和王瑶瑶（2013）、张丽平和杨兴全（2012）的研究也得出了类似的结论。岑维和童娜琼（2018）进一步研究发现，业绩敏感度高的薪酬激励机制能促进公司管理层的理性从众行为，抑制非理性投资行为，并且相对于国有公司，这种激励在非国有公司中更为有效（吕峻，2019）。

而现实中，我国上市公司高管薪酬乱象丛生（如"天价薪酬""零薪酬"，以及薪酬-业绩倒挂等），使得管理层薪酬本身成为一个委托代理问题（刘慧龙，2017），高管薪酬乱象在一定程度上也反映了公司治理的缺陷（杨德明和赵璨，2012）。随着对管理层激励相关研究的深入和拓展，学术界逐渐开始关注治理环境在管理层激励契约中的影响，研究表明，公司内部治理能够提高高管薪酬契约的有效性，缓解代理问题（陈运森和谢德仁，2012；王会娟和张然，2012），然而，治理环境作为公司内外部治理的重要环节之一，却尚未被纳入管理层薪酬-绩效敏感性的研究范畴内，现有研究也并未针对现金持有行为和现金持有价值去探究管理层激励的有效性。管理层激励是否具有抑制高管机会主义动机的治理效应？如果管理层激励具有这种治理效应，其是否又将受到治理环境的影响？治理环境对管理层激励治理效应的影响又是否会受制于上市公司管理层权力、公司内部治理水平以及外部融资环境的作用？

为回答上述问题，本章以 2007—2019 年沪深 A 股非金融上市公司为样本，基于治理环境视角检验了管理层激励对于公司现金持有水平以及现金持有价值的影响。研究发现，管理层激励能够通过发挥抑制高管"耗散假说"下自利行为的治理效应提升公司现金持有水平及现金持有价值，而弱治理环境能够强化管理层激励的这种优化效应，且这种强化作用在存在两职合一、内部治理水平较低以及外部融资环境较为宽松的公司更为显著。

本章的主要贡献在于：第一，将管理层与股东之间的委托代理问题以及外部经营环境对现金持有行为的影响置于同一框架之下，结合公司内部治理水平和外部融资环境，检验治理环境对于管理层激励与现金持有行为关系的影响。第二，现金持有的相关研究已日趋完善，本章从治理环境视角来探究管理层激励如何作用于公司现金持有行为，拓宽了公司治理与财务行为等研究话题，在结合治理环境深入阐述管理层货币薪酬激励对公司内部现金持有行为及其经济后果产生影响的同时，亦丰富了公司现金持有问题研究的相关文献。第三，本章发现管理层货币薪酬激励在发挥治理效应、抑制现金耗散、提高公司现金持有水平的同时，亦显著提升了公司现金持有价值，这为实务中公司通过构建有效的薪酬激励契约进而抑制管理层侵占现金以实现有效治理提供了启示。

## 8.2　理论分析与假设提出

如第 3 章所述，管理层激励既有可能抑制"柔性假说"下高管超额持现的自利行为，降低现金持有水平，又有可能遏制"耗散假说"下高管的个人帝国建造行为，提高现金持有水平。检验结果最终支持了"治理效应路径"，即管理层激励可以通过有效抑制"耗散假说"下公司内部人的现金耗散行为进而发挥优化公司现金持有水平的治理效应，并提升公司的现金持有价值。那么，治理环境作为公司治理的重要组成部分，是否会强化管理层激励对现金持有的治理作用？进而提升公司价值？换言之，管理层激励对现金持有的优化作用在治理环境较弱时还是在治理环境较强时更为明显？基于此，结合管理层激励影响下现金持有的形成过程和代理诱因对公司的现金持有行为进行综合分析，有利于进一步揭示治理环境对管理层激励与现金持有水平关系的作用并检验现金持有的价值效应。基于以上分析，本章主要考察以下几个问题：治理环境对管理层激励与现金持有水平之间关系具有何种影响（强化或弱化）？治理环境对管理层激励与现金持有价值之间关系的影响是优化还是恶化（最终是否实现了公司现金持有价值的提升）？

各地区发展不平衡是我国经济的一大特点，如樊纲和王小鲁（2016）的研究表明，我国各地区之间的市场化进程、政府干预程度和法治水平等具有较大差异。而这些外部制度和治理环境会对公司治理、个体行为产生重大影响（La Porta 等，1997）。学者研究发现，市场化进程能够有效缓解民营公司的融资约束（孙铮、刘凤委、李增泉，2005），提高公司内部的薪酬契约效率（辛清泉和谭伟强，2009），改善资本配置效率（方军雄，2006）。同时，有效的外部治理机制可以抑制大股东"掏空"行为，优化现金持有量进而提高公司现金价值（Wang，2014；侯青川等，2016）。因此，我们将继续研究公司所在地区的治理环境对现金持有决策的影响。一方面，从股东及外部利益相关者角度来看，公司所在地区的市场化程度越高，外部治理环境越好，信息透明度越高，股东及公司利益相关者越能对管理层施以有效的监督，这意味着管理层进行自利行为的空间有限，其存在过度投资、在职消费等构建个人帝国行为的可能性较低，因而管理层耗散现金的机会主义动机较弱。另一方面，从管理层角度来看，高市场化程度地区的法律执行效率通常更高，媒体的声誉监督机制也更能发挥威慑约束作用，在这种情况下，管理层基于职业声誉的长远考虑，更会审慎决策以降低声誉风险。综上，本章认为，相对于治理环境较差的地区，治理环境较好的地区更能抑制管理层基于自利动机引发的私利行为，促进无效耗散的现金回流至公司，进而提高现金持有水平。

　　从管理层激励的治理效应来看，如第3章所述，管理层激励显著提升了公司现金持有水平，进而验证了自由现金流的"耗散假说"。这一结果说明，设计合理的管理层激励将促使股东和管理层的利益趋于一致。具体而言，由于管理层薪酬与公司绩效相挂钩，当管理层为追求自身利益最大化而选择净现值小于零的投资项目时，管理层薪酬会因公司业绩的下降而减少，这将使管理层为追求个人私利而进行的过度投资和在职消费等行为得以抑制，同时，随着管理层货币薪酬激励对公司绩效敏感性的提高，管理层的机会主义行为更容易受到约束。因此，提高"股东-管理层"利益协调度有利于缓解管理层因自由现金流权导致的过度投资和在职消费等行为，表明管理层激励可有效抑制"耗散假说"下公司内部人的过度投资和在职消费，进而促进公司现金持有水平的提高。

　　进一步考虑当治理环境和管理层激励置于同一研究框架时，治理环境对管理层激励与现金持有水平关系的影响。20世纪90年代以来，La Porta等（1997）关于"金融与法"的交叉研究，为公司治理问题提供了外部环境研究的新思路。根据这一框架，后续很多学者研究了法律（La Porta等，2003；Leuz等，2003；Haw等，2004）、产权保护和政府干预（Francis和Wang，2008；Ball等，2008；张玲和刘启亮，2009）以及宗教与社会文化（Perotti和Thadden，2006；Bergman和Nicolaievsky，2007；Djankov等，2007）等外部治理环境对公司微观决策行为的影响。他们的研究结论均表明，市场化程度越高、法律执行越有效、投资者保护越好、政府干预越少的地区，管理层机会主义动机越弱。相对于股权结构、董事会特征、管理层激励等公司治理机制，外部治理环境对解决公司治理问题有着重要意义。简而言之，当外部治理环境较好时，法制较为健全，信息透明度较高，来自外部利益相关者的监督更为有效，因而相较于管理层自利动机，其自我约束动机会更为强烈，在经营过程中更能够审慎地做出现金持有决策。在这种情形下，管理层激励治理作用的边际效果较低，抑制管理层过度投资或在职消费等自利行为对公司现金持有水平的提升作用有限。而当外部治理环境较差时，信息不对称程度较高，代理问题较为严重，更可能引发股东与管理层之间的利益冲突，导致管理层具有强烈的动机通过过度投资和在职消费等途径构建个人帝国以谋求私利，则其对现金资产的耗散程度较高。在这种情形下，管理层激励发挥的治理效应将对公司投资行为（高管自利行为）产生直观的修正，可以大幅度抑制过度投资（在职消费），进而提高现金持有水平。基于此，本章提出假设H1和假设H2：

H1：相对于治理环境较好地区，管理层激励对现金持有水平的治理效应在弱治理环境下更为明显，即弱治理环境能够强化管理层激励对现金持有水平的优化效应。

H2：相对于治理环境较好地区，管理层激励对现金持有价值的提升效应在弱治理环境下更为明显，即弱治理环境能够强化管理层激励对现金持有价值的提升效应。

## 8.3 变量设计与数据来源

### 8.3.1 样本选择与数据来源

自2007年新会计准则实施起，"交易性金融资产"科目替代了"短期投资"科目，为确保现金持有变量的计算口径一致，本章以2007—2019年沪深A股上市公司为研究样本，并对样本进行如下处理：①剔除金融保险类公司样本；②剔除ST、PT类公司样本；③剔除有关财务数据缺失的样本；④为消除极端值的影响，对所有连续变量进行了1%和99%水平上的缩尾处理，并在公司层面使用Cluster技术进行聚类调整。最终，共获得17 556个公司-年度样本。上市公司财务与公司治理数据均来源于国泰安数据库（CSMAR）。本章使用Stata16.0进行统计分析。

### 8.3.2 模型设定

（1）治理环境、管理层激励与公司现金持有水平

为验证在治理环境的作用下，管理层激励对公司现金持有水平的影响，本章构建模型（8-1）来验证治理环境、管理层激励与公司现金持

有水平三者之间的关系：

$$Cash = \beta_0 + \beta_1 Pay \times Indexmar + \beta_2 Pay + \beta_3 Indexmar + \beta_4 Size + \beta_5 Lev + \beta_6 Roa + \beta_7 Grow + \beta_8 Top + \beta_9 Dual + \beta_{10} Board + \beta_{11} Age + \sum Year + \sum Ind + \varepsilon_{i,t}$$

$$(8-1)$$

模型（8-1）中，$Pay \times Indexmar$ 表示管理层激励（$Pay1$、$Pay2$）与治理环境（$Indexmar$）的交乘项。若系数 $\beta_1$ 显著为正，则说明治理环境强化了管理层激励对公司现金持有水平的治理效应；反之，若系数 $\beta_1$ 显著为负，则说明治理环境弱化了管理层激励对公司现金持有水平的治理效应。

（2）治理环境、管理层激励与公司现金持有价值

为验证在治理环境的作用下，管理层激励对公司现金持有价值的影响，本章构建模型（8-2）来验证治理环境、管理层激励与公司现金持有价值三者之间的关系：

$$Mv = \beta_0 + \beta_1 Pay \times Indexmar \times Cash + \beta_2 Pay \times Cash + \beta_3 Pay \times Indexmar + \beta_4 Indexmar \times Cash + \beta_5 Pay + \beta_6 Indexmar + \beta_7 Cash + \beta_8 Size + \beta_9 Lev + \beta_{10} Roa + \beta_{11} Grow + \beta_{12} Top + \beta_{13} Dual + \beta_{14} Board + \beta_{15} Age + \sum Year + \sum Ind + \varepsilon_{i,t}$$

$$(8-2)$$

模型（8-2）中，$Pay \times Indexmar \times Cash$ 表示管理层激励（$Pay1$、$Pay2$）、治理环境（$Indexmar$）与现金持有水平（$Cash$）的交乘项，现金持有价值（$Mv$）分别以市场价值（$TBQ$）和公司价值（$Roa$）衡量。若系数 $\beta_1$ 显著为正，则说明治理环境强化了管理层激励对公司现金持有价值的提升效应；反之，若系数 $\beta_1$ 显著为负，则说明治理环境弱化了管理层激励对公司现金持有价值的提升效应。

### 8.3.3　变量定义

（1）现金持有水平（价值）

参考已有研究（杨兴全等，2016；杨兴全和尹兴强，2018；杨兴全等，2020），本章将现金持有水平（$Cash$）定义为（货币资金+交易性金融资产）/总资产，并采用经行业年度中值调整后的现金持有（$Cash1$）以及货币资金和交易性金融资产之和与总资产和现金及现金等价物期末余额之差的比值（$Cash2$）作为公司现金持有水平的稳健性检验变量。

此外，以市场价值（*TBQ*）和公司价值（*Roa*）作为现金持有价值（*Mv*）的代理变量。

（2）管理层激励

本章以薪酬最高的前三名高管薪酬总额的自然对数（*Pay*1）和薪酬最高的前三名董监高薪酬总额的自然对数（*Pay*2）作为管理层激励（*Pay*）的代理变量（杨兴全等，2012）。

（3）治理环境

本章采用市场化进程指数衡量治理环境（*Indexmar*），*Indexmar*得分越高，说明该地区的市场化程度越高，外部治理环境越好（杨兴全等，2010），并采用产品市场竞争程度（*HHI*）作为中观行业层面治理环境稳健性检验的替代变量（杨兴全等，2016）。

（4）控制变量

参考已有研究，本章控制了公司规模（*Size*）、资产负债率（*Lev*）、资产收益率（*Roa*）、成长性（*Grow*）、第一大股东持股比例（*Top*）、两职合一（*Dual*）、董事会规模（*Board*）、公司年龄（*Age*）等可能影响现金持有水平的因素，同时还控制了公司所在行业和年份等外部影响因素。

主要变量定义如表8-1所示。

表8-1　　　　　　　　　　　主要变量定义表

| 变量类型 | 变量名称 | 变量符号 | 变量定义 |
|---|---|---|---|
| 被解释变量 | 现金持有水平 | *Cash* | （货币资金+交易性金融资产）/（资产-现金及现金等价物） |
| 解释变量 | 高管薪酬激励 | *Pay*1 | 薪酬最高的前三名高管薪酬总额的自然对数 |
| | 董监高薪酬激励 | *Pay*2 | 薪酬最高的前三名董监高薪酬总额的自然对数 |
| | 治理环境 | *Indexmar* | 当市场化进程指数低于行业年度中值时，赋值为1，即治理环境较差；反之为0，即治理环境较好 |

| 变量类型 | 变量名称 | 变量符号 | 变量定义 |
|---|---|---|---|
| 控制变量 | 公司规模 | *Size* | 公司资产总额取自然对数 |
| | 资产负债率 | *Lev* | 总负债/总资产 |
| | 资产利润率 | *Roa* | 净利润/总资产平均余额 |
| | 成长性 | *Grow* | 营业收入增长率 |
| | 第一大股东持股比例 | *Top* | 第一大股东持股数/总股数 |
| | 两职合一 | *Dual* | 董事长兼任总经理取值为1；否则为0 |
| | 董事会规模 | *Board* | 董事会人数取自然对数 |
| | 公司年龄 | *Age* | 上市时间加1取自然对数 |

### 8.3.4 描述性统计分析

表8-2为主要变量的描述性统计分析结果，从表中可以看出，现金持有水平（*Cash*）的均值为0.296，与现有研究基本一致，其最大值和最小值分别为2.463和0.013，标准差为0.352，说明公司之间现金持有水平存在一定差异；管理层激励指标中，高管薪酬激励（*Pay*1）的均值为14.140，最大值和最小值分别为16.220和12.324，标准差为0.759。董监高薪酬激励（*Pay*2）的均值为14.234，最大值和最小值分别为16.331和12.433，且标准差为0.753，说明公司之间的管理层激励均存在一定差异；其余控制变量与现有研究基本一致，此处不再赘述。

表8-2 描述性统计分析结果

| 变量 | *Obs* | *Mean* | *Sd* | *Min* | *Median* | *Max* | *P*25 | *P*75 |
|---|---|---|---|---|---|---|---|---|
| *Cash* | 17 556 | 0.296 | 0.352 | 0.013 | 0.183 | 2.463 | 0.105 | 0.340 |
| *Pay*1 | 17 556 | 14.140 | 0.759 | 12.324 | 14.132 | 16.220 | 13.657 | 14.610 |
| *Pay*2 | 17 556 | 14.234 | 0.753 | 12.433 | 14.220 | 16.331 | 13.754 | 14.692 |
| *Indexmar* | 17 556 | 0.284 | 0.451 | 0.000 | 0.000 | 1.000 | 0.000 | 1.000 |

续表

| 变量 | Obs | Mean | Sd | Min | Median | Max | P25 | P75 |
|---|---|---|---|---|---|---|---|---|
| Size | 17 556 | 22.000 | 1.299 | 19.557 | 21.811 | 26.060 | 21.061 | 22.740 |
| Roa | 17 556 | 0.047 | 0.057 | −0.188 | 0.042 | 0.226 | 0.017 | 0.074 |
| Grow | 17 556 | 0.434 | 1.317 | −0.681 | 0.121 | 9.733 | −0.043 | 0.406 |
| Lev | 17 556 | 0.439 | 0.214 | 0.049 | 0.437 | 0.928 | 0.268 | 0.605 |
| Top | 17 556 | 0.357 | 0.150 | 0.088 | 0.338 | 0.751 | 0.236 | 0.463 |
| Dual | 17 556 | 0.233 | 0.423 | 0.000 | 0.000 | 1.000 | 0.000 | 0.000 |
| Board | 17 556 | 2.157 | 0.197 | 1.609 | 2.197 | 2.708 | 2.079 | 2.197 |
| Age | 17 556 | 2.051 | 0.840 | 0.000 | 2.303 | 3.258 | 1.386 | 2.773 |

## 8.4　实证结果与分析

### 8.4.1　治理环境、管理层激励与公司现金持有

表 8-3 为治理环境、管理层激励与现金持有水平之间的多元回归分析结果。其中，列（1）和列（3）为管理层激励对公司现金持有水平的影响，从中可以看出，管理层激励中不管是高管薪酬激励（Pay1）还是董监高薪酬激励（Pay2）均可以提高现金持有水平（列（1）中的 Pay1 和列（3）中的 Pay2 与现金持有水平（Cash）的系数均在 1% 水平上显著为正），与第 3 章研究结论一致，进一步验证了现金持有的增加是管理层激励优化的结果。列（2）和列（4）为治理环境对管理层激励与现金持有水平之间关系的影响，从表中可以看出，在考虑了治理环境的影响后，管理层激励与现金持有水平之间仍存在显著的正相关关系（列（2）中 Pay1 与现金持有水平（Cash）的系数在 1% 水平上显著为负，列（4）中 Pay2 与现金持有水平（Cash）的系数在 5% 水平上显著为正），且弱治理环境与现金持有水平之间存在显著的负相关关系（列（2）和列（4）中 Indexmar 与现金持有水平（Cash）的系数均在 5% 水平

上显著为负），说明在外部治理环境较差时，管理层可能存在过度投资和在职消费等耗散现金的自利行为，进而使公司现金持有水平较低。而弱治理环境对管理层激励与现金持有水平之间的正向关系具有显著的强化作用（列（2）中 *Pay1×Indexmar* 与现金持有水平（*Cash*）的系数在 10% 水平上显著为正，列（4）中 *Pay2×Indexmar* 与现金持有水平（*Cash*）的系数在 5% 水平上显著为正），即假设 H1 成立。上述结果表明，在治理环境较差地区，管理层激励对现金持有水平的治理效应更为明显。

表8-3　治理环境、管理层激励与现金持有水平的多元回归分析结果

| 变量 | （1） | （2） | （3） | （4） |
|---|---|---|---|---|
| | *Cash* | *Cash* | *Cash* | *Cash* |
| *Pay1* | 0.027*** | 0.023*** | | |
| | (3.818) | (3.161) | | |
| *Pay2* | | | 0.021*** | 0.017** |
| | | | (3.069) | (2.370) |
| *Indexmar* | | −0.191** | | −0.224** |
| | | (−1.994) | | (−2.299) |
| *Pay1×Indexmar* | | 0.013* | | |
| | | (1.933) | | |
| *Pay2×Indexmar* | | | | 0.015** |
| | | | | (2.241) |
| *Size* | −0.005 | −0.005 | −0.004 | −0.004 |
| | (−1.079) | (−1.084) | (−0.761) | (−0.765) |
| *Roa* | 0.431*** | 0.431*** | 0.445*** | 0.445*** |
| | (5.773) | (5.777) | (5.952) | (5.958) |
| *Grow* | 0.009*** | 0.009*** | 0.009*** | 0.009*** |
| | (3.351) | (3.358) | (3.309) | (3.316) |

续表

| 变量 | （1）<br>*Cash* | （2）<br>*Cash* | （3）<br>*Cash* | （4）<br>*Cash* |
|---|---|---|---|---|
| *Lev* | −0.533*** | −0.533*** | −0.535*** | −0.535*** |
| | （−17.273） | （−17.272） | （−17.302） | （−17.302） |
| *Top* | 0.031 | 0.031 | 0.030 | 0.030 |
| | （1.059） | （1.061） | （1.023） | （1.025） |
| *Dual* | 0.023** | 0.023** | 0.025** | 0.025** |
| | （2.099） | （2.096） | （2.304） | （2.304） |
| *Board* | 0.017 | 0.017 | 0.018 | 0.018 |
| | （0.804） | （0.821） | （0.876） | （0.894） |
| *Age* | −0.076*** | −0.076*** | −0.075*** | −0.076*** |
| | （−12.890） | （−12.906） | （−12.872） | （−12.894） |
| _cons | 0.247** | 0.293*** | 0.281*** | 0.335*** |
| | （2.460） | （2.788） | （2.766） | （3.144） |
| Ind/Year | Yes | Yes | Yes | Yes |
| N | 17 556 | 17 556 | 17 556 | 17 556 |
| $R^2\_a$ | 0.307 | 0.307 | 0.306 | 0.306 |
| F | 40.020 | 38.247 | 39.917 | 38.182 |

注：***、**和*分别表示在1%、5%和10%的水平下显著；括号内为t值；标准差经公司层面聚类处理。

### 8.4.2 治理环境、管理层激励与公司现金持有价值

表8-4为治理环境、管理层激励与现金持有价值的多元回归分析结果。其中，列（1）和列（2）以市场价值（*TBQ*）为被解释变量，列（3）和列（4）以公司价值（*Roa*）为被解释变量。结果表明，不论以何种方式衡量公司现金持有价值，管理层激励均能够显著提升公司现金

持有价值（列（1）至列（4）中*Pay*1与*Pay*2的系数均在1%水平上显著为正），与第3章研究结论一致，即管理层激励（包括高管薪酬激励和董监高薪酬激励）有助于公司现金持有价值的提升。从治理环境对公司现金持有价值的回归结果可以看出，治理环境越弱，公司现金持有价值越低（列（1）至列（4）中*Cash×Indexmar*的系数均在1%水平上显著为负），即当外部治理环境较弱时，更容易加剧股东与管理层之间的信息不对称并诱发了管理层侵占现金的自利行为，进而降低现金持有价值。进一步考虑治理环境对管理层激励与现金持有价值的影响，回归结果表明，不论以何种方式衡量公司现金持有价值，弱治理环境影响下的管理层激励均能显著提升公司现金持有价值（列（1）至列（4）中*Indexmar×Cash×Pay*1与*Indexmar×Cash×Pay*2的系数均在1%水平上显著为正），即假设H2成立。上述结果说明，相对于治理环境较好地区，治理环境强化管理层激励对现金持有价值的提升效应在治理环境较差地区更为明显。

表8-4 治理环境、管理层激励与现金持有价值的多元回归分析结果

| 变量 | （1） | （2） | （3） | （4） |
|---|---|---|---|---|
| | *TBQ* | *TBQ* | *Roa* | *Roa* |
| *Cash* | −0.148 | −0.168 | −0.021*** | −0.023*** |
| | （−1.089） | （−1.242） | （−3.340） | （−3.533） |
| *Cash×Pay*1 | 0.038*** | | 0.003*** | |
| | （3.458） | | （6.153） | |
| *Cash×Pay*2 | | 0.040*** | | 0.003*** |
| | | （3.656） | | （6.407） |
| *Indexmar×Cash×Pay*1 | 0.281*** | | 0.008*** | |
| | （4.890） | | （2.953） | |
| *Indexmar×Cash×Pay*2 | | 0.330*** | | 0.009*** |
| | | （5.668） | | （3.201） |
| *Pay*1 | 0.111*** | | 0.019*** | |
| | （6.281） | | （23.154） | |

续表

| 变量 | （1） | （2） | （3） | （4） |
|---|---|---|---|---|
| | TBQ | TBQ | Roa | Roa |
| Pay2 | | 0.095*** | | 0.020*** |
| | | （5.363） | | （24.046） |
| Indexmar | 1.109*** | 1.249*** | 0.053*** | 0.060*** |
| | （2.763） | （3.062） | （2.770） | （3.096） |
| Cash×Indexmar | −0.044*** | −0.051*** | −0.001*** | −0.001*** |
| | （−5.436） | （−6.206） | （−3.246） | （−3.488） |
| Indexmar×Pay1 | −0.060** | | −0.003** | |
| | （−2.123） | | （−2.513） | |
| Indexmar×Pay2 | | −0.069** | | −0.004*** |
| | | （−2.438） | | （−2.853） |
| Size | −0.516*** | −0.512*** | 0.006*** | 0.005*** |
| | （−57.752） | （−57.244） | （13.210） | （12.766） |
| Roa | 4.319*** | 4.342*** | | |
| | （27.056） | （27.147） | | |
| Grow | 0.008 | 0.008 | 0.003*** | 0.003*** |
| | （1.317） | （1.262） | （9.451） | （9.412） |
| Lev | 0.094* | 0.089* | −0.107*** | −0.106*** |
| | （1.787） | （1.703） | （−45.482） | （−45.373） |
| Top | −0.082 | −0.080 | 0.027*** | 0.028*** |
| | （−1.493） | （−1.458） | （10.300） | （10.922） |
| Dual | 0.051*** | 0.062*** | −0.000 | 0.001 |
| | （2.641） | （3.238） | （−0.118） | （1.588） |
| Board | −0.109*** | −0.104** | −0.002 | −0.001 |
| | （−2.598） | （−2.483） | （−0.831） | （−0.608） |

续表

| 变量 | （1） | （2） | （3） | （4） |
|---|---|---|---|---|
| | *TBQ* | *TBQ* | *Roa* | *Roa* |
| *Age* | 0.428*** | 0.429*** | −0.008*** | −0.008*** |
| | (37.713) | (37.802) | (−14.995) | (−14.531) |
| *_cons* | 11.302*** | 11.400*** | −0.280*** | −0.290*** |
| | (44.586) | (44.541) | (−23.729) | (−24.422) |
| *Ind/Year* | Yes | Yes | Yes | Yes |
| *N* | 17 556 | 17 556 | 17 556 | 17 556 |
| $R^2\_a$ | 0.401 | 0.401 | 0.289 | 0.291 |
| *F* | 256.772 | 256.453 | 159.410 | 161.248 |

注：***、**和*分别表示在1%、5%和10%的水平下显著；括号内为t值；标准差经公司层面聚类处理。

### 8.4.3 稳健性检验

（1）替换现金持有变量

表8-5的列（1）至列（4）报告了采用经行业年度中值调整后的现金持有（*Cash*1）以及货币资金和交易性金融资产之和与总资产和现金及现金等价物期末余额之差的比值（*Cash*2）替换现金持有变量（*Cash*）以考察管理层激励对公司现金持有水平的影响以及治理环境对管理层激励治理效应的影响的稳健性检验结果。回归结果表明，不论以何种方式衡量现金持有，高管薪酬激励（*Pay*1）与董监高薪酬激励（*Pay*2）均与公司现金持有水平呈显著的正相关关系，说明管理层激励能够抑制现金的无效耗散从而增加现金持有量，但弱治理环境降低了公司现金持有水平（*Indexmar*的系数均在5%水平上显著为负）。进一步考虑治理环境与管理层激励交乘项对现金持有水平的影响，结果表明，弱治理环境影响下的管理层激励显著提升了公司现金持有水平（列（1）至列（4）中*Pay*1×*Indexmar*和*Pay*2×*Indexmar*的系数分别在10%和5%水平上显著为正），说明弱治理环境显著提升了管理层激

励的治理效应，即证明了假设H1的稳健性。

表8-5　治理环境、管理层激励与现金持有：稳健性检验（替换现金持有变量）

| 变量 | （1） | （2） | （3） | （4） |
|---|---|---|---|---|
| | Cash1 | Cash1 | Cash2 | Cash2 |
| Pay1 | 0.023*** | | 0.023*** | |
| | (3.307) | | (3.324) | |
| Pay2 | | 0.018** | | 0.017** |
| | | (2.527) | | (2.513) |
| Indexmar | −0.180** | −0.206** | −0.183** | −0.212** |
| | (−2.032) | (−2.293) | (−2.018) | (−2.302) |
| Pay1×Indexmar | 0.012* | | 0.012** | |
| | (1.940) | | (1.963) | |
| Pay2×Indexmar | | 0.014** | | 0.014** |
| | | (2.203) | | (2.250) |
| Size | −0.005 | −0.004 | −0.005 | −0.004 |
| | (−1.260) | (−0.935) | (−1.201) | (−0.869) |
| Roa | 0.424*** | 0.437*** | 0.428*** | 0.441*** |
| | (6.073) | (6.254) | (6.093) | (6.281) |
| Grow | 0.009*** | 0.008*** | 0.009*** | 0.009*** |
| | (3.370) | (3.328) | (3.385) | (3.341) |
| Lev | −0.505*** | −0.507*** | −0.517*** | −0.518*** |
| | (−17.768) | (−17.800) | (−18.209) | (−18.239) |
| Top | 0.032 | 0.031 | 0.035 | 0.034 |
| | (1.159) | (1.124) | (1.265) | (1.227) |
| Dual | 0.019* | 0.021** | 0.020** | 0.022** |
| | (1.927) | (2.145) | (2.054) | (2.275) |

| 变量 | （1） | （2） | （3） | （4） |
| --- | --- | --- | --- | --- |
| | $Cash1$ | $Cash1$ | $Cash2$ | $Cash2$ |
| $Board$ | 0.016 | 0.018 | 0.019 | 0.021 |
| | （0.856） | （0.932） | （1.001） | （1.078） |
| $Age$ | −0.070*** | −0.070*** | −0.072*** | −0.072*** |
| | （−12.723） | （−12.705） | （−13.132） | （−13.113） |
| $\_cons$ | 0.153 | 0.191* | 0.283*** | 0.323*** |
| | （1.534） | （1.893） | （2.836） | （3.198） |
| $Ind/Year$ | Yes | Yes | Yes | Yes |
| $N$ | 17 522 | 17 522 | 17 522 | 17 522 |
| $R^2\_a$ | 0.241 | 0.241 | 0.319 | 0.318 |
| $F$ | 27.553 | 27.411 | 42.112 | 42.031 |

注：***、**和*分别表示在1%、5%和10%的水平下显著；括号内为t值；标准差经公司层面聚类处理。

（2）替换管理层激励变量

表8-6的列（1）至列（4）报告了采用薪酬最高的前三名高管薪酬总额的平均值取自然对数（$Pay3$）以及薪酬最高的前三名董监高薪酬总额的平均值取自然对数（$Pay4$）替换管理层激励（$Pay$）以考察管理层激励对公司现金持有水平影响以及治理环境对管理层激励治理效应影响的稳健性检验结果。回归结果表明，不论以何种方式衡量管理层激励，高管薪酬激励（$Pay3$）与董监高薪酬激励（$Pay4$）均与公司现金持有水平呈显著的正相关关系，说明管理层激励能够抑制现金的无效耗散从而增加现金持有量，但弱治理环境降低了公司现金持有水平（$Indexmar$的系数均在5%的水平上显著为负）。进一步考虑治理环境与管理层激励的交乘项对现金持有水平的影响，结果表明，弱治理环境影响下的管理层激励显著提升了公司现金持有水平（列（1）至列（4）中$Pay3×Indexmar$和$Pay4×Indexmar$的系数分

别在10%和5%的水平上显著为正），说明弱治理环境显著提升了管理层激励的治理效应，结论不变。

表8-6　　　　　　　治理环境、管理层激励与现金持有：

稳健性检验（替换管理层激励变量）

| 变量 | （1） | （2） | （3） | （4） |
|---|---|---|---|---|
| | Cash | Cash | Cash | Cash |
| Pay3 | 0.027*** | 0.023*** | | |
| | (3.818) | (3.161) | | |
| Pay4 | | | 0.021*** | 0.017** |
| | | | (3.069) | (2.370) |
| Indexmar | | −0.191** | | −0.224** |
| | | (−1.994) | | (−2.299) |
| Pay3×Indexmar | | 0.013* | | |
| | | (1.933) | | |
| Pay4×Indexmar | | | | 0.015** |
| | | | | (2.241) |
| Size | −0.005 | −0.005 | −0.004 | −0.004 |
| | (−1.079) | (−1.084) | (−0.761) | (−0.765) |
| Roa | 0.431*** | 0.431*** | 0.445*** | 0.445*** |
| | (5.773) | (5.777) | (5.952) | (5.958) |
| Grow | 0.009*** | 0.009*** | 0.009*** | 0.009*** |
| | (3.351) | (3.358) | (3.309) | (3.316) |
| Lev | −0.533*** | −0.533*** | −0.535*** | −0.535*** |
| | (−17.273) | (−17.272) | (−17.302) | (−17.302) |
| Top | 0.031 | 0.031 | 0.030 | 0.030 |
| | (1.059) | (1.061) | (1.023) | (1.025) |

续表

| 变量 | （1） | （2） | （3） | （4） |
|---|---|---|---|---|
| | Cash | Cash | Cash | Cash |
| Dual | 0.023** | 0.023** | 0.025** | 0.025** |
| | (2.099) | (2.096) | (2.304) | (2.304) |
| Board | 0.017 | 0.017 | 0.018 | 0.018 |
| | (0.804) | (0.821) | (0.876) | (0.894) |
| Age | −0.076*** | −0.076*** | −0.075*** | −0.076*** |
| | (−12.890) | (−12.906) | (−12.872) | (−12.894) |
| _cons | 0.277*** | 0.319*** | 0.304*** | 0.354*** |
| | (2.862) | (3.166) | (3.119) | (3.472) |
| Ind/Year | Yes | Yes | Yes | Yes |
| N | 17 556 | 17 556 | 17 556 | 17 556 |
| $R^2\_a$ | 0.307 | 0.307 | 0.306 | 0.306 |
| F | 40.020 | 38.247 | 39.917 | 38.182 |

注：***、**和*分别表示在1%、5%和10%的水平下显著；括号内为t值；标准差经公司层面聚类处理。

（3）替换治理环境变量

产品市场的激烈竞争提高了公司陷入财务困境的风险。Bai 等（2004）认为，解决各种代理问题的一个重要外部机制是产品市场竞争，高度竞争的市场环境有助于抑制大股东的掏空行为，提升管理层激励的治理效果。基于此，本章采用反映市场集中度的赫芬达尔指数（HHI）衡量产品市场的竞争程度，具体用每家公司的市场销售份额占行业总市场份额比例的平方和计算。其中，较小的HHI指数表示，当行业可容纳的公司数量一定时，一个行业内相似规模的公司较多，公司间的竞争激烈。此时，公司更有可能针对竞争对手的行为采取相应措施，即行业内竞争对手之间的相互影响程度高。反之，较高的HHI指数意味着行业集中程度较高，公司间竞争度较小。当HHI高于中位数时，赋值为1，表示产品市场竞争较弱；否则，赋值为0，表示产品市场竞争较强。

表8-7的列（1）和列（4）报告了采用产品市场竞争（*HHI*）替换治理环境（*Indexmar*）以考察管理层激励对公司现金持有水平影响以及治理环境对管理层激励治理效应影响的稳健性检验结果。回归结果表明，弱产品市场竞争程度降低了公司现金持有水平（*HHI*的系数均在5%水平上显著为负）。进一步考虑弱产品市场竞争程度与管理层激励的交乘项对现金持有水平的影响，结果表明，弱产品市场竞争程度影响下的管理层激励显著提升了公司现金持有水平（列（2）和列（4）中*Pay1×HHI*和*Pay2×HHI*的系数均在5%水平上显著为正），说明弱产品市场竞争程度显著提升了管理层激励的治理效应，即中观层面的行业治理环境与宏观层面的外部治理环境发挥了同样的治理作用，证明了研究结论的稳健性。

表8-7　　治理环境、管理层激励与现金持有：稳健性检验（替换治理环境变量）

| 变量 | （1）Cash | （2）Cash | （3）Cash | （4）Cash |
|---|---|---|---|---|
| Pay1 | 0.028*** | 0.018*** | | |
| | (7.178) | (2.933) | | |
| Pay2 | | | 0.022*** | 0.012* |
| | | | (5.738) | (1.876) |
| HHI | | −0.201** | | −0.225** |
| | | (−2.082) | | (−2.289) |
| Pay1×HHI | | 0.014** | | |
| | | (2.006) | | |
| Pay2×HHI | | | | 0.015** |
| | | | | (2.214) |

续表

| 变量 | （1） | （2） | （3） | （4） |
|------|------|------|------|------|
|      | Cash | Cash | Cash | Cash |
| Size | −0.005** | −0.006** | −0.004 | −0.004 |
|      | (−2.126) | (−2.211) | (−1.531) | (−1.625) |
| Roa | 0.428*** | 0.430*** | 0.442*** | 0.445*** |
|     | (9.345) | (9.399) | (9.638) | (9.701) |
| Grow | 0.009*** | 0.009*** | 0.009*** | 0.009*** |
|      | (5.086) | (5.104) | (5.006) | (5.021) |
| Lev | −0.535*** | −0.535*** | −0.536*** | −0.537*** |
|     | (−37.049) | (−37.090) | (−37.145) | (−37.190) |
| Top | 0.033** | 0.032** | 0.032** | 0.031** |
|     | (2.105) | (2.050) | (2.034) | (1.985) |
| Dual | 0.024*** | 0.024*** | 0.026*** | 0.026*** |
|      | (4.261) | (4.278) | (4.659) | (4.670) |
| Board | 0.020* | 0.020* | 0.021* | 0.022* |
|       | (1.657) | (1.661) | (1.778) | (1.785) |
| Age | −0.076*** | −0.075*** | −0.075*** | −0.075*** |
|     | (−23.626) | (−23.594) | (−23.560) | (−23.524) |
| _cons | 0.235*** | 0.382*** | 0.269*** | 0.432*** |
|       | (4.043) | (4.210) | (4.583) | (4.713) |
| Ind/Year | Yes | Yes | Yes | Yes |
| N | 17 509 | 17 509 | 17 509 | 17 509 |
| $R^2$_a | 0.308 | 0.308 | 0.308 | 0.308 |
| F | 196.138 | 186.955 | 195.466 | 186.345 |

注：***、**和*分别表示在1%、5%和10%的水平下显著；括号内为t值；标准差经公司层面聚类处理。

（4）调整样本区间

考虑到2007年会计准则变化以及2008年金融危机均会对公司财务行为产生影响，进而影响到公司现金持有水平，本章进一步剔除这两个年度的数据进行回归，表8-8的列（1）至列（4）报告了调整样本后管理层激励对公司现金持有水平影响以及治理环境对管理层激励治理效应影响的稳健性检验结果。回归结果表明，弱治理环境降低了公司现金持有水平（*Indexmar* 的系数均在5%水平上显著为负）。进一步考虑治理环境与管理层激励交乘项对现金持有水平的影响，结果表明，弱治理环境影响下的管理层激励显著提升了公司现金持有水平（列（2）和列（4）中 *Pay1×Indexmar* 和 *Pay2×Indexmar* 的系数均在5%水平上显著为正），说明弱治理环境显著提升了管理层激励的治理效应，基础回归结论依然稳健。

表8-8　　　　　治理环境、管理层激励与现金持有：

稳健性检验（调整样本区间）

| 变量 | （1） | （2） | （3） | （4） |
|---|---|---|---|---|
| | Cash | Cash | Cash | Cash |
| Pay1 | 0.026*** | 0.022*** | | |
| | (3.454) | (2.725) | | |
| Pay2 | | | 0.021*** | 0.016** |
| | | | (2.770) | (1.992) |
| Indexmar | | −0.200** | | −0.235** |
| | | (−2.039) | | (−2.362) |
| Pay1×Indexmar | | 0.014** | | |
| | | (2.018) | | |
| Pay2×Indexmar | | | | 0.016** |
| | | | | (2.348) |
| Size | −0.003 | −0.003 | −0.001 | −0.001 |
| | (−0.523) | (−0.522) | (−0.232) | (−0.229) |

续表

| 变量 | （1） | （2） | （3） | （4） |
|---|---|---|---|---|
| | Cash | Cash | Cash | Cash |
| Roa | 0.430*** | 0.430*** | 0.444*** | 0.444*** |
| | （5.224） | （5.227） | （5.383） | （5.387） |
| Grow | 0.010*** | 0.010*** | 0.009*** | 0.009*** |
| | （3.216） | （3.227） | （3.186） | （3.195） |
| Lev | −0.561*** | −0.562*** | −0.563*** | −0.563*** |
| | （−16.847） | （−16.848） | （−16.871） | （−16.874） |
| Top | 0.034 | 0.034 | 0.033 | 0.033 |
| | （1.097） | （1.100） | （1.069） | （1.070） |
| Dual | 0.022** | 0.022** | 0.024** | 0.024** |
| | （2.014） | （2.012） | （2.208） | （2.207） |
| Board | 0.017 | 0.018 | 0.019 | 0.019 |
| | （0.796） | （0.810） | （0.850） | （0.866） |
| Age | −0.077*** | −0.077*** | −0.077*** | −0.077*** |
| | （−12.458） | （−12.474） | （−12.442） | （−12.462） |
| _cons | 0.263** | 0.319*** | 0.297*** | 0.363*** |
| | （2.446） | （2.798） | （2.741） | （3.151） |
| Ind/Year | Yes | Yes | Yes | Yes |
| N | 15 494 | 15 494 | 15 494 | 15 494 |
| R²_a | 0.308 | 0.308 | 0.308 | 0.308 |
| F | 40.062 | 38.084 | 39.989 | 38.040 |

注：***、**和*分别表示在1%、5%和10%的水平下显著；括号内为t值；标准差经公司层面聚类处理。

## 8.5　拓展性分析

前文研究表明管理层激励有助于优化现金持有水平、提高现金持有价值，且弱治理环境会强化上述关系，即当治理环境较弱时，管理层激励对现金持有水平的优化效应及对现金持有价值的提升效应更为明显。然而，治理环境的强弱受制于公司内外部因素的影响，基于此，本章将进一步考察在不同情形下上述关系的差异影响。

### 8.5.1　基于两职合一视角的治理环境、管理层激励与现金持有

委托代理理论认为，由于人的有限理性和自利性，人天生具有机会主义动机，高管在追求个人利益的同时，极有可能会损害股东的利益，因此需要有外部的董事会监督机制，以维护董事会监督的独立性和有效性。当董事长与总经理"非两职合一"时，考虑到来自董事长的内部监管压力，管理层自利行为的行权空间较小。而董事长与总经理"两职合一"时，高管对于董事会的决策具有较大的影响力，其直接弱化了董事会的监督力度；与此同时，高管更容易安排亲信任董事，干扰公司经营决策的制定，在公司经营决策的制定上具有较大的话语权，其出于代理动机进行现金耗散等自利行为的可能性会更大。在这种情形下，管理层激励更能够发挥治理效应，通过抑制管理层过度投资和在职消费等自利动机使耗散的现金回流至公司，进而提高公司现金持有水平。基于此，本章认为弱治理环境对管理层激励的现金持有优化效应的强化作用在两职合一情形下更为明显。

表8-9为两职合一视角下，治理环境、管理层激励与公司现金持有水平的多元回归分析结果。从表中可以看出，当公司存在两职合一时，弱治理环境对管理层激励的公司现金持有水平优化效应的强化作用更为显著（列（1）和列（2）中 $Pay1\times Indexmar$、$Pay2\times Indexmar$ 与公司现金持有水平均在5%水平上呈显著的正相关关系，而列（3）和列（4）中 $Pay1\times Indexmar$、$Pay2\times Indexmar$ 与公司现金持有水平的相关关系不显

著），这也表明当董事长与总经理为同一人兼任时，其侵占现金资产的动机和能力更强，现金持有水平更低。而当公司存在有效的薪酬契约时，一方面，当董事长与管理层存在两职兼任时，公司通常伴随着较为严重的代理问题，在此情形下，管理层激励治理效应的边际效果更大；另一方面，薪酬激励会促使管理层具有同股东目标相一致的利益取向，其在薪酬激励下更倾向于抑制自利行为，通过实现公司价值最大化进而寻求个人努力的合理补偿，同时也说明公司在制定管理层薪酬契约时需要结合管理层的具体特征。

表8-9 治理环境、管理层激励与现金持有的多元回归分析结果：

基于两职合一视角

| $Cash$ | （1） | （2） | （3） | （4） |
|---|---|---|---|---|
| | 两职合一 | | 非两职合一 | |
| $Pay1$ | 0.028* | | 0.023*** | |
| | (1.888) | | (3.321) | |
| $Pay2$ | | 0.025* | | 0.018*** |
| | | (1.672) | | (2.640) |
| $Indexmar$ | −0.423** | −0.460** | −0.132 | −0.120 |
| | (−2.103) | (−2.317) | (−1.460) | (−1.301) |
| $Pay1 \times Indexmar$ | 0.031** | | 0.009 | |
| | (2.278) | | (1.382) | |
| $Pay2 \times Indexmar$ | | 0.034** | | 0.008 |
| | | (2.505) | | (1.218) |
| $Size$ | −0.002 | −0.001 | −0.007* | −0.006 |
| | (−0.197) | (−0.148) | (−1.775) | (−1.460) |
| $Roa$ | 0.309** | 0.317** | 0.442*** | 0.456*** |
| | (2.421) | (2.494) | (6.305) | (6.480) |
| $Grow$ | 0.014** | 0.014** | 0.007*** | 0.007** |
| | (2.386) | (2.341) | (2.583) | (2.568) |

续表

| Cash | (1) | (2) | (3) | (4) |
|---|---|---|---|---|
| | 两职合一 | | 非两职合一 | |
| Lev | −0.645*** | −0.645*** | −0.424*** | −0.425*** |
| | (−12.679) | (−12.681) | (−15.455) | (−15.495) |
| Top | 0.047 | 0.045 | 0.033 | 0.032 |
| | (0.766) | (0.743) | (1.300) | (1.275) |
| Board | 0.029 | 0.029 | 0.020 | 0.021 |
| | (0.807) | (0.809) | (1.053) | (1.129) |
| Age | −0.074*** | −0.074*** | −0.058*** | −0.058*** |
| | (−7.504) | (−7.544) | (−10.125) | (−10.071) |
| _cons | 0.058 | 0.088 | 0.297*** | 0.327*** |
| | (0.289) | (0.438) | (2.883) | (3.128) |
| Ind/Year | Yes | Yes | Yes | Yes |
| N | 3 990 | 3 990 | 13 205 | 13 205 |
| R²_a | 0.398 | 0.397 | 0.309 | 0.308 |

注：***、**和*分别表示在1%、5%和10%的水平下显著；括号内为t值；标准差经公司层面聚类处理。

### 8.5.2 基于公司内部治理水平视角的治理环境、管理层激励与现金持有

已有研究认为，健全的公司治理机制既可以激励利益相关者为公司整体利益做出一致努力，又可以缓解代理问题，弱化经理人自利动机并强化现金持有的竞争效应（Shleifer 和 Vishny，1997；杨兴全等，2015）。因此，对于公司治理机制较为完善的公司而言，其管理层基于代理动机的现金持有行为发生概率较低，管理层激励对内部治理水平较高公司的现金持有行为优化作用较小。相反，内部治理水平较低的公司由于缺乏完善的监控机制，股东与管理层之间的信息不对称程度可能更高，管理层利用个人职权谋求在职消费等自利行为发生的可能性更大，

进而降低了现金资产的利用效率。

鉴于此，本章借鉴杨兴全等（2015）的做法，基于股权结构、管理层治理及董监治理维度，采取主成分分析法，取第一大主成分为公司治理指数（CGI）①。本书的公司治理指数为虚拟变量，当公司治理水平高于行业年度均值时取值为1，表示公司治理水平高，否则为0，表示公司治理水平低。

表8-10为公司内部治理水平视角下，治理环境、管理层激励与公司现金持有水平的多元回归分析结果。从表中可以看出，当公司内部治理水平较低时，弱治理环境对管理层激励的公司现金持有水平优化效应的强化作用更为显著（列（1）和列（2）中$Pay1 \times Indexmar$、$Pay2 \times Indexmar$的系数均在5%水平上显著为正，而列（3）和列（4）中$Pay1 \times Indexmar$、$Pay2 \times Indexmar$的系数均不显著），这也表明当公司内部治理水平较低时，管理层激励更能发挥促进无效耗散现金回流的治理作用，进而验证了管理层激励具有治理效应，同时也说明公司在制定管理层薪酬契约时需要结合公司的内部治理环境。

表8-10 治理环境、管理层激励与现金持有的多元回归分析结果：
基于公司内部治理水平视角

| Cash | (1) | (2) | (3) | (4) |
|---|---|---|---|---|
| | 内部治理水平低组 | | 内部治理水平高组 | |
| Pay1 | 0.020* | | 0.026*** | |
| | (1.829) | | (2.600) | |
| Pay2 | | 0.020* | | 0.020** |
| | | (1.829) | | (2.006) |
| Indexmar | −0.283** | −0.259** | −0.151 | −0.139 |
| | (−2.038) | (−2.024) | (−1.112) | (−0.995) |
| Pay1×Indexmar | 0.021** | | 0.010 | |
| | (2.150) | | (1.061) | |

① 公司治理指数主成分分析法的第一维度包括大股东持股比例、股权制衡度、股东大会次数、流通股和国有股比例；第二维度包括两职合一和高管持股比例；第三维度包括董事会规模、独董比例、董事会次数、监事会次数和专业委员会个数。回归结果表明，各个维度的系数符号均与理论预期一致。

续表

| Cash | （1） | （2） | （3） | （4） |
|---|---|---|---|---|
| | 内部治理水平低组 | | 内部治理水平高组 | |
| Pay2×Indexmar | | 0.021** | | 0.009 |
| | | (2.150) | | (0.940) |
| Size | 0.002 | 0.002 | −0.010 | −0.008 |
| | (0.396) | (0.396) | (−1.330) | (−1.067) |
| Roa | 0.391*** | 0.391*** | 0.420*** | 0.433*** |
| | (3.447) | (3.447) | (4.257) | (4.391) |
| Grow | 0.013*** | 0.013*** | 0.009** | 0.009** |
| | (3.019) | (3.019) | (2.415) | (2.397) |
| Lev | −0.596*** | −0.596*** | −0.502*** | −0.504*** |
| | (−13.191) | (−13.191) | (−12.066) | (−12.083) |
| Top | 0.048 | 0.048 | 0.051 | 0.048 |
| | (0.810) | (0.810) | (0.723) | (0.670) |
| Dual | 0.024 | 0.024 | 0.022* | 0.024* |
| | (1.298) | (1.298) | (1.691) | (1.899) |
| Board | 0.051* | 0.051* | −0.011 | −0.009 |
| | (1.758) | (1.758) | (−0.394) | (−0.329) |
| Age | −0.062*** | −0.062*** | −0.089*** | −0.089*** |
| | (−7.135) | (−7.135) | (−11.593) | (−11.583) |
| _cons | 0.084 | 0.106 | 0.447*** | 0.481*** |
| | (0.541) | (0.716) | (3.067) | (3.244) |
| Ind/Year | Yes | Yes | Yes | Yes |
| N | 8 059 | 8 059 | 9 135 | 9 135 |
| $R^2$_a | 0.312 | 0.312 | 0.317 | 0.316 |
| F | 20.940 | 20.940 | 20.810 | 20.781 |

注：***、**和*分别表示在1%、5%和10%的水平下显著；括号内为t值；标准差经公司层面聚类处理。

### 8.5.3 基于外部融资约束视角的治理环境、管理层激励与现金持有

融资条件对公司的经营发展至关重要，任何公司在经营过程中都可能会受到融资约束的限制。当公司外部融资环境较为恶劣时，管理层能够自主调动资金的空间有限，公司在选择投资项目时更倾向于风险规避，一定程度上限制了其基于代理动机的现金侵占行为，而当公司外部融资环境较为宽松时，公司内部的现金资产较为充裕，管理层更有动机和能力通过过度投资和在职消费等途径实现帝国的构建以满足自利行为。基于此，本章认为弱治理环境对管理层激励与现金持有优化效应的强化作用在外部融资约束较低时更为明显。

表 8-11 为外部融资约束视角下，治理环境、管理层激励与公司现金持有水平的多元回归分析结果。从表中可以看出，当公司外部融资约束较低时，弱治理环境对管理层激励与公司现金持有水平优化效应的强化作用更为显著（列（1）和列（2）中 $Pay1 \times Indexmar$、$Pay2 \times Indexmar$ 与公司现金持有水平（$Cash$）均在 1% 水平上显著正相关，而列（3）和列（4）中 $Pay1 \times Indexmar$、$Pay2 \times Indexmar$ 与公司现金持有水平（$Cash$）的相关关系均不显著），这也表明当公司外部融资约束较低时，公司现金资产容易诱发代理问题，而管理层激励更能发挥促进无效耗散现金回流的治理作用，说明公司在制定管理层薪酬契约时需要结合公司的外部经营环境。

表8-11 治理环境、管理层激励与现金持有的多元回归分析结果：
基于融资约束视角

| $Cash$ | （1） | （2） | （3） | （4） |
|---|---|---|---|---|
| | 融资约束低组 | | 融资约束高组 | |
| Pay1 | 0.041*** | | 0.009 | |
| | (3.577) | | (1.101) | |
| Pay2 | | 0.032*** | | 0.007 |
| | | (2.801) | | (0.894) |

续表

| Cash | （1） | （2） | （3） | （4） |
|---|---|---|---|---|
| | 融资约束低组 | | 融资约束高组 | |
| Indexmar | −0.546*** | −0.578*** | −0.081 | −0.087 |
| | （−3.834） | （−3.991） | （−0.631） | （−0.653） |
| Pay1×Indexmar | 0.040*** | | 0.004 | |
| | （3.942） | | （0.489） | |
| Pay2×Indexmar | | 0.042*** | | 0.005 |
| | | （4.091） | | （0.514） |
| Size | 0.016* | 0.019** | −0.008 | −0.007 |
| | （1.935） | （2.230） | （−1.638） | （−1.540） |
| Roa | 0.708*** | 0.735*** | 0.682*** | 0.686*** |
| | （4.837） | （5.013） | （6.569） | （6.611） |
| Grow | 0.010*** | 0.010*** | 0.008** | 0.008** |
| | （2.770） | （2.691） | （2.403） | （2.399） |
| Lev | −0.899*** | −0.900*** | −0.348*** | −0.349*** |
| | （−14.945） | （−14.885） | （−8.486） | （−8.552） |
| Top | 0.011 | 0.010 | 0.043 | 0.042 |
| | （0.246） | （0.232） | （1.239） | （1.235） |
| Dual | 0.033** | 0.037** | 0.010 | 0.011 |
| | （2.141） | （2.410） | （0.761） | （0.834） |
| Board | −0.019 | −0.016 | 0.043** | 0.043** |
| | （−0.594） | （−0.501） | （1.976） | （2.001） |
| Age | −0.093*** | −0.092*** | −0.008 | −0.008 |
| | （−12.352） | （−12.310） | （−1.117） | （−1.112） |
| _cons | −0.175 | −0.117 | 0.252** | 0.262** |
| | （−1.032） | （−0.676） | （2.206） | （2.266） |

| Cash | （1） | （2） | （3） | （4） |
|---|---|---|---|---|
| | 融资约束低组 | | 融资约束高组 | |
| Ind/Year | Yes | Yes | Yes | Yes |
| N | 8 248 | 8 248 | 8 106 | 8 106 |
| $R^2$_a | 0.374 | 0.373 | 0.227 | 0.226 |
| F | 32.647 | 32.574 | 15.421 | 15.328 |

注：***、**和*分别表示在1%、5%和10%的水平下显著；括号内为t值；标准差经公司层面聚类处理。

## 8.6　本章小结

　　管理层激励补偿作为公司治理的内部机制在解决代理问题中发挥着关键作用，治理环境较好地区的信息不对称程度较低，股东与管理层之间的代理冲突较弱，在这种情况下，管理层激励治理效应的边际效果相对较小。而治理环境较差地区的信息不对称程度较高，股东与管理层之间的代理冲突较强，在这种情况下，管理层激励治理效应的边际效果相对较大。因此，治理环境的强弱显然会影响旨在使激励管理者为提升公司价值而努力工作的管理层激励效应。

　　本章以2007—2019年沪深A股非金融上市公司为样本，基于治理环境的视角检验了管理层激励对于公司现金持有行为及现金持有价值的影响。研究发现，管理层激励能够发挥治理效应，通过抑制高管"耗散假说"下的过度投资和在职消费等自利行为，提升公司现金持有水平并进一步提升现金持有价值。然而强治理环境会弱化管理层激励的这种治理效应，即管理层激励抑制无效耗散现金回流至公司的治理效应在治理环境较差地区更为明显。进一步研究表明，弱治理环境对管理层激励治理效应的强化作用在董事长与总经理两职兼任、公司内部治理水平较低以及外部融资环境较为宽松时更明显，更加验证了管理层激励具有抑制耗散现金回流至公司的治理效应。本章的研究结果有利于从治理环境角度深刻理解管理层激励效应发挥的基本条件，在我国的制度背景下研究如何制定公司管理层货币薪酬激励契约时必须重视治理环境对管理层激励效应的影响，优化治理资源配置，提高股东与管理层之间的利益协同性，并进一步提高公司治理在管理层激励中的监督作用进而更大程度地发挥管理层激励治理效应。

# 第9章 研究结论、启示与后续展望

## 9.1 主要结论

（1）管理层激励与公司现金持有的关联研究

第一，本书研究发现，管理层激励能显著提高公司的现金持有水平，该影响不仅表现在货币薪酬激励方面，亦表现在股权激励方面，且该结论经滞后变量回归、替换被解释变量以及替换样本区间等一系列稳健性检验之后依然成立。

第二，机制检验表明，过度投资水平越高或在职消费水平越高的公司，管理层激励对公司现金持有水平的正向影响越显著，上述结果意味着管理层激励能有效发挥激励相容的治理效应，通过抑制管理层通过过度投资和在职消费等途径无效耗散现金，促使现金回流，客观上提高了公司现金持有水平。

第三，进一步的研究发现，管理层激励在带来公司现金持有水平提升的同时，提高了增持现金的资金配置效率，既显著提升了公司创新水平，又促进了公司实施更为积极的现金股利政策。第四，管理层激励与持有现金价值的检验结果表明，管理层激励能有效发挥优化现金持有的治理效应，进而显著提高公司现金持有价值。

（2）基于异质情境下产权性质的纵深研究

第一，本书研究发现，管理层激励能够显著提高公司的现金持有水平和现金持有价值；与国有公司相比，管理层激励对现金持有水平和现金持有价值的促进效应在非国有公司中更为显著。

第二，进一步的研究发现，比较产权性质主导下不同政治关联方式对管理层激励与现金持有之间关系影响的差异，从公司角度考虑的政治关联会削弱管理层激励对现金持有水平和现金持有价值的促进效应，这种削弱作用在国有公司中表现得更为突出；而从政府角度出发的政府补助却能增强管理层激励对现金持有水平和现金持有价值的促进效应，这种强化作用在非国有公司中表现得尤为明显。

（3）基于异质情境下控股股东两权分离的纵深研究

第一，本书研究发现，管理层激励，无论是货币薪酬激励还是股权激励，均可以提高现金持有水平和现金持有价值；而控股股东两权分离的存在会降低管理层激励对现金持有的优化效应及对现金持有价值的增幅效应。

第二，进一步的研究发现，在控股股东持股比例较高的情况下，控股股东两权分离对管理层激励优化现金持有水平的恶化效应及对管理层激励提高现金持有价值的抑制效应更加明显。

（4）基于异质情境下管理层权力的纵深研究

第一，本书研究发现，管理层激励，无论是货币薪酬激励还是股权激励，均能够发挥抑制高管"耗散假说"下投资过度行为的治理效应、提升公司现金持有水平并进一步提升现金持有价值，而管理层权力则会抑制管理层激励的这种治理效应。

第二，进一步的研究发现，较高的控股股东持股比例及关联CEO能够弱化管理层权力对管理层激励治理效应的抑制作用，致使管理层权力对管理层激励负面影响下的现金持有数量以及现金持有价值在控股股东持股比例较低以及非关联CEO公司中更低。

（5）基于异质情境下治理环境的纵深研究

第一，本书研究发现，管理层激励能够通过发挥抑制高管"耗散假说"下自利行为的治理效应，进而提升公司现金持有水平及现金持有价值，而弱治理环境能够强化管理层激励的这种优化效应。具体而言，市场化程度越低、产品市场竞争越弱，管理层激励就越能发挥抑制管理层无效耗散现金的治理效应，进而更能提高公司现金持有水平和现金持有价值。

第二，基于是否两职合一、公司内部治理水平以及外部融资环境等环境变量，本书对上述关于治理环境、管理层激励与现金持有间的关系进行了拓展性探究，研究发现，当公司为两职合一、公司内部治理水平较低、外部融资约束较低时，弱治理环境对管理层激励优化现金持有水平效应的强化作用更为明显。

综上所述，本书研究发现：

第一，管理层激励，无论是货币薪酬激励还是股权激励，均可显著提升公司现金持有水平；渠道分析发现，管理层激励可优化激励相容机制，能有效实现管理层与股东之间的利益协同效应、薪酬契约治理效应，从而抑制管理层过度投资、在职消费等现金耗散的私利行为，迫使现金回流，自然而然地增加了公司现金持有。

第二，管理层激励在优化现金持有决策的同时，也提高了增持现金的最优再配置效率，促使公司将增持现金用于研发投入和现金股利发放的长期价值创造活动中，进而提升现金持有价值。

第三，基于异质情境视角探究管理层激励如何能更有效发挥提升现金持有价值的治理效应的适优场景。本书研究发现，当公司为非国有公司、控股股东两权分离程度小、管理层权力较弱、内外部治理环境较弱时，管理层激励就更能有效发挥提升现金持有价值的治理效应。

## 9.2　政策启示

本书通过严谨的理论逻辑分析和翔实的实证分析，探究管理层激励对公司现金持有决策的影响，且依据产权性质、控股股东两权分离、管理层权力及治理环境等内外部异质治理情境因素进行纵深、系统、全面的拓展研究，有助于探究我国上市公司的公司治理、董事会治理、管理层激励乃至薪酬契约治理有效性发挥的适优治理特征或环境，从而为推进我国上市公司治理水平提升和高质量发展提供实践探索方向。因此，本书研究结论具有重要的理论和现实意义。

第一，本书发现，管理层激励能有效实现管理层与股东之间的利益协同效应、薪酬契约治理效应，进而优化公司现金持有决策。无论是薪酬激励还是股权激励，均可有效抑制管理层过度投资、在职消费等现金耗散的私利行为，迫使现金回流进而显著提升公司现金持有水平。管理层激励不仅能够优化现金持有决策，还可优化增持现金的二次分配效率，促使公司将其用于研发投入和现金股利发放等长期价值创造活动中，进而提升现金持有价值。因此，通过本书对管理层激励与公司现金持有之间的关联研究，肯定了管理层激励的积极作用，未来应继续积极地深入推进我国上市公司管理层激励机制的建立，规范和优化公司财务行为，不断提高公司资本配置效率，促进上市公司高质量发展。

第二，本书基于产权性质、控股股东两权分离、管理层权力及治理环境等异质情境视角，探究管理层激励更能有效发挥提升现金持有水平和现金持有价值的治理效应的适优场景。无论是公司内部因素（如产权性质和控股股东两权分离和管理层权力等），还是外部行业因素（如行业竞争程度），抑或外部公共治理环境（如市场化进程），均可能会影响管理层激励下薪酬契约治理效应的发挥。

本书研究发现，当公司为非国有公司、控股股东两权分离较小、管理层权力较弱、内外部治理环境较弱时，管理层激励就更能有效发挥提升现金持有水平和现金持有价值的治理效应。因此，在推进和完善我国上市公司治理的实践进程中，我们可以制定科学合理的薪酬契约来进行管理层激励，以此作为突破口，提高公司治理水平进而优化公司财务决策和促进公司高质量发展。与此同时，政府和公司应更加注重内外部治理环境建设，不断加快市场化进程与提升产品市场竞争力，为管理层激励的有序推进提供有效的内外部条件。

第三，目前关于我国上市公司董事会治理有效性的观点各异，一方面，由于董事会深受大股东控制，公司高管也可以提议推荐董事任职，因此董事独立性就备受质疑，董事会在我国可能成为"花瓶摆设"；另一方面，已有研究发现我国上市公司董事会能够有效发挥抑制两类代理冲突的治理效应进而优化公司财务决策。管理层激励是董事会治理的核心内容，而薪酬契约是主要手段。因此本书以管理层激励为切入点研究发现，通过优化薪酬契约设计的管理层激励，优化内部治理进而优化现金持有决策的同时，亦增加研发和股利发放进而提升公司价值。这些重要发现有助于回应董事会治理有效性之争，同时亦为进一步深入推进我国上市公司董事会改革、有效发挥董事会治理，从而为完善提升我国上市公司治理及促进上市公司高质量发展提供理论支撑和经验证据。

综上所述，本书研究证实管理层激励可以提高管理层现金持有水平和现金持有价值，因此在推进我国上市公司治理改革的伟大进程中应充分发挥董事会治理的核心作用，通过优化薪酬契约治理设计，大力推进管理层激励；与此同时，本书也发现，管理层激励对公司现金持有决策的优化效应的发挥，受到公司内外部环境的影响，因此应进一步通过优化营商环境、加快政府转型、健全公司内部治理和内部控制、强化产品市场竞争等途径助推管理层激励制度不断完善。

## 9.3  后续展望

第一，管理层激励变量的度量仍需进一步完善。尽管本书及其他相关研究从货币薪酬激励、股权激励两个层面对管理层激励进行近似测度，但是我国上市公司数量巨大，每家公司都有其独特性的薪酬契约设计，同时出于特定私密信息甚至商业机密的考虑，很多信息未能有效披露。此外，不容忽视的是，薪酬契约设计只是管理层激励的一种途径，职位晋升、声誉名望等也是管理层激励中不可忽视的选项。因此不能以一时或单一特点来测度管理层激励变量。未来尚需从职位晋升、声誉名望等视角，进一步细化管理层激励变量，以期为真实、全面、客观地测度管理层激励变量指出方向。但由于对这类非结构化信息难以处理成统一可调用的数据形式，且涉及主观判断，从而使得非结构化数据形式的管理层激励难以有效测度和获取，以致制约研究发展。因此，未来还需投入大量研究，对非结构化数据进行重新编码，以便全面有效测度管理层激励。

第二，由于管理层是现金持有决策的制定者和执行者，同时也是薪酬契约设计的重要参与者，因此，管理层激励与现金持有决策之间存在不可忽视的反向因果可能性，所以未来应根据我国上市公司管理层薪酬契约的实践，提取外生准自然实验冲击场景，通过外生冲击的场景，有效识别管理层激励与公司现金持的因果关系，也可为公司治理与现金持有的因果关系之谜提供新的注解。

第三，受限于数据难以获取，尤其是非上市公司数据获取的困难性，大量非上市公司的董事会改革、薪酬契约设计和管理层激励难以观测，未来随着信息技术的发展和披露环境机制的优化，大量非上市公司数据的获取便利性提高，将为未来研究提供更多的空间和更充分的证据。

# 参考文献

[1]  白重恩，刘俏，陆洲，等．中国上市公司治理结构的实证研究［J］．经济研究，2005（2）：81-91．

[2]  岑维，童娜琼．高管薪酬激励和企业投资从众行为［J］．投资研究，2018（4）：57-73．

[3]  陈冬华，陈信元，万华林．国有企业中的薪酬管制与在职消费［J］．经济研究，2005（2）：92-101．

[4]  陈清泰．国有控股公司和上市公司关系的改善与公司治理［J］．南开管理评论，2001（5）：4-5．

[5]  陈仕华，卢昌崇，姜广省，等．国企高管政治晋升对企业并购行为的影响——基于企业成长压力理论的实证研究［J］．管理世界，2015（9）：125-136．

[6]  陈晓，王琨．关联交易、公司治理与国有股改革——来自我国资本市场的实证证据［J］．经济研究，2005（4）：77-86；128．

[7]  陈修德，梁彤缨，雷鹏，等．高管薪酬激励对企业研发效率的影响效应研究［J］．科研管理，2015（9）：26-35．

[8]  陈运森，谢德仁．董事网络、独立董事治理与高管激励［J］．金融研究，2012（2）：168-182．

[9]  崔艳娟，李延喜，陈克兢．外部治理环境对盈余质量的影响：自然资源禀赋是"诅咒"吗？［J］．南开管理评论，2018（2）：172-181．

[10]  窦欢，陆正飞．大股东控制、关联存款与现金持有价值［J］．管理世界，

2016（5）：141-150；167.

[11] 樊纲，王小鲁. 中国市场化指数：各地区市场化相对进程 2016 年报告 [M]. 北京：经济科学出版社，2016.

[12] 冯志华. 现金持有、公司治理与代理成本——基于产权的调节效应 [J]. 经济管理，2017（8）：159-176.

[13] 高艳慧，万迪昉. 政府 R&D 补贴与科技人员薪酬激励——基于我国高技术产业面板数据的分析[J]. 科学学与科学技术管理，2013（2）：112-118.

[14] 韩慧博，吕长江，李然. 非效率定价、管理层股权激励与公司股票股利[J]. 财经研究，2012（10）：47-56；100.

[15] 韩忠雪，朱荣林，王宁. 超额控制、董事会构成与公司多元化折价 [J]. 南开管理评论，2007（1）：16-20.

[16] 韩立岩，刘博研. 公司治理、不确定性与现金价值 [J]. 经济学季刊，2011（2）：523-550.

[17] 翰威特. 最具领导力公司的启示[J]. 销售与管理，2008（9）：143-146.

[18] 侯青川，靳庆鲁，刘阳. 放松卖空管制与公司现金价值——基于中国资本市场的准自然实验 [J]. 金融研究，2016（11）：112-127.

[19] 胡国柳，蒋国洲. 股权结构、公司治理与企业业绩——来自中国上市公司的新证据 [J]. 财贸研究，2004（4）：83-89；98.

[20] 赖黎，巩亚林，马永强. 管理者从军经历、融资偏好与经营业绩[J]. 管理世界，2016（8）：126-136.

[21] 黎文靖，岑永嗣，胡玉明. 外部薪酬差距激励了高管吗——基于中国上市公司经理人市场与产权性质的经验研究 [J]. 南开管理评论，2014（4）：24-35.

[22] 李维安，齐鲁骏，丁振松. 兼听则明，偏信则暗——基金网络对公司投资效率的信息效应 [J]. 经济管理，2017（10）：44-61.

[23] 李增泉，孙铮，王志伟. "掏空"与所有权安排——来自我国上市公司大股东资金占用的经验证据 [J]. 会计研究，2004（12）：3-13；97.

[24] 李增泉，余谦，王晓坤. 掏空、支持与并购重组——来自我国上市公司的经验证据 [J]. 经济研究，2005（1）：95-105.

[25] 李增泉. 关系型交易的会计治理——关于中国会计研究国际化的范式探析 [J]. 财经研究，2017（2）：4-33.

[26] 李增泉. 激励机制与企业绩效——一项基于上市公司的实证研究 [J]. 会计研究，2000（1）：24-30.

[27] 刘斌，刘星，李世新，等. CEO 薪酬与企业业绩互动效应的实证检验[J]. 会计研究，2003（3）：35-39.

［28］ 刘博研，韩立岩．中美上市公司流动性管理的比较研究——基于现金持有策略行业特征的发现［J］．经济经纬，2011（5）：145-150．

［29］ 刘凤委，孙铮，李增泉．政府干预、行业竞争与薪酬契约——来自国有上市公司的经验证据［J］．管理世界，2007（9）：76-84；128．

［30］ 刘慧龙．控制链长度与公司高管薪酬契约［J］．管理世界，2017（3）：95-112．

［31］ 陆正飞，韩非池．宏观经济政策如何影响公司现金持有的经济效应：基于产品市场和资本市场两重角度的研究[J]．管理世界，2013（6）：43-60．

［32］ 陆正飞，张会丽．所有权安排、寻租空间与现金分布——来自中国A股市场的经验证据［J］．管理世界，2010（5）：150-158；171；188．

［33］ 罗进辉，李小荣，向元高．媒体报道与公司的超额现金持有水平［J］．管理科学学报，2018（7）：91-112．

［34］ 吕峻．股权性质、管理层激励和过度投资［J］．经济管理，2019（9）：160-174．

［35］ 吕长江，张海平．上市公司股权激励计划对股利分配政策的影响[J].管理世界，2012（11）：133-143．

［36］ 吕长江，赵宇恒．国有企业管理者激励效应研究——基于管理者权力的解释［J］．管理世界，2008（11）：99-109；188．

［37］ 马草原，马文涛，李成．中国劳动力市场所有制分割的根源与表现[J].管理世界，2017（11）：22-34．

［38］ 马惠娴，佟爱琴．卖空机制对高管薪酬契约的治理效应——来自融资融券制度的准自然实验［J］．南开管理评论，2019（2）：61-74．

［39］ 牛建波，李胜楠．控股股东两权偏离、董事会行为与企业价值：基于中国民营上市公司面板数据的比较研究［J］．南开管理评论，2007（2）：31-37．

［40］ 潘越，汤旭东，宁博，等．连锁股东与企业投资效率：治理协同还是竞争合谋［J］．中国工业经济，2020（2）：136-164．

［41］ 潘泽清，张维．大股东与经营者合谋行为及法律约束措施［J］．中国管理科学，2004（6）：119-123．

［42］ 彭胜志，马小红．财务弹性、管理者过度自信与现金股利——基于沪深A股上市公司的实证分析［J］．经济问题，2020（6）：103-109．

［43］ 权小锋，吴世农．CEO权力强度、信息披露质量与公司业绩的波动性——基于深交所上市公司的实证研究［J］．南开管理评论，2010（4）：142-153．

［44］ 邵敏，包群．地方政府补贴企业行为分析：扶持强者还是保护弱者？[J]．世界经济文汇，2011（1）：56-72．

[45]　沈艺峰，况学文，聂亚娟．终极控股股东超额控制与现金持有量价值的实证研究 [J]．南开管理评论，2008（1）：15-23；38.

[46]　盛明泉，张春强，王烨．高管股权激励与资本结构动态调整 [J]．会计研究，2016（2）：44-50；95.

[47]　孙永祥．所有权、融资结构与公司治理机制 [J]．经济研究，2001（1）：45-53.

[48]　王福胜，宋海旭．终极控制人、多元化战略与现金持有水平 [J]．管理世界，2012（7）：124-136；169.

[49]　王国俊，王跃堂，韩雪，等．差异化现金分红监管政策有效吗？——基于公司治理的视角 [J]．会计研究，2017（7）：48-54；96.

[50]　王会娟，张然，胡诗阳．私募股权投资与现金股利政策 [J]．会计研究，2014（10）：51-58；97.

[51]　王会娟，张然．私募股权投资与被投资企业高管薪酬契约——基于公司治理视角的研究 [J]．管理世界，2012（9）：156-167.

[52]　王鹏，周黎安．控股股东的控制权、所有权与公司绩效：基于中国上市公司的证据 [J]．金融研究，2006（2）：88-98.

[53]　王彦超．融资约束、现金持有与过度投资 [J]．金融研究，2009（7）：121-133.

[54]　魏刚．高级管理层激励与上市公司经营业绩 [J]．经济研究，2000（3）：32-39.

[55]　夏纪军，张晏．控制权与激励的冲突——兼对股权激励有效性的实证分析 [J]．经济研究，2008（3）：87-98.

[56]　辛清泉，林斌，王彦超．政府控制、经理薪酬与资本投资 [J]．经济研究，2007（8）：110-122.

[57]　辛清泉，谭伟强．市场化改革、企业业绩与国有企业经理薪酬 [J]．经济研究，2009（11）：68-81.

[58]　熊家财，桂荷发．政治关联与企业创新：来自PSM的证据 [J]．科研管理，2020（7）：11-19.

[59]　熊家财，苏冬蔚．股票流动性与代理成本——基于随机前沿模型的实证研究 [J]．南开管理评论，2016（1）：84-96.

[60]　杨德明，赵璨．媒体监督、媒体治理与高管薪酬 [J]．经济研究，2012（6）：116-126.

[61]　杨兴全，齐云飞，吴昊旻．行业成长性影响公司现金持有吗？[J]．管理世界，2016（1）：153-169.

[62]　杨兴全，吴昊旻，曾义．公司治理与现金持有竞争效应——基于资本投资

中介效应的实证研究 [J]. 中国工业经济, 2015 (1): 121-133.

[63] 杨兴全, 杨征, 陈飞. 业绩考核制度如何影响央企现金持有? ——基于《考核办法》第三次修订的准自然实验 [J]. 经济管理, 2020 (5): 140-157.

[64] 杨兴全, 尹兴强. 国企混改如何影响公司现金持有? [J]. 管理世界, 2018 (11): 93-107.

[65] 杨兴全, 张丽平, 吴昊旻. 控股股东控制、管理层激励与公司过度投资 [J]. 商业经济与管理, 2012 (10): 28-39.

[66] 杨兴全, 张玲玲. 管理层权力与公司现金持有竞争效应 [J]. 经济与管理研究, 2017 (15): 117-129.

[67] 杨兴全, 张照南, 吴昊旻. 治理环境、超额持有现金与过度投资——基于我国上市公司面板数据的分析 [J]. 南开管理评论, 2010 (5): 61-69.

[68] 杨兴全, 张照南. 制度背景、股权性质与公司持有现金价值 [J]. 经济研究, 2008 (12): 111-123.

[69] 叶继英, 张敦力. 控股股东、高管股权激励与现金股利政策[J]. 财经问题研究, 2014 (2): 60-66.

[70] 余靖雯, 郭凯明, 龚六堂. 宏观政策不确定性与企业现金持有 [J]. 经济学 (季刊), 2019 (3): 987-1010.

[71] 余明桂, 范蕊, 钟慧洁. 中国产业政策与企业技术创新 [J]. 中国工业经济, 2016 (12): 5-22.

[72] 袁知柱, 郝文瀚, 王泽燊. 管理层激励对企业应计与真实盈余管理行为影响的实证研究[J]. 管理评论, 2014 (10): 181-196.

[73] 张会丽, 吴有红. 内部控制、现金持有及经济后果 [J]. 会计研究, 2014 (3): 71-78; 96.

[74] 张俊瑞, 赵进文, 张建. 高级管理层激励与上市公司经营绩效相关性的实证分析[J]. 会计研究, 2003 (9): 29-34.

[75] 赵世芳, 江旭, 应千伟, 等. 股权激励能抑制高管的急功近利倾向吗——基于企业创新的视角 [J]. 南开管理评论, 2020 (6): 76-87.

[76] 钟覃琳, 陆正飞. 资本市场开放能提高股价信息含量吗? ——基于"沪港通"效应的实证检验 [J]. 管理世界, 2018 (1): 169-179.

[77] 周博. 高管金融联结对企业现金持有水平的影响[J]. 经济与管理研究, 2020 (2): 53-65.

[78] 周建波, 孙菊生. 经营者股权激励的治理效应研究——来自中国上市公司的经验证据 [J]. 经济研究, 2003 (5): 74-82; 93.

[79] 祝继高, 陆正飞. 货币政策、企业成长与现金持有水平变化 [J]. 管理世

界，2009（3）：152-158；188.

[80]  AGGARWAL R, SAMWICK A. Empire-builders and shirkers: investment, firm performance, and managerial incentives [J]. Journal of Corporate Finance, 2006, 12 (3): 489-515.

[81]  BALL R, ROBIN A, SADKA G. Is financial reporting shaped by equity markets or by debt markets? an international study of timeliness and conservation [J]. Review of Accounting Studies, 2008, 13 (2-3): 168-205.

[82]  BARONTINI R, BOZZI S. CEO compensation and performance in family firms [R]. Pisa: Sant' Anna School of Advanced Studies and Catholic University "Sacro Cuore", 2010.

[83]  BATES T W, KAHLE K M, STULZ R M. Why do U.S. firms hold so much more cash than they used to? [J]. Journal of Finance, 2009, 64 (5): 1985-2021.

[84]  BEBCHUK L A, KRAAKMAN R, TRIANTIS G. Stock pyramids, cross-ownership, and dual class equity: the mechanisms and agency costs of separating control from cash-flow rights [M] // MORCK R K. Concentrated corporate ownership. Chicago: University of Chicago Press, 2000: 295-318.

[85]  BEBCHUK L A, FRIED J M, WALKER D I. Managerial power and rent extraction in the design of executive compensation [J]. The University of Chicago Law Review, 2002, 69 (3): 751-846.

[86]  BEBCHUK L, FRIED J. Executive compensation as an agency problem [J]. Journal of Economic Perpetives, 2003, 17 (3): 71-92.

[87]  BERGMAN N, NICOLAIEVSKY D. Investor protection and the Coasian view [J]. Journal of Financial Economics, 2007, 84 (3): 738-771.

[88]  BERLE A A, MEAN G C. The modern corporation and private Property [M]. New York: Macmillan, 1932.

[89]  BLANCHARD O J, LOPEZ-DE-SILANES F, SHLEIFER A. What do firms do with cash windfalls? [J]. Journal of Financial Economics, 1994, 36 (3): 337-360.

[90]  BROUSSARD J P, BUCHENROTHSA P. CEO incentives, cash flow, and investment [J]. Financial Management, 2004, 33 (2): 51-70.

[91]  BURKHART M, PANUNZI F, SHLEIFER A. Family firms [J]. Journal of Finance, 2003, 58 (5): 2167-2202.

[92] CANARELLA G, GASPARYAN A. New insights into executive compensation and firm performance evidence from a panel of new economy firms 1996-2002 [J]. Managerial Finance, 2008, 34 (8): 537-554.

[93] CAO J, PAN X, TIAN G G. Disproportional ownership structure and pay-performance relationship: evidence from China's listed firms [J]. Journal of Corporate Finance, 2011, 17 (3): 541-554.

[94] CLAESSENS S, DJANKOV S, JOSEPH P H, et al. Disentangling the incentive and entrenchment effects of large shareholdings [J]. The Journal of Finance, 2002, 57 (6): 2741-2771.

[95] CHEN R, GUEDHAMI O, YANG Y, et al. Corporate governance and cash holdings: evidence from worldwide board reforms[J]. Journal of Corporate Finance, 2020, 65 (1): 1017-1071.

[96] CONYON M J, HE L. Executive compensation and corporate governance in China[J]. Journal of Corporate Finance, 2011, 17 (4): 1158-1175.

[97] DENIS D J, SIBILKOV V. Financial constraints, investment, and the value of cash holdings [J]. The Review of Financial Studies, 2010, 23 (1): 247-269.

[98] DITTMAR A, MAHRT-SMITH J. Corporate governance and the value of cash holdings [J]. Journal of Financial Economics, 2007, 83 (3): 599-634.

[99] DITTMAR A, MAHRT-SMITH J, SERVAES H. International corporate governance and corporate cash holdings [J]. Journal of Financial and Quantitative Analysis, 2003, 38 (1): 111-133.

[100] DJANKOV S, MCLIESH C, SHLEIFER A. Private credit in 129 countries [J]. Journal of Financial Economics, 2007, 84 (2): 299-329.

[101] DUCHIN R. Cash holdings and corporate diversification [J]. Journal of Finance, 2010, 65 (3): 955-992.

[102] FAMA E F, FRENCH K R. Taxes, financing decisions and firm value [J]. The Journal of Finance, 1998, 53 (3): 819-843.

[103] FIRTH M, FUNG P, RUI O. Corporate performance and CEO compensation in China-science direct [J]. Journal of Corporate Finance, 2006, 12 (4): 693-714.

[104] FRANCIS J, WANG D. The joint effect of investor protection and big4

audits on earnings quality around the world [J] . Contemporary Accounting Research, 2008, 25 (1): 157-191.

[105] FRYDMAN C, SAKS R E. Executive compensation: a new view from a long-term perspective, 1936—2005[J]. The Review of Financial Studies, 2010, 23 (5): 2099-2138.

[106] HALL B J, LIEBMAN J B. Are CEOs really paid like bureaucrats? get access arrow[J]. The Quarterly Journal of Economics, 1998, 113 (3): 653-691.

[107] HAN S, QIU J. Corporate precautionary cash holdings [J] . Journal of Corporate Finance, 2007, 13 (1): 43-57.

[108] HANLON M, RAJGOPAL S, SHEVLIN T. Are executive stock options associated with future earnings? [J] . Journal of Accounting and Economics, 2003, 36 (1): 3-4.

[109] HANLON M, MAYDEW E L, SAAVEDRA D. The taxman cometh: does tax uncertainty affect corporate cash holdings? [J] . Review of Accounting Studies, 2017, 22 (3): 1198-1228.

[110] HARFORD J, MANSI S A, MAXWELL W F. Corporate governance and firm cash holdings in the US [J] . Journal of Financial Economics, 2008, 87 (3): 535-555.

[111] HARFORD J. Corporate cash reserves and acquisitions [J] . The Journal of Finance, 1999, 54 (6): 1969-1997.

[112] HAW I, HU B, HWANG L, et al. Ultimate ownership, income management, and legal and extra-legal institutions [J] . Journal of Accounting Research, 2004, 42 (2): 423-462.

[113] HOLMSTORM B. Moral hazard and observability [J] . The Bell Journal of Economics, 1979, 10 (1): 74-91.

[114] HURWICZ L. On informationally decentralized systems[M]// Radner R, McGuire C B. Decision and organization: a volume in honor of Jacob Marschak, Amsterdam: North-Holland, 1972: 297-336.

[115] JENSEN M C, MECKLING W H. Theory of the firm: managerial behaviour, agency costs and ownership structure [J] . Journal of Financial Economics, 1976, 3 (4): 305-360.

[116] JENSEN M C, MURPHY K J. Performance pay and top-management incentives [J]. Journal of Political Economy, 1990, 98 (2): 225-264.

[117] JENSEN M C, MURPHY K J. CEO incentives-It's not how much you

pay, but how[J]. Harvard Business Review, 1990, 68 (3): 138-149.

[118] JENSEN M C, MECKLING W H. Theory of the firm: managerial behavior, agency costs and ownership structure. Journal of Financial Economics, 1976(3): 305-360.

[119] JENSEN M C. Agency costs of free cash flow, corporate finance, and takeovers [J]. American Economic Review, 1986, 76 (2): 323-329

[120] JOHNSON S, PORTA R L, SILANES F, et al. Tunneling [J]. American Economic Review, 2000, 90 (2): 22-27.

[121] LA PORTA R, LOPEZ-DE-SILANES F, ZAMARRIPA G. Related lending [J]. Quarterly Journal of Economics, 2003, 118 (1): 231-268.

[122] LAUX V. On the benefits of allowing CEOs to time their stock option exercises[J]. The Rand Journal of Economics, 2010, 41(1): 118-138.

[123] LEUZ C, NANDS D, WYSOCKJ P. Earnings management and investor protection: an international comparison [J]. Journal of Financial Economics, 2003, 69 (3): 505-527.

[124] LUND A, POLSKY G. The diminishing returns of incentive pay in executive compensation contracts[J]. Notre Dame Law Review, 2011, 87(2): 677-736.

[125] MASULIS R W, CONG W, XIE F. Agency problems at dual-class companies [J]. Journal of Finance, 2009, 64 (4): 1697-1727.

[126] MIKKELSON W H, PARTCH M M. Do persistent large cash reserves hinder performance? [J]. Journal of Financial and Quantitative Analysis, 2003, 38 (2): 275-294.

[127] MORCK R, SHLEIFER A, VISHNY R, et al. Management ownership and market valuation: an empirical analysis [J]. Journal of Financial Economics, 1988, 20 (1): 293-315.

[128] MULLIGAN C B. Scale economies, the value of time and the demand for money: longitudinal evidence from firms [J]. Journal of Political Economy, 1997 (105): 1061-1079.

[129] MYERS S C, RAJAN R G. The paradox of liquidity [J]. The Quarterly Journal of Economics, 1998, 113 (3): 733-771.

[130] OPLER T, PINKOWIT L, STULZ R, et al. The determinants and implications of corporate cash holdings [J]. Journal of Financial Economics, 1999 (52): 3-46.

[131] PEROTTI E C, THADDEN V E. The political economy of corporate

control and labor rents ［J］. Journal of Political Economy, 2006, 114 (1): 145-174.

[132] PINKOWITZ L, STULZ R M, WILLIAMSON R. Do firms in countries with poor protection of investor rights hold more cash? ［J］. Journal of Finance, 2006 (61): 2725-2751.

[133] RAJAN M. The paradox of liquidity ［J］. Quarterly Journal of Economics, 1998, 113 (3): 733-771.

[134] SHLEIFER A, VISHNY R W. The grabbing hand: government pathologies and their cures ［J］. American Economic Association Papers & Proceedings, 1998, 87 (2): 354-358.

[135] SHLEIFER A, VISHNY R W. A survey of corporate governance ［J］. Journal of Finance, 1997, 52 (2): 737-783.

[136] WANG Z. Short sellers, institutional investors, and corporate cash holdings ［Z］. SSRN Working Paper, 2014.

[137] WOLFENZON D, HART O, INVALUABLE R. A theory of pyramidal ownership ［J］. Journal of Finance, 1998, 61 (6): 2637 - 2680.

# 索引